VOYAGE

AU

MONT CAUCASE

ET EN GÉORGIE.

DE L'IMPRIMERIE ROYALE.

VOYAGE
AU
MONT CAUCASE
ET EN GÉORGIE,

Par M. JULES KLAPROTH,

Professeur royal des langues et de la littérature asiatiques,
et Membre du Conseil de la Société asiatique de Paris :

AVEC UNE CARTE DE LA GÉORGIE.

TOME PREMIER.

PARIS,

Librairie de Charles Gosselin, rue de Seine,
n.° 12 ;
Librairie Classique-Élémentaire, rue du Paon,
n.° 8.

M. DCCC. XXIII.

AUX MÂNES

DU

COMTE JEAN POTOCKI,

L'AUTEUR RECONNAISSANT.

AVANT-PROPOS.

A mon retour de la frontière qui sépare l'empire russe et l'empire chinois, feu M. le comte JEAN POTOCKI fit agréer à M. de Nowossiltsow, président de l'académie des sciences de Saint-Pétersbourg, la proposition de m'envoyer dans le Caucase. Le but principal de ce voyage était de faire des recherches sur la géographie, l'histoire, les antiquités et les mœurs des habitans de ce mont célèbre. Muni des instructions de M. le comte Potocki et de quelques membres de l'académie, je partis de Saint-Pétersbourg en septembre 1807, et, après seize mois d'absence, je fus de retour dans cette capitale au mois de janvier 1809.

Quoique des circonstances imprévues aient abrégé inopinément mon voyage, je pense néanmoins qu'il aurait été impossible de recueillir en si peu de temps plus de résultats positifs que ceux que je présente au public dans ma relation. D'ailleurs je me suis efforcé de remplir, autant qu'il dépendait de moi, les intentions de l'illustre personnage qui avait conçu l'entreprise dont j'ai été chargé. J'espère avoir justifié par cet ouvrage la confiance dont il m'avait honoré ; car il desirait que le Caucase fût mieux connu qu'il ne l'avait été auparavant, et je n'ai rien négligé pour parvenir à ce but.

Paris, ce 1.er mai 1823.

J. KLAPROTH.

VOYAGE
AU
MONT CAUCASE
ET
EN GÉORGIE.

CHAPITRE PREMIER.

Départ de Saint-Pétersbourg. — Voitures. — Organisation des Postes en Russie. — Vitesse des Couriers. — Manière de voyager et ses incommodités. — Route de Moscou. — Grand Nowgorod. — Origine de cette ville. — Son état actuel. — Bronitskoï-Yam. — Colline remarquable. — Waldaï. — Wychnei-Wolotchok. — Torjok. — Twer. — Klin. — Moscou. — Jardin botanique de Gorenki. — Hospitalité des Russes.

APRÈS avoir écarté tous les obstacles qui s'opposaient à mon départ de Saint-Pétersbourg, et m'être muni de tout ce qui m'était nécessaire pour mon voyage, mon dernier soin fut de me faire donner un passe-port [подорожная] tellement arrangé, que j'avais la faculté de changer de route à ma fantaisie, et même de revenir sur mes pas, sans avoir besoin d'en prendre un nouveau.

Je quittai cette capitale le 15 septembre 1807, à six heures du matin. J'étais accompagné d'un secrétaire russe. Nous avions pour nous et nos domestiques deux voitures : une bonne calèche à ressorts, et une très-grande *kibitka*, qui nous servait en même temps de fourgon ; ma bibliothèque de voyage, et ce qu'il y avait de plus lourd dans notre bagage, y étaient déposés. Nous sortimes par la porte de Moscou.

Ces sortes de voitures sont indispensables pour les longs voyages en Russie. Les voitures à l'allemande ou à l'anglaise n'étant ni assez fortes ni assez solides, on serait obligé de s'arrêter à chaque instant pour y faire des réparations ; et il y a même des endroits où, s'il s'agissait, par exemple, de ressouder un essieu cassé, la réparation deviendrait impossible, tandis que, si quelque chose se dérange dans une *kibitka*, qui est presque entièrement construite en bois, rien de plus facile à réparer.

Les postes sont très-bien organisées en Russie. Nulle part les personnes qui voyagent pour le service public, ne le font plus rapidement ni à meilleur marché ; et la plus modique gratification satisfait le postillon : mais il n'en est pas de même pour toute autre espèce de voyageurs ; et les maîtres de poste, libres de leur refuser des chevaux, les obligent à payer ainsi un prix double de celui qui est taxé [прогоны]. A chaque relais, plusieurs attelages sont réservés exclusivement pour les couriers, et personne ne peut les prendre ; aussi les couriers du Gouvernement russe voyagent-ils avec une rapidité qui semblerait incroyable à un maître de poste saxon, et que même il ne pourrait comprendre. Des couriers chargés des dépêches pour la Chine doivent parcourir en vingt-deux jours la distance d'Irkoutsk à Saint-Pétersbourg, qui est de onze cent quarante-cinq lieues ; ce qui fait cinquante-deux lieues en vingt-quatre heures.

Il est très-vraisemblable que l'organisation des postes en Russie date de l'époque où ce pays était occupé par les Mongols ; car le mot russe *yam* [ямb], relais de poste, d'où vient *yamchtchik* [ямщикb], postillon, dérive immédiatement du turc-tatare *yam* [یام] ou *yameh* [یامه], lequel signifie les chevaux que l'on tient prêts pour conduire les voyageurs d'un lieu à un autre. Le célèbre voyageur Marco-Polo, qui visita la cour du grand khan mongol vers la seconde moitié du XIII.ᵉ siècle, parle avec beaucoup de détails des relais de poste de l'empire mongol-chinois; il dit qu'on les appelait *yamb* ou relais de poste aux chevaux. Rubruquis, qui, avant cette époque, fut envoyé en ambassade par Louis IX, roi de France, auprès du grand khan des Tatares, donne le nom de *yani* aux postillons tatares. Au reste, il est probable que les Mongols doivent l'organisation des postes aux Chinois, qui l'introduisirent chez eux, sous l'empereur Hiouan-tsoung, de la grande dynastie *Thang*, dont le règne commença en 712 de J. C., et finit en 756. Les Chinois désignent presque toujours un relais de poste par le mot *y*. Autrefois les postillons russes, ou *yamchtchiki*, étaient, à l'instar des postillons mongols, obligés de conduire gratuitement quiconque, voyageant pour le compte du Gouvernement, était muni d'un passe-port délivré par la direction générale des postes [ямская канцелярія], passe-port sur lequel était marqué le nombre de chevaux à fournir. Maintenant on reçoit d'avance ses frais de voyage, et l'organisation des postes se rapproche davantage de celle des autres états de l'Europe.

Les postillons russes adressent à leurs chevaux un grand nombre d'exhortations rudes ou burlesquement pathétiques, qui sont quelquefois assez plaisantes : *Allons, mes petits amis, vîte, vîte! O mes amis, vous m'oubliez donc tout-à-fait! Bâton desséché, vilain lourdaud, en avant, en avant!* et je ne sais combien d'autres expressions de ce genre. A chaque instant ils s'arrêtent pour changer quelque chose à leur attelage, et ces opérations leur prennent un temps considérable; mais ces retards sont alors compensés par la vitesse redoublée de leur course.

La manière de voyager en Russie est fort incommode pour les étrangers qui n'en ont pas l'habitude; nulle part d'auberges que dans les grandes villes : c'est une nécessité, dans les petits endroits, de pourvoir soi-même à son logement et à sa nourriture; ce qui diminue de beaucoup l'agrément du voyage. Il est indispensable de porter avec soi des matelas et des ustensiles de cuisine. Il n'est pas moins utile de faire provision de tablettes de bouillon ; et, si l'on y joint quelques sauces anglaises en bouteille, on peut très-promptement se préparer ainsi un repas assez agréable : autrement il faut se résoudre, en parcourant la Russie, à se contenter presque par-tout, pour toute nourriture, de biscuit, d'œufs et de soupe aux choux, puisqu'on ne trouve pas autre chose dans les villages. Pendant le carême, les repas qu'on vous offre se composent de poisson salé ou de mets préparés avec de l'huile de chènevis si fétide, qu'il est impossible d'en supporter l'odeur, et, à plus forte raison, d'en faire usage.

Le temps était fort beau ; et nous rencontrâmes, jusqu'à une distance considérable, un grand nombre de paysans russes et de colons allemands, qui apportaient leurs denrées à la capitale ; tous cheminaient en chantant, suivant leur coutume. La route de Saint-Pétersbourg à Moscou est, au reste, une des plus mauvaises et des moins intéressantes de tout l'empire : elle offre peu de variété. En plusieurs endroits les villages se suivent de si près, qu'on pourrait croire qu'ils n'en forment qu'un seul fort étendu : ordinairement ils ne se composent que de maisons situées le long de la grande route, qui en est bordée des deux côtés.

Après avoir voyagé toute la nuit, nous arrivâmes le lendemain au Grand Nowgorod [*Nowgorod Welikii*], éloigné de Saint-Pétersbourg de cent quatre-vingt-quatre werstes et demie. Cette ancienne capitale de la Russie est située sur le Wolkhow, à peu de distance de l'endroit où cette rivière sort du lac Ilmen. Selon les annales russes, cette ville fut bâtie presque en même temps que Kiew, vers le milieu du ve siècle, par les Slaves, revenus des bords du Danube; ils la nommèrent Nowgorod, c'est-à-dire, *nouvelle ville*, pour la distinguer d'une autre, qui n'en était éloignée que de quelques werstes : celle-ci fut presque entièrement détruite par la peste et dans la guerre avec les Slaves. L'endroit où se trouvait cette ancienne ville, nommé *Slowensk*, s'appelle encore aujourd'hui *Staroe Gorodichtché*, ou les vieilles Ruines.

La puissance de Nowgorod s'étendait sur les districts de Nowgorod, Pleskow et Biélozersk, et sur le pays entre la Waga et la Dwina, ainsi que sur les Syrianes, qui en étaient tributaires.

Les Nowgorodiens pouvaient mettre sur pied cent mille hommes : leur puissance était si redoutée de leurs voisins, qu'elle avait donné lieu à ce proverbe : *Qui peut résister à Dieu et au Grand Nowgorod ?* Leur gouvernement était républicain. Affaiblis ensuite par des dissensions intestines, ils furent soumis par les Wareghes ou Russes. Ils réussirent pourtant, avec l'aide de leurs voisins, à les chasser ; mais, voyant qu'ils n'étaient pas en état de se bien gouverner, ils envoyèrent des députés aux princes wareghes pour les prier de prendre possession de leur ville. Rurik vint en 862 dans le pays des Slaves, avec ses deux frères Sinaous et Trouwor ; et deux ans après il soumit entièrement Nowgorod, qui devint alors et resta jusqu'en 880 la capitale de l'empire russe-slave.

Nowgorod était, dans le moyen âge, et même encore il y a cent ans, une ville commerçante ; mais la fondation de Saint-Pétersbourg l'a presque ruinée. Maintenant, si l'on en excepte quelques églises et ses fortifications, elle laisse apercevoir peu de traces de son ancienne splendeur : elle est la capitale du gouvernement de son nom, et renferme environ huit mille habitans.

À Bronitskoï-Yam, premier relais après Nowgorod, on voit, dans une belle plaine qui s'étend vers le lac Ilmen, une colline assez escarpée : au sommet s'élève une chapelle. Les paysans voisins prétendent que cette colline a été faite par la main des hommes dans un temps très-reculé : il est effectivement difficile de concevoir comment elle a pu naître et acquérir dans une si vaste plaine une forme si ronde et si régulière. On y trouve d'énormes blocs de granit, qui peut-être y ont été apportés pour construire quelques édifices, et qui n'ont pu l'être qu'avec des peines infinies. Près de la chapelle, on rencontre un puits dont l'eau est excellente, et, si l'on en croit les paysans, guérit beaucoup de maladies : elle ne paraît pas néanmoins contenir aucune particule minérale.

Derrière Krestsy, le gouvernement de Nowgorod est, pour ainsi dire, parsemé de petits lacs. Au troisième relais nous traversâmes Waldaï, capitale de cercle, et ville considérable, située près d'un des plus grands de ces lacs, qui en porte le nom. C'est ici qu'on passe les monts Waldaï, sur le point le plus élevé desquels se trouvent le lac et la ville. La chaîne de ces monts vient du nord et semble sortir d'entre l'Onéga et le Ladoga : elle traverse ensuite la rivière de Msta, passe entre l'Ilmen et le Seligher, et s'étend jusque dans les gouvernemens de Smolensk, d'Orel et de Tchernigow. Sur ses bords, à l'ouest, au sud et à l'est, s'offrent à l'œil des couches de calcaire marneux, formant des bancs très-considérables qui s'abaissent insensiblement jusqu'au niveau des plaines marécageuses et sablonneuses. Les monts Waldaï sont regardés, par quelques minéralogistes, comme une chaîne calcaire d'alluvion; mais le célèbre Hermann n'y voit qu'une montagne primitive dont la surface a été altérée et ruinée par les météores, et pense que les couches de calcaire marneux qui recouvrent ses flancs, sont des produits d'alluvion. On prétend que l'on y a découvert des traces de cuivre et de plomb; mais jusqu'à présent ces monts n'ont produit que du fer. La partie située le long de la Msta contient beaucoup de soufre, de vitriol, d'alun, de houille et de fer. Les pétrifications se trouvent presque exclusivement dans la partie méridionale, où les couches de granit sont rares, tandis qu'elles sont très-fréquentes du côté du nord. Une couche de houille s'étend particulièrement près de Borowitchi; et près de Staraya-Rous, on voit des sources salées et des carrières de pierres à chaux et à plâtre. La plus grande hauteur des monts Waldaï est à peine de deux cents toises au-dessus du niveau de Saint-Pétersbourg. Un grand nombre de fleuves et de rivières prennent leur source soit dans les monts mêmes, soit dans les lacs qui sont à leur pied : les plus connus sont le Wolga, la Dwina, le Wolkhow, le Lowat, la Pola, la Tchegheda, le Kolp, le Dnieper ou Borysthène, le Don, l'Oka, &c. Ces monts sont peu boisés, mais, en revanche, tapissés de belles prairies et couverts de champs fertiles : on y élève une grande quantité de bestiaux. Les arbres les plus communs sont le pin, le bouleau, le tilleul et le tremble. Les vallons, presque toujours argileux ou marneux, sont, en général, très-fertiles.

La ville de Waldaï, fondée, il y a environ cent cinquante ans, par une colonie de prisonniers polonais, est renommée par la beauté de ses femmes. Les jeunes filles assiégent les voitures des voyageurs, afin de leur vendre des petits pains blancs, qu'elles appellent *baranki* [petits moutons]. De toutes celles que j'y ai vues, aucune ne m'a semblé justifier la réputation de leur ville, qui est d'ailleurs remarquable par son industrie, et très-animée : c'est là que l'on fabrique les meilleures sonnettes pour les voitures de voyage; car l'usage en Russie est d'attacher à chaque traîneau ou à chaque voiture une grosse sonnette, dont le bruit, se faisant continuellement entendre, avertit, pendant la nuit, les voyageurs qui suivent des directions opposées, de s'éviter les uns les autres. Lorsque plusieurs voitures voyagent ensemble, et qu'elles ont chacune une sonnette d'un ton différent, il en résulte quelquefois, au milieu des forêts, un effet très-agréable.

Ces sonnettes [колоколъ] sont peut-être un reste de l'ancien usage qui existait du temps de Marco-Polo. Ce voyageur raconte, dans son XX.ᵉ chapitre, que les couriers du Gouvernement mongol-chinois portaient à leur ceinture une sonnette dont le bruit annonçait leur arrivée, de manière qu'un autre courier se disposait sur-le-champ à prendre les dépêches pour les porter au relais suivant. En Russie, les couriers du Gouvernement [фельдьегерь] ont seuls le privilége d'entrer avec leur sonnette dans une ville capitale ; tous les autres voyageurs sont obligés de la faire ôter en arrivant à la porte.

Dans une île du lac de Waldaï, environ à six werstes de la ville, on trouve le couvent de Twerskoï, bâti en pierre ; il est situé au milieu de jolis bosquets, et dédié à la Vierge : il fut fondé par Nikon, célèbre historien russe, et continuateur de la Chronique de Nestor.

A peine a-t-on quitté les monts Waldaï, que la route devient mauvaise : elle traverse un pays très-marécageux, et l'on voyage sur une espèce de digue formée de troncs d'arbres abattus, мостъ [pont], qui n'ont été ni ébranchés ni écarris. Le passage continuel des voitures les use ; et comme ils ne sont pas joints les uns aux autres, ils s'élèvent par un bout, tandis que la voiture pèse sur l'extrémité opposée, éclaboussant ainsi chevaux et voyageurs, et les couvrant de boue et d'ordure.

Au-delà de Khatilowo, on sort du gouvernement de Nowgorod pour entrer dans celui de Twer. Kourskaya, le premier village, est précisément sur les limites. Nous ne tardâmes pas d'arriver à Wychneï-Wolotchok, capitale de cercle. Son nom désigne la partie du pays la plus élevée et comprise entre deux rivières navigables. Cette ville est située au confluent de la Chlina et de la Twertsa avec la Tsna : celle-ci coule ensuite au nord-ouest et se jette dans le lac Mstino. On peut la considérer comme la partie supérieure de la Msta, qui, sortant du même lac, se dirige vers le nord, et tombe, près de Nowgorod, dans l'Ilmen. Ce lac communique avec le Ladoga par le Wolkhow; ce qui est très-avantageux au commerce, puisque, de toutes les parties de la Russie, les denrées et les marchandises peuvent, en remontant le Wolga, arriver dans le Ladoga, et de ce lac, par la Newa, à Saint-Pétersbourg et dans la Baltique. Le commerce d'expédition qui se fait par ce canal, a beaucoup enrichi les habitans de Wychneï-Wolotchok.

Deux relais plus loin, nous entrâmes dans Torjok, ville située près de la Twertsa. Ses habitans font un grand commerce de jolis ouvrages en maroquin jaune, rouge et vert. On peut y acheter des matelas, des coussins, des oreillers, des bottes et des pantoufles tatares, des sacs à tabac, des étuis, des bourses, et beaucoup d'autres bagatelles. Leur élégance et leur propreté attirent les regards du chaland, et leur bon marché le décide à s'en pourvoir pour en faire des présens à ses amis. Ici le pays commence à devenir sablonneux et stérile ; l'on ne voit que des pins épars au milieu de tristes bruyères.

Nous traversâmes pour la dernière fois la Twertsa sur un pont de bateaux, avant d'arriver à Twer, capitale du gouvernement. C'est là que cette rivière unit ses eaux à celles du Wolga, et le rend bien plus considérable. Twer est une des plus belles villes de la Russie : son commerce consiste principalement en blé et en chanvre, que les négocians vont acheter dans la Russie méridionale, et qu'ils expédient à Saint-Pétersbourg, où ils envoient aussi du fer, du poisson salé et d'autres marchandises. Twer doit son origine au grand-duc Wsewolod Gheorghiewitch. En 1182, il fit bâtir, au confluent de la Twertsa et du Wolga, un petit fort pour prévenir les incursions des brigands de Nowgorod et de Torjok. La situation incommode de ce lieu obligea les habitans de s'établir en remontant le long du Wolga, où la ville est située aujourd'hui : plus tard on y plaça aussi la forteresse. La ville proprement dite ne fut bâtie qu'en 1240. Un incendie l'ayant ravagée dans le milieu du siècle dernier, l'impératrice Catherine II la fit rebâtir en pierre et l'embellit considérablement : depuis ce temps, elle s'est beaucoup accrue; on y compte plus de quinze mille habitans. Un marchand italien, qui a joint à son commerce de quincaillerie une grande auberge, s'est fort enrichi par le concours des voyageurs. On est incomparablement mieux chez lui que dans les meilleurs hôtels garnis de Moscou. Twer sert d'entrepôt aux poissons qui viennent de la mer Caspienne et du Wolga, et que l'on transporte, soit à Moscou, soit à Saint-Pétersbourg, tantôt gelés, tantôt vivans.

Le sable, la bruyère et les arbres toujours verts et à feuilles acéreuses, ne commencèrent à disparaître qu'à peu de distance de Klin, petite ville très-jolie, située sur les deux rives de la Sestra : elle n'est pas très-peuplée; mais il s'y fait un commerce considérable. C'est la première ville du gouvernement de Moscou que nous ayons traversée : elle est au milieu d'un pays agréable et couvert de bois. La dernière ville que l'on rencontre avant d'arriver à Moscou, s'appelle *Tchernaya-Griaz* [Boue-Noire]; elle est tout-à-fait digne de ce nom quand il pleut: puis, pendant les chaleurs et les sécheresses, cette boue se convertit en poussière noire, qui n'est pas moins incommode pour les voyageurs.

Le temps, pluvieux pendant tout le jour, s'éclaircit vers le soir; et nos postillons purent au moins éviter les bourbiers immenses qu'on rencontre sur la route, et où l'on court risque de verser à tout moment. Après une marche lente et circonspecte, nous étions encore à plusieurs werstes des portes de Moscou, lorsqu'une odeur très-forte et très-désagréable se fit sentir : on m'assura qu'elle venait de cette ville ; en effet, elle augmentait à mesure que nous en approchions. La plupart des rues n'y sont pas pavées ; la boue s'élevait presque jusqu'aux essieux de la voiture ; et ce fut avec la plus grande peine que nos chevaux fatigués purent arriver jusqu'à l'hôtel de Pologne.

Obligé d'attendre à Moscou des papiers qui m'étaient nécessaires pour mon voyage, je restai quelques jours dans cette capitale : et ce séjour, je dois l'avouer, ne me fut pas très-agréable; car la boue et le mauvais temps m'empêchèrent de visiter ce qu'elle a de curieux. Au reste, Moscou

Tom. I. B

offre un coup-d'œil singulièrement varié, puisque c'est la dernière ville de l'empire où se présente encore un mélange du goût européen et du goût russe : cependant ce dernier l'emporte. A côté d'un palais magnifique, on aperçoit des baraques en bois toutes prêtes à tomber en ruine (1); et la classe bourgeoise est presque entièrement composée d'indigènes, tandis qu'à Saint-Pétersbourg elle l'est, en général, d'étrangers.

Je ne manquai pas d'aller voir, près de Gorenki, le magnifique jardin botanique de M. le comte Alexis Razoumowski; il est à vingt-deux werstes de la ville, sur la route de Wladimir. On est surpris de trouver au centre de la Russie un établissement qui peut être comparé à ce qu'il y a de mieux en Europe dans ce genre. Les plantes les plus rares de tous les pays du monde y ont été réunies à grands frais et avec une peine infinie : cette précieuse collection a de plus l'avantage d'être sous la surveillance de M. Fischer de Halberstadt.

---

(1) Cependant, grâce à M. le comte Rostopchin, on a l'espoir que cette ancienne capitale de la Russie sera bientôt rétablie sur un nouveau plan; et alors la bonne architecture aura autant gagné que la patrie à la résolution énergique de ce gouverneur.

Ce botaniste habile, qui a consacré toute sa vie aux sciences, s'occupe particulièrement de la physiologie des plantes; et des découvertes très-intéressantes l'ont récompensé de ses longues études. Le beau château voisin de ce jardin renferme une superbe bibliothèque, enrichie des ouvrages les plus précieux imprimés en Angleterre et en France. En un mot, tout se réunit à Gorenki pour en faire le séjour des muses le plus agréable de toute la Russie.

Moscou ayant déjà été décrit si souvent, et bien plus exactement que je ne pourrai le faire, je me bornerai à quelques observations sur les mœurs des habitans. C'est là que l'on peut le mieux se faire une idée du luxe et du faste de la noblesse russe. Toutes les personnes qui occupent un rang plus élevé que celui de conseiller de collége [colonel], ayant le droit d'aller en voiture à six chevaux, il arrive que, lorsque le gouverneur général donne un repas de cérémonie ou une assemblée, l'on voit sur la place où sa maison est située plus de vingt équipages de ce genre; quant aux voitures à quatre chevaux, cette place en est à peu près couverte. On ne voit nulle part autant d'équipages qu'à Moscou.

L'hospitalité russe, si vantée, y est poussée au plus haut degré; elle s'y exerce même plus noblement qu'à Saint-Pétersbourg, où l'on peut dire qu'elle n'est qu'une affaire de mode et de parade. En effet, dans cette dernière ville, qu'un étranger bien recommandé se présente dans une maison, on ne manque pas sans doute de l'inviter à y venir dîner un jour de chaque semaine, celui que la famille consacre à ces sortes de réceptions; il y trouve toujours une table splendidement servie : mais le maître de la maison est trop occupé pour pouvoir lui parler, et ne lui parle point. Si cet étranger se présente un autre jour, ou à une autre heure que celle du repas, sa visite cause une surprise extrême, et on le considère comme un personnage fort singulier, même importun.

L'hospitalité, exercée en Russie par les hommes de tous les rangs, y est dégradée par une étiquette la plus ridicule que l'on puisse imaginer. Dans les dîners de cérémonie des maisons de haut parage, cette étiquette est très-scrupuleusement suivie; si bien que l'homme qui n'est pas *tchinownik,* c'est-à-dire, qui n'est pas employé au service du Gouvernement, peut se trouver dans le même embarras que l'Anglais Clarke, et se voir placé au bas de la table, à côté du courier du Gouvernement, qui ne manque jamais au diner. Cette étiquette est si généralement suivie en Russie, que, lorsque l'on doit se trouver avec quelqu'un qu'on ne connaît pas encore, on s'informe d'avance de son rang [чинъ], pour savoir si, en lui adressant la parole, on doit lui donner du noble, ou du très-noble, ou de l'infiniment noble, ou de l'excellence, ou de l'illustre excellence : tous ces titres honorifiques sont déterminés avec la plus grande précision ; et, comme l'état civil ainsi que l'état militaire sont partagés en quatorze classes, on sait d'abord à quoi s'en tenir, tant pour soi-même que pour les autres.

Un rang est absolument indispensable pour recevoir des marques extérieures de considération ; sans cela, fût-on un Newton, on n'en serait pas plus estimé. En revanche, les Russes ne sont point entichés de l'orgueil de la noblesse héréditaire.

CHAPITRE II.

Départ de Moscou. — Podol. — Serpoukhow. — Origine et industrie de ses habitans. — Oka. — Ses rives. — Toula. — Usines de fer. — Mtsensk. — Entrée dans le gouvernement d'Orel. — Description de cette ville. — Son commerce. — Navigation de l'Oka. — Environs d'Orel. — Teignes ou tarakanes, fléau commun dans les maisons russes. — Koursk, la ville la plus sale de toute la Russie. — Histoire et description de Koursk. — Départ.

LE 29 septembre au soir, je quittai Moscou pour continuer ma route par Toula, Orel, Koursk et Kharkow. Podol, à trente-cinq werstes de Moscou, fut le premier endroit remarquable que nous rencontrâmes : c'est une ville petite et moderne, située sur les deux bords de la Pakhra, et capitale d'un cercle ; ses habitans paraissent être actifs et industrieux.

Nous avions encore cinquante-trois werstes à parcourir pour arriver à Serpoukhow, autre capitale de cercle du gouvernement de Moscou, située en partie sur une hauteur, près de la Serpeïka, petite rivière, et à quatre werstes de la rive gauche de l'Oka, qui marque la limite entre les gouvernemens de Toula et de Moscou. Cette ville fait un commerce considérable de blé, qui se récolte dans les environs. Pendant l'été, le blé y arrive par eau d'Orel, de Mechtchensk, ainsi que d'autres endroits; puis il est transporté par terre à Moscou. Les habitans achètent aussi dans l'Ukraine beaucoup de gros bétail, dont une grande partie va de même à Moscou : le reste se consomme dans la ville; ou bien on en fait des salaisons, que l'on envoie, avec le suif, jusqu'à Saint-Pétersbourg. On tanne à Serpoukhow une grande quantité de cuir. Les autres objets de son commerce, qui est considérable, sont le chanvre, le miel, le tabac et la toile : ce dernier article s'achète aux foires des environs; il s'en fait des envois considérables à Khopersk et à Tsaritzyn.

On prétend que Serpoukhow fut bâti en 1374, sous le grand-duc Dimitri Iwanowitch Donskoï, par Wolodimer Andreewitch, cousin de ce prince. Cette ville fut prise et détruite, en 1382, par Toktamich, khan de Kaptchak. Plus tard, le prince Wolodimer Andreewitch Donskoï y fonda, en 1403, le couvent de Wisotskoï, dont S. Serghei nomma son disciple Athanase archimandrite. Bientôt après, cette ville eut le malheur d'être détruite par les Lithuaniens; mais elle ne tarda pas à se relever. Il ne reste plus rien des murailles bâties, en 1556, par le tsar Iwan Wassiliewitch ; elles étaient en pierre blanche, et avaient dix coudées de hauteur : on a été obligé de les démolir, à cause de leur état de caducité.

A chaque nouveau relais, j'étais exposé, comme tous les étrangers, à des désagrémens continuels. On nous faisait attendre les chevaux sans aucun motif même plausible; et, au relais en deçà de Serpoukhow, un négociant anglais, qui était arrivé après nous, fut expédié auparavant. Ce passe-droit m'obligea de faire usage de la lettre patente dont j'étais porteur, et qui s'adressait à toutes les autorités et à tous les bourgmestres. Je priai le gorodnitcheï [bourgmestre] de me donner un soldat de police pour m'accompagner jusqu'à Toula ; il me l'accorda sur-le-champ. Cette mesure m'a été très-utile dans le cours de mon voyage, en me mettant à même de me garantir de toute mauvaise chicane et de toute demande injuste.

L'Oka, qui est déjà navigable ici, prend sa source dans le gouvernement d'Orel, et se jette dans le Wolga, près de Nijneï-Nowgorod. La vallée que cette rivière parcourt offre, de deux côtés, à cent cinquante pieds et plus d'élévation, des couches, tantôt de grès, tantôt calcaires : ces dernières contiennent, comme près de Serpoukhow, quelques restes de pétrification, qui semblent être des agglomérats de coquilles, mais si petites et si brisées, qu'il est impossible d'y rien reconnaître. On voit près de Serpoukhow une montagne à couches horizontales, qui s'étend à l'est et à l'ouest de l'Oka : elle contient des mines de fer, que l'on exploite dans plusieurs endroits (1).

La distance de Serpoukhow à Toula est de quatre-vingt-treize werstes : on voyage d'abord dans la plaine; puis le pays devient montagneux à mesure que l'on approche de Toula. Les petites rivières y forment, dans la terre argileuse, des ravines profondes, où l'on trouve

---

(1) *Guldenstædt*, tom. II, pag. 435.

souvent du grès et du calcaire. Les villages que nous traversions, annonçaient l'aisance de leurs habitans, et cependant ils nous parurent très-mal propres, à cause de la pluie qui venait de tomber. Les paysans s'occupent principalement d'élever des moutons; ils ont aussi des abeilles : des troncs d'arbre creusés tiennent lieu de ruches. On prétend que les abeilles les préfèrent aux ruches de paille.

Toula est sur l'Oupa, rivière qui tombe dans l'Oka, et prend sa source dans les environs de l'Iwan-Ozero, lac d'où sort le Don. Pierre-le-Grand conçut le projet d'un canal pour joindre ce lac à l'Oupa, et ouvrir ainsi une communication du Don, par l'Oka, avec le Wolga et la Russie septentrionale. Toula est actuellement une des plus riches et des meilleures villes de la Russie; ses manufactures en fer la rendent célèbre dans tout l'empire. Les rues ne sont pas toutes ni bien droites, ni pavées; mais il y en a de très-jolies, qui, du moins, égalent plusieurs de celles de Moscou. La manufacture d'acier et de fusils y est constamment en activité, et fait, en grande partie, la fourniture de l'armée. Elle fut fondée en 1714, sous le règne de Pierre I.er : elle a toujours un grand débouché de ses produits ; mais il faut convenir que les objets qui en sortent, et sur-tout les fusils, ne sont pas aussi parfaits qu'ils l'étaient autrefois.

Nous descendîmes à une grande auberge, dont le propriétaire tient aussi un magasin d'objets en fer, qu'il se fait payer le double de leur valeur, parce qu'il est sûr qu'aucun de ses hôtes ne commettrait l'incivilité d'aller faire ses emplettes chez un autre marchand. Du reste, nous y fûmes très-bien traités ; et certes nous ne nous attendions pas à trouver, dans une auberge de l'intérieur de la Russie, tout ce que l'on nous servit : ce fut la dernière où j'entrai durant tout le reste de mon voyage. Je remis mes lettres au gouverneur : on me donna, au lieu du soldat de police de Serpoukhow., un dragon chargé de nous accompagner jusqu'à Orel.

Je quittai Toula le 2 octobre, de grand matin : nous traversâmes les cercles de Krapiwa et de Tchern, dans le gouvernement de Toula, avant d'arriver à Mtsensk, capitale d'un cercle du gouvernement d'Orel. Cette ville n'est qu'à cent trente-trois werstes de Toula. Les chemins étaient bons, et nous arrivâmes à Mtsensk sur les neuf heures du soir. Après avoir soupé à la russe, c'est-à-dire, mangé une soupe et des rognons de bœuf, nous continuâmes notre voyage jusqu'à Orel, qui n'est éloigné que de trente werstes de Mtsensk.

La ville d'Orel proprement dite est entre l'Oka et la petite rivière d'Orlik, qui se jette dans la première : les faubourgs sont au-delà des deux rivières. La partie principale de la ville se compose de cinq quartiers, dont les noms répondent en partie à la position des principales rues, et en partie aux noms des anciens habitans; car autrefois il y avait ici des tcherkasses, des petits-russes, des streltsys, des canonniers et des bourgeois. Au milieu de cette partie de la ville est le bazar, dont les boutiques sont remplies de toute sorte de marchandises russes et grecques. Il y a des bazars [гостиной дворъ] dans toutes les villes de Russie; ils sont très-commodes pour les acheteurs, qui trouvent tous les objets dont ils ont besoin réunis dans le même endroit, sans être obligés, comme dans nos villes, d'aller les chercher de côté et d'autre. Ces bazars sont formés ordinairement de plusieurs rangs de boutiques

[лавка], ou échoppes stables, qui ont leur entrée du côté de la rue; des colonnades couvertes mettent les acheteurs à l'abri de la pluie. Le bazar donne une idée de la richesse et du trafic d'un endroit, et il offre une promenade très-intéressante au voyageur. Les boutiques où l'on vend des marchandises de la même espèce, sont ordinairement les unes à côté des autres : c'est ainsi que, dans les grandes villes, on trouve des files entières de boutiques où l'on ne vend que du sucre, du thé et du café; dans d'autres, du drap, de la toile, de la cire, du suif, &c. La foule nombreuse qui se succède continuellement, présente, à la vérité, un coup-d'œil assez varié; mais rien de plus monotone que le bruit que font les marchands russes criant sans cesse aux passans : « Que voulez-vous acheter? est-ce » du sucre, du thé, du café? de très-bons cha- » peaux? des meilleurs tissus de Moscou? » Quelquefois ils vous arrêtent; et si l'on achète chez les uns, on court souvent le risque d'avoir son habit déchiré par les autres.

Les négocians de cette ville font en gros le commerce de seigle, de froment, de fine farine de froment, de chanvre et de verre. On exporte principalement le froment à Kazan et à Astrakhan, et la farine à Moscou et à Saint-Pétersbourg. C'est dans les environs de Briansk, d'Orel et de Sewsk, que le chanvre se cultive le plus; le verre se tire des usines établies sur la Dezna, dans les territoires de Troubtchewsk et de Briansk. On le transporte d'ici, par eau, à Moscou et aux villes situées sur les bords de l'Oka et du Wolga. L'Oka n'est navigable que depuis Orel : à l'embouchure de l'Orlik, cette rivière a trente toises de largeur. Les bateaux dont on se sert pour cette navigation s'appellent *stroughi*, *barki* et *patchalki :* les premiers sont les plus grands; ils portent 2000 à 2500 tchetwerts (1). Tous ces bâtimens sont construits sur l'Oka, à quatre cents werstes au-dessous d'Orel.

Sur les hauteurs qui bordent l'Orlik et l'Oka, et principalement à la rive droite de cette dernière, se trouvent des couches du grès dont on se sert pour les fondemens des maisons et pour les meules. On y rencontre aussi de l'excellente pierre calcaire grise. On ne voit pas, dit-

---

(1) Четверикъ. Un tchetwert est le quart d'un оковъ et contient huit четверикъ; en tout, neuf mille huit cent deux (selon d'autres, neuf mille six cent quatre-vingt-douze) pouces cubes.

on, de craie dans la vallée de l'Oka, tandis qu'on en trouve à Briansk sur la Dezna, qui n'en est qu'à une petite distance. Au-dessus des couches de pierre, le long du rivage, il y a de l'argile jaune : elle sert à fabriquer de bonnes tuiles, que l'on fait cuire, ainsi que la chaux, tout près de la ville. Les environs d'Orel offrent des chênes, des bouleaux, des trembles, des aliziers et des tilleuls, mais en petite quantité : on ne voit des pins qu'à vingt werstes au-dessous, le long de l'Obtoukh ; ces pins fournissent de bonnes poutres pour les maisons. Mais presque tout le bois de charpente vient des environs de Kaluga, en remontant la rivière : on en tire aussi, de même que du bois de chauffage, des environs de Karatchew sur la Dezna.

Obligés de passer la nuit et une partie du jour suivant à Orel, à cause du mauvais temps, et pour obtenir un autre dragon à la place de celui de Toula, nous nous trouvâmes, pour la première fois, dans la nécessité de pourvoir nous-mêmes à notre nourriture ; car, dans le logement qui nous fut assigné par la police, nous ne trouvâmes que deux bancs de bois et quelques souches de bois de chauffage. Tout fourmillait de tarakanes [teignes], fléau ordinaire des maisons russes, construites en bois et en pierre. Ces insectes se multiplient d'une manière incroyable : souvent le plafond et les murs en sont, pour ainsi dire, tapissés; et, si l'on n'y fait pas attention, ils tombent à chaque instant dans ce que l'on mange et ce que l'on boit. Si un morceau de pain blanc reste exposé pendant la nuit dans une de ces chambres, on le trouve le lendemain tout percé, comme une éponge, par les teignes. Outre les grandes tarakanes noires, il y en a une autre espèce plus petite et brune, que les Russes appellent *proussaki* [Prussiens], parce que le vulgaire croit que ces insectes ne se sont montrés en Russie que depuis la guerre avec la Prusse. Ce sont, dit-on, les Prussiens qui les ont introduits par enchantement. En Sibérie, on trouve encore une troisième espèce, et très-petite, de tarakanes, qui mordent, et qu'on nomme ordinairement tarakanes chinoises, vu qu'elles se sont répandues dans la Sibérie méridionale par l'introduction des marchandises chinoises. Pour exterminer ces insectes il n'y a qu'un seul moyen, celui de laisser la maison inhabitée et les fenêtres ouvertes pendant un hiver très-rigoureux.

Enfin nous quittâmes Orel le 5 octobre au matin, et nous continuâmes notre route jusqu'à Koursk, qui en est éloigné de cent cinquante werstes. Koursk, capitale du gouvernement du même nom, est une des villes les plus anciennes, mais en même temps l'une des plus sales de la Russie; elle est à moitié située sur une hauteur si considérable, qu'un drojki tiré par deux forts chevaux eut toutes les peines du monde à gravir sur cette hauteur, au milieu de la boue, pour me faire arriver à la maison du gouverneur.

Cette malpropreté provient de ce que les rues ne sont pas pavées, de la négligence de la police; ce qui est commun à toutes les villes de Russie : on dit qu'à Poultawa elle est poussée à un degré incroyable; ce qui l'a fait passer en proverbe.

Je fis connaissance à Koursk avec un riche négociant russe, appelé *Dimitri Semonowitch Khlaponin*. Dans mon premier voyage en Sibérie, j'avais connu à Kiakhta son homme d'affaires, qui m'avait comblé d'honnêtetés. M. Khlaponin est un homme très-instruit, qui parle bien l'allemand, et qui a fait plusieurs voyages en Silésie pour affaires de commerce. Il envoie une grande quantité de drap et de toile qu'il exporte

Tom. I.

jusqu'à Kiakhta, pour les troquer contre des marchandises de la Chine, principalement contre du thé et du nankin *[kitaïka]* de différentes couleurs, qu'il expédie ensuite dans toute la Russie. C'est le commerce ordinaire de tous les négocians russes qui font des affaires avec la Chine; cependant ceux qui entretiennent des relations directes avec l'étranger, sont en petit nombre, et la plupart d'entre eux achètent le drap et la toile de la troisième main.

La maison de cet homme hospitalier était meublée et montée entièrement à l'allemande: nous y fûmes parfaitement bien reçus. Il se rappelait avec plaisir son séjour à Leipsik et à Breslau. C'était le premier Russe que j'eusse entendu préférer les habitudes sociales des pays étrangers à celles de sa patrie. Je lui remis une lettre pour Kiakhta, qui est environ à dix-sept cents lieues de Koursk; et je suis sûr qu'elle y parviendra aussi exactement qu'une dépêche qui va par la poste de Paris à Strasbourg.

Koursk fut probablement bâti en 990, sous le grand-duc Wladimir. Ayant partagé ses états entre ses fils, il eut l'idée de fonder dans les environs de Kiew une ville, qui devint par la suite le siége d'une principauté particulière. En 1237, lors de l'invasion de Batou-khan, Koursk, ainsi que plusieurs autres villes russes, devint la proie des flammes; et, en 1278, Nagay, descendant de Tchinghiz-khan, soumit la principauté de Koursk. Un de ses sujets, Tatare d'origine, nommé *Ahmet,* acheta, en 1283, des terres dans le voisinage, et établit, l'année suivante, près des ruines de l'ancienne ville, deux slobodes, où il offrit un asile à tous les fugitifs. En 1597, sous le règne d'Iwan Fedorowitch, on y trouva une image miraculeuse de la Vierge: alors on rebâtit la ville de Koursk, qui fut, ainsi que les environs, peuplée par des colons venus de Mtsensk et d'Orel, et eut ensuite son woiwode particulier. Quand le gouvernement de Bielgorod fut établi, en 1727, la ville de Koursk en fit partie; mais en 1779 on y plaça le siége d'un nouveau gouvernement.

C'est une des grandes villes de l'empire russe; elle a environ six werstes de longueur; elle est riche et très-commerçante, quoiqu'elle manque de rivière navigable : on y trouve plusieurs manufactures, et sur-tout des tanneries considérables. Les environs sont fertiles et très-peuplés. Du sommet des hauteurs où Koursk est situé, on aperçoit un nombre infini de villages peu éloignés. De ce point le pays commence à descendre vers la mer Noire et la mer d'Azow; toutes les rivières que l'on y voit coulent vers le sud, tandis que celles qui prennent leur source dans le gouvernement d'Orel, se dirigent toutes vers le nord.

CHAPITRE III.

Oboyan.—Champignons, mets usité en Russie. —Kotchetowska.—Bielgorod sur le Donetz, différente de Sarkel, capitale de l'empire des Khazars. — Sa position et sa fondation. — Kharkow et son gouvernement. — Université peu fréquentée.—Causes.—M. de Steven. — Vol.—Départ de Kharkow. — Izium.—Bakhmout.—Oksaï.

Le 7 octobre, à midi, nous partîmes de Koursk. Les chemins étaient bons. Nous arrivâmes en cinq heures à Oboyan, qui n'en est qu'à cinquante-neuf werstes de distance. Cette ville jolie, commerçante, et capitale de cercle, est située au confluent de l'Oboyanka et de la Psiol, petite rivière, dont la source n'est pas éloignée. La vue d'une auberge qui était pleine, fut assez attrayante pour nous déterminer à essayer de la cuisine d'Oboyan : elle nous parut meilleure que nous ne l'avions imaginé. Parmi les mets qu'on nous servit, il y en avait quelques-uns qui ne consistaient qu'en champignons : on en fait un très-grand usage pendant le carême, et ils forment la principale nourriture des classes inférieures. Malgré l'énorme quantité qu'on en mange, il est très-remarquable que l'on n'entende jamais parler d'accidens si fréquens dans d'autres pays. On peut en conclure, ou que les paysans savent parfaitement distinguer les bons de ceux qui pourraient nuire, ou que ceux qui produisent ailleurs des effets si funestes, ne sont pas dangereux dans ce pays. On y a l'habitude de boire de l'eau-de-vie avant de manger de ce mets et après en avoir mangé; ce qui aide beaucoup à la digestion. Ordinairement on fait cuire les champignons à l'étuvée avec de l'huile ou du beurre, des oignons et du poivre, ou bien on les met dans de la pâte, et on en fait des rissoles *[piroghi]*.

Il était nuit quand nous arrivâmes à Kotchetowska, village du cercle d'Oboyan. Je résolus d'y attendre le jour, parce qu'on m'avait dit à Oboyan que le chemin de Bielgorod n'était pas très-sûr : au surplus, notre kibitka avait besoin de quelque réparation. Dès l'aurore nous quittâmes un gite assez incommode, et nous arrivâmes le 8 octobre à Bielgorod, capitale de cercle du gouvernement de Koursk, dont elle est éloignée de cent trente-deux werstes. Cette ville, située dans un vallon sur la rive droite du Sewernoï-Donetz, fut, jusqu'en 1779, le chef-lieu d'un grand gouvernement qui en portait le nom. Depuis le temps de Bayer, elle a passé pour être Sarkel ou Bielowieja, capitale des Khazares, qui fut prise en 965 par Swiatoslaw. Ce n'est que depuis peu de temps, que le savant Lehrberg a prouvé, dans un mémoire, que cette ancienne ville forte était située près de l'embouchure du Don. Cet excellent mémoire (1), présenté en 1807 à l'académie des sciences de Saint-Pétersbourg, a donné lieu de corriger une erreur grave pour la géographie et pour l'histoire, erreur qui pou-

---

(1) J'en ai donné un extrait dans les *Annales encyclopédiques* de 1817, tom. I, pag. 142.

vait influer sur les recherches relatives aux antiquités de la Russie méridionale. Bielgorod, ou la ville blanche, est une des villes fondées par Wladimir-le-Grand : il la bâtit, dit-on, en 980. Son nom vient de ce qu'elle était d'abord située sur une montagne craieuse; ce ne fut qu'en 1579 qu'on la transporta dans la vallée. Cette ville est considérable, et renferme près de quatre mille habitans, qui vivent presque exclusivement du commerce. J'y ai vu plus de maisons bâties en pierre que dans les autres villes de province de la Russie; il y en a même dans les faubourgs.

Plus l'on avance vers le sud de la Russie d'Europe, plus le pays s'aplatit; et les routes sont généralement meilleures, parce que le sol, qui est proprement une steppe cultivée, a un plus grand degré de solidité. Ce n'est que sur les bords des rivières que l'on voit des collines et des élévations formées par les pentes escarpées des steppes, lorsque des courans d'eau y ont creusé leurs lits. En suivant une belle route, nous arrivâmes vers le soir au bourg de Liptsy, premier relais du gouvernement de Kharkow, et bientôt après dans cette ville.

Elle est située dans une grande plaine, et

en partie sur un tertre, entre la Kharkowa et le Lopan : ce serait une des plus belles et des plus agréables villes du second ordre de l'empire russe, si elle n'était à peu près aussi sale qu'Orel ; la boue y est si profonde, que les piétons en sont arrêtés dans leurs courses, et que, dans quelques endroits, les drojkis attelés de deux chevaux ont de la peine à avancer : il serait même impossible, à ce que je crois, de traverser cette boue en marchant sur des échasses, comme on fait dans les sables des Landes. Heureusement pour nous, le temps fut beau et sec pendant les premiers jours que nous passâmes dans ce pays, et nous pûmes le traverser sans enfoncer. Grâce à cette circonstance, il me fut possible de faire à pied mes premières visites dans Kharkow sans accident ; mais je ne fus pas toujours aussi heureux. Au reste, comme il est difficile de trouver des drojkis de louage à Kharkow, j'inventai un autre moyen pour surmonter les inconvéniens de cette horrible boue ; ce fut d'affubler mes jambes de ces bottes fourrées dont on se sert dans les temps les plus froids : je les attachai au-dessus du genou avec des courroies garnies, et je me mis ainsi en route pour faire mes visites. Ce moyen me réussit parfaitement. En arrivant, je quittais cette espèce de cothurne avant de monter l'escalier : une fois cependant la botte resta enfoncée dans la boue, parce que la courroie s'était cassée. On dit qu'à présent des fascines placées en travers des rues principales ont en partie remédié aux désagrémens dont je viens de parler ; les voitures du moins peuvent rouler sans difficulté.

L'université établie à Kharkow, sous le règne de l'empereur actuel, a contribué à faire connaître davantage cette ville dans les pays étrangers ; mais il ne paraît pas qu'elle l'ait rendue plus florissante, puisqu'à l'exception de quelques réparations aux édifices destinés à l'université, elle ne présente aucun autre changement remarquable ; et la population, qui est d'environ six mille ames, ne s'est pas même sensiblement augmentée.

J'ai trouvé, parmi les professeurs, des Allemands connus par leurs écrits : ils m'ont semblé peu satisfaits ; c'est ce qui arrive à la plupart des Allemands qui, après avoir passé l'âge de la jeunesse, viennent en Russie avec leur famille et entrent au service du Gouvernement, lorsqu'ils n'ont pas pu être employés à Saint-Pétersbourg ou à Moscou. Au reste, on peut dire que, s'ils se déplaisent dans le pays, c'est de leur faute : beaucoup d'entre eux s'obstinent à ne pas apprendre le russe, parce qu'ils s'imaginent pouvoir se passer de cette langue ; et ils exigent que les Russes se servent, pour leur parler, d'une langue qu'ils ne comprennent qu'imparfaitement. Rien de plus absurde ; car c'est bien la moindre chose que l'on prenne la peine d'apprendre la langue du pays, lorsqu'on est salarié par son Gouvernement. Les Allemands prétendent qu'en Russie tout se fasse comme chez eux ; et la plupart soutiennent cette prétention avec une opiniâtreté qui les rend ridicules aux yeux des Russes. Ils se croient aussi beaucoup plus spirituels que leurs nouveaux compatriotes ; mais, en s'efforçant de le leur faire sentir, ils prouvent souvent le contraire.

Le bâtiment de l'université est vaste et d'assez bon goût : on a le dessein de l'agrandir. Cependant il est à craindre que le nombre des étudians ne soit toujours peu considérable, s'il ne s'est accru depuis le nouvel ukase de l'empereur, qui ordonne que nul ne sera admis dans les places de l'administration à moins d'avoir fait ses études dans une université russe, et que nul ne pourra obtenir le grade d'officier supérieur, qui donne la noblesse héréditaire, sans avoir subi préalablement un examen sur les lettres et les sciences.

L'idée d'établir une université à Kharkow n'était pas mauvaise, parce que la province dont cette ville est la capitale, est habitée par beaucoup de nobles riches, dont les enfans pourraient profiter de cet établissement. Mais, en Russie, on a généralement peu de goût pour l'étude : ce que l'on appelle l'ancienne méthode française y est encore trop en vogue; et les nobles, ainsi que les riches, ne fréquentent que rarement les universités et les autres établissemens du même genre. Ce fut aussi une fausse mesure de confier à des étrangers le soin de répandre les lumières, et de vouloir construire à la hâte un édifice qui, pour être solide, aurait exigé près d'un siècle de travaux préparatoires. L'unique moyen à employer pour répandre l'instruction et les lumières, serait d'envoyer dans un bon gymnase, et ensuite dans une université étrangère, les jeunes gens du pays qui se seraient distingués dans les écoles normales : ces jeunes gens, après avoir ainsi complété leur instruction, retourneraient chez eux, et deviendraient d'excellens professeurs.

Ce moyen paraît d'autant plus nécessaire, que le système d'enseignement, bon dans les écoles normales, est mauvais dans les écoles d'un degré supérieur (1). Dans les gymnases et les universités, on a introduit le système encyclopédique, en vogue en Allemagne. Les élèves apprennent un peu de tout, et ne possèdent rien à fond : ils acquièrent tout au plus une notion historique de chaque science, et n'en tirent pas la moindre utilité, car ils l'ont bientôt oubliée.

Depuis qu'on a cultivé les sciences en Russie, on a regardé l'étude des mathématiques comme la plus convenable pour y répandre les lumières: mais l'illustre Schloetzer a déjà remarqué très-judicieusement qu'aucun peuple n'a été tiré de la barbarie par l'étude des mathématiques; la nature ne change jamais sa marche : ce n'est que par les arts, les sciences, les belles-lettres et la

---

(1) Colléges.

poésie, que les Grecs, les Romains, les Italiens, les Français, les Anglais et les Allemands, ont fait des progrès dans le développement des facultés intellectuelles. Une autre difficulté presque insurmontable, et qui retardera long-temps encore la marche des sciences en Russie, vient de l'état politique de la nation : il n'y existe pas de classe mitoyenne; on n'y connait que des maîtres et des esclaves, ou bien les personnes qui sont au service du Gouvernement et celles qui n'y sont pas. Les esclaves et les commerçans appartiennent à cette dernière classe, qui ne montre aucun goût pour les sciences, et qui, naturellement, ne peut en avoir. La première classe est trop occupée à chercher les honneurs et les titres, qui ne s'obtiennent que par un service actif : elle ne peut donc consacrer beaucoup de temps aux sciences. Chacun s'empresse, dès sa jeunesse, d'entrer au service de l'État : il ne faut, pour réussir, que de bonnes recommandations, ainsi que la connaissance du style des affaires et des lois du pays. Rien n'encourage à s'appliquer à des études que l'on ne connait pas, et dont on ne croit pas avoir besoin. Il ne faut donc pas penser à voir la culture intellectuelle se répandre en Russie, avant qu'il s'y soit formé une classe mitoyenne.

J'ai fait plusieurs connaissances agréables à Kharkow; entre autres, celle de M. de Steven, conseiller aulique, qui a visité plusieurs fois la Géorgie et les montagnes du Caucase. Il a bien voulu m'aider de ses lumières et de ses conseils, et y a joint des lettres de recommandation ; les uns et les autres m'ont été très-utiles, et c'est pour moi un devoir bien doux de lui en témoigner hautement ma reconnaissance.

Je saisis avec empressement cette occasion pour l'inviter publiquement à ne pas retarder plus long-temps la publication de ses voyages dans le Caucase et en Géorgie, qui seront vraisemblablement le meilleur ouvrage qui ait paru jusqu'à présent sur ces pays. J'ai connu aussi, dans cette ville, M. Marschall de Biberstein ; mais son séjour y fut malheureusement de trop courte durée pour que je pusse y jouir, comme je l'aurais desiré, d'un commerce qui m'aurait été d'autant plus profitable, que personne ne connaît mieux que lui le Caucase et le Daghestan.

Plusieurs circonstances fâcheuses m'ont malheureusement retenu long-temps à Kharkow. Un soir que j'avais été invité à prendre le thé chez le gouverneur, les voleurs escaladèrent, par la cour, les croisées de mon appartement, et m'enlevèrent mon linge, mes habits, et une somme assez considérable en argent. Le vol eut lieu vers les dix heures du soir, pendant que mon secrétaire et le soldat de police que le bourgmestre m'avait donné pour garde étaient au logis : par malheur je ne m'en aperçus que le lendemain. Cet événement fit beaucoup de bruit dans la ville. On trouva dans un bois voisin un de mes uniformes ; il me fut rendu tout déchiré : mais aucun des voleurs n'a été traduit en justice; ce qui ne laisse pas de faire le plus grand honneur à la police locale, de laquelle j'avais obtenu le garde qui était chargé de veiller à ma sûreté et à celle de mes effets.

J'ai appris par la suite qu'un de ces voleurs avait été arrêté, mais qu'il s'évada ou fut mis en liberté bientôt après.

Ayant remplacé, le mieux que je pus, les objets les plus nécessaires, je quittai Kharkow le 30 octobre : mais, avant d'arriver aux portes, notre voiture s'embourba tellement, qu'il fallut y atteler d'autres chevaux pour la faire avancer.

Une route agréable et unie nous conduisit en peu de temps à Izium, capitale de cercle, qui n'est éloignée de Kharkow que de cent onze werstes. Cette ville fut bâtie en 1687, sur les bords du Sewernoï-Donetz et de la Mokraya Iziumtsa, par un colonel nommé Donetz. C'était autrefois une des principales barrières de ce gouvernement contre les incursions des Tatares. On y voit encore, sur une colline, un fort en terre, mais en mauvais état. La ville renferme trois églises en bois, et une en pierre, construite par ordre de Pierre I.er Le nombre de ses habitans est à peu près de cinq mille; ce qui rend le lieu assez animé. Comparée aux autres villes du gouvernement de Kharkow, Izium est bâtie avec goût et régularité. Autrefois elle était la plus riche de la province : la peste y fut apportée par les Tatares et diminua beaucoup sa population; d'autres événemens y ont aussi occasionné des émigrations assez fréquentes. Dans le siècle dernier, il existait une navigation très-commode par le Donetz jusqu'à la mer d'Azow. Durant la guerre qui eut lieu avec la

Porte, de 1736 à 1739, on transportait d'Izium à l'embouchure du Don, sur des *baïdares*, les troupes, les vivres et les munitions. Alors le Donetz était navigable depuis Smiew, bourg à quarante-quatre werstes de Kharkow, où aboutissaient d'autres canaux venant de Bielgorod: mais à présent les retenues d'eau des moulins établis sur le Donetz, au-dessus et au-dessous d'Izium, ont haussé et comblé le lit de cette rivière; ses bords sont couverts par les eaux, et la navigation y est interrompue.

Le nom d'*Izium* signifie *raisin* en russe et en tatare. Cette ville a pour armoiries trois ceps de vigne, avec leurs grappes, dans un champ d'or, par allusion aux vignes des environs, dont le produit est de bonne qualité. Les habitans de la ville et les paysans des environs s'occupent plus de l'éducation du bétail que de l'agriculture; ils élèvent des chevaux, des bœufs, et sur-tout des moutons : ceux de ce cercle sont renommés. Izium fait aussi un commerce assez considérable avec les marchandises et les denrées de la Grèce et de la Turquie. On trouve dans le bazar plusieurs boutiques de Grecs établis dans cette ville.

Il était encore de bonne heure, et nous pûmes

parcourir soixante-cinq werstes de plus pour aller coucher à Bakhmout, sur la rivière du même nom. C'était autrefois une forteresse importante et un point de défense contre les Tatares : à présent il n'en reste qu'un grand emplacement carré et entouré d'un simple rempart en terre, assez élevé. La ville est vivante et bien peuplée; il s'y fait un commerce considérable avec les environs. Entre les anciennes fortifications et la rive gauche du Bakhmout, on trouve les deux sources salées de Kirikowskoï et Khailowskoï; elles fournissent beaucoup de sel, que l'on exporte dans les autres gouvernemens. Le nom de *Bakhmout* paraît être une corruption de *Mahmoud* ou bien de *Mohammed;* car les Russes et les Tatares confondent souvent le *m* avec le *b* : ces derniers disent *Bouzourman* pour *Musulman,* &c. Cette ville, qui appartient au gouvernement de Iekaterinoslaw, est capitale de cercle : elle est dans une situation riante, au milieu d'une plaine fertile qui s'abaisse vers les bords de la rivière.

Le 31 octobre, je quittai Bakhmout. Je passai près de Louganskoï-Zawod, une des fonderies de fer les plus renommées de la Russie, et j'y traversai le Lougan, petite rivière qui se jette dans la Bielaïa, et se réunit ensuite au Sewernoï-Donetz. Étant obligé de me presser pour arriver le plutôt possible au Caucase, je ne m'arrêtai plus nulle part. Je quittai le gouvernement de Iekaterinoslaw, après Iwanowka, joli bourg qui appartient à M. de Stoeritch, et j'entrai dans le territoire des Cosaques du Don. La route traverse une vaste plaine, sur laquelle on trouve d'abord des relais isolés, puis des villages, et l'on arrive à Oksaïskaya, gros bourg *[stanitza]* des Cosaques, situé à quinze werstes du vieux Tcherkask, et au nord d'un petit bras du Don, qui porte le nom d'*Oksaï*. Cet endroit est bâti en amphithéâtre et presque tout en pierre. L'Oksaï se sépare du Don, à droite, à trente werstes au-dessous du confluent de ce fleuve et du Sewernoï-Donetz; il coule d'abord au nord, puis à l'ouest, et finit par se réunir au Don, à dix werstes au-dessous de Tcherkask, et à dix werstes au-dessus du fort de Saint-Dimitri Rostowski. Je traversai l'Oksaï tout près de la stanitza (1), sur un pont volant : c'est la seule

---

(1) Станица est le nom général qu'on donne aux villages habités par des Cosaques. Ce mot signifie aussi *relais de poste*.

espèce de pont dont on puisse se servir, à cause des débordemens qui, tous les printemps, couvrent la plaine jusqu'aux environs de Tcherkask, où l'on trouve un port très-long.

CHAPITRE IV.

Tcherkask. — Ses habitans.—Inondations. — Histoire de cette ville. — Tcherkesses. — Cosaques de la petite Russie. — Cosaques Tatares.—Cosaques d'Azow.—Cosaques du Don.—État actuel des Cosaques. — Fertilité de leur pays. — Culture de la vigne.— Femmes de Tcherkask.—Église cathédrale. — Or et argent monnayés. — Gymnase.— Nakhtchiwan, petite ville arménienne. — Boutiques.—Golowa.—Retour à Tcherkask. —Kalmouks.

LE 1.ᵉʳ novembre au soir, nous arrivâmes à Tcherkask, capitale des Cosaques du Don (1),

---

(1) On a maintenant transporté le chef-lieu au nouveau Tcherkask, à trente werstes au nord de l'ancien.

situé sur la rive droite de ce fleuve, dans une
île formée par l'Oksaï. Nous allâmes loger chez
un homme fort poli, qui habitait une maison
bâtie en bois et fort commode. Nous avions
parcouru dix-neuf cent quarante-sept werstes,
ou quatre cent soixante-cinq lieues de France,
depuis notre départ de Saint-Pétersbourg.
Tcherkask, par la manière dont il est construit, diffère de toutes les autres villes de la
Russie; la plupart des maisons y sont bâties
sur des pilotis très-élevés à cause des inondations, qui durent ordinairement depuis avril jusqu'en juin. Lorsque les eaux sont écoulées, il
reste au-dessous de chaque maison un espace
vide qui forme une espèce de cour où l'on place
ordinairement des bestiaux. On voit, dans presque
toutes les rues, des ponts de bois très-hauts,
qui se prolongent au milieu de la rue, et avec
lesquels chaque maison communique par de
petits ponts. Les habitans de celles qui n'en ont
pas, sont obligés, pendant l'inondation, de sortir
en canot pour vaquer à leurs affaires : cette ville
n'est par conséquent pas disposée pour être
parcourue, soit en voiture, soit à cheval.

Le terrain situé immédiatement sur le bord

du Don, est un peu plus haut, et n'a rien à craindre de l'inondation : c'est là que se trouvent le gymnase, d'autres édifices appartenant au Gouvernement, et l'église principale. Les boutiques sont grandes, bien arrangées, et garnies de toute sorte de marchandises du pays; on y trouve même la plupart de celles de l'étranger qui servent aux commodités et aux agrémens de la vie, principalement, à cause du voisinage de Taganrog et de la Crimée, des marchandises grecques et turques qui se vendent à des prix modérés. J'y ai remarqué, entre autres, beaucoup d'objets en fer et en laiton, des draps étrangers, du thé, du sucre, du café, des vins et d'autres liqueurs spiritueuses.

C'est un coup-d'œil surprenant pour un étranger qui arrive pour la première fois à Tcherkask, qu'une ville habitée uniquement par des Cosaques, et où les hommes sont vêtus uniformément, c'est-à-dire, d'un habit bleu à la cosaque avec des paremens rouges. La plupart des étrangers établis dans cette ville se servent aussi de cet habillement, qui est très-élégant. Outre les Cosaques proprement dits, on trouve aussi à Tcherkask des Tatares organisés comme eux; ils habitent tout un faubourg, où ils ont une belle mosquée en bois.

Les inondations, en laissant dans les rues beaucoup de limon, et dans quelques endroits des eaux stagnantes qui produisent des exhalaisons dangereuses, rendent la ville très-malsaine; c'est pourquoi l'on a commencé à bâtir sur un bras du Don, et à trente werstes de distance, le nouveau Tcherkask, ville qui maintenant doit être achevée. Les habitans de l'ancienne ville, qui seront, en quelque sorte, indemnisés des dépenses que cette translation leur occasionnera, doivent tous s'établir au nouveau Tcherkask : ainsi, dans cinquante ans, on ne verra peut-être plus de traces de l'ancienne capitale des Cosaques.

Tcherkask fut fondé en 1570 par les Cosaques, un an après la campagne inutile des Turcs contre Azow et Astrakhan, et la destruction presque entière d'Azow par l'explosion d'un magasin à poudre sur lequel le tonnerre était tombé. L'origine des Cosaques est elle-même un problème historique, qui n'est pas encore entièrement résolu. Le nom *Kasakh* n'est connu que depuis l'empereur Constantin Porphyrogénète.

vers l'an 948. Il place, comme on le voit par le passage suivant, le pays de Kazakhia dans les contrées situées au-delà du Kouban. « Plusieurs
» fleuves se jettent dans la partie orientale de la
» Palus-Méotis, tels que le Tanaïs, qui vient
» de Sarkel; le Khorakoul, où l'on fait la pêche
» des poissons oxiques [βερζητκόν]; ainsi que
» d'autres fleuves, tels que le Bal, le Bourlik,
» le Khadir et plusieurs autres. Mais le canal
» qui réunit la Palus-Méotis au Pont-Euxin,
» s'appelle aussi *Bourlik :* c'est là qu'est le Bos-
» phore, près duquel est située la ville Tama-
» tarkha. Le canal mentionné a dix-huit lieues
» de largeur. Au milieu de cet espace est une
» grande île plate qui s'appelle *Atekh*. Le
» fleuve nommé *Oukroukh* (1), qui sépare la
» Zikhie [Ζιχία] de Tamatarkha, est éloigné
» de dix-huit lieues de cette dernière ville.
» La Zikhie s'étend à trois cents milles depuis
» Nikopsis jusqu'au fleuve Oukroukh, sur le-
» quel est située une ville qui porte le même
» nom. Au-delà de la Zikhie, on trouve le ter-

---

(1) Probablement le Kouban, à l'endroit où il se jette dans son liman.

» ritoire de Papaghia; au-delà de Papaghia,
» Kazakhia; au-delà de Kazakhia, le mont Cau-
» case, et au-delà du Caucase, le pays des
» Alains. » Les habitans de Kazakhia étaient
donc voisins des Zikhes ou des Tcherkesses
orientaux; ils étaient eux-mêmes des Tcherkesses:
car encore aujourd'hui, cette nation est appelée
par les Ossètes. et les Mingreliens, ses voisins,
Kazakh ou *Kessek*. Ibn-al-Vardi (1), géographe
arabe, qui vivait et écrivait en 1230, connaissait
un peuple كشك *[Kechek]* près du Caucase.
Il ne trouve pas de termes assez forts pour louer
la beauté de leurs femmes. Cet éloge convient
parfaitement aux femmes tcherkesses, qui passent
pour les plus belles de toute l'Asie. Massoudi,
son compatriote, qui écrivait près de trois cents
ans auparavant, c'est-à-dire, l'an 943 de J. C.,
dit: « Sur les bords de la mer Noire est la
» ville de Trébizonde, où se tiennent, chaque
» année, plusieurs foires fréquentées par une
» foule de marchands mahométans, de Roum
» [Anatolie], de l'Arménie et du pays de Ke-

---

(1) *Opus cosmographicum Ibn-al-Vardi*, arab. et lat. edente *Iylander*. Lund. 1799, p. 144.

» chek (1). » Peut-être les Tcherkesses y vendaient-ils déjà leurs esclaves ; comme il n'y a pas long-temps encore, ils les amenaient à Anapa, à Soudjouk-Kalah et à d'autres ports de la mer Noire. Quoi qu'il en soit, il est du moins certain que les Tcherkesses portaient auparavant le nom de *Kazakh,* et il est très-vraisemblable que ce nom est devenu commun à d'autres peuples voisins qui menaient le même genre de vie. Quelques écrivains affirment que, dans le dialecte turc-tatare, le mot *kazak* signifie *brigand;* mais je n'ai nulle part trouvé le fond de cette assertion. Au reste, قزاق *[kazak]* veut dire un traîneau ; ce qui ne donnera probablement pas lieu d'en faire dériver une étymologie : mais ce qu'il est bon de remarquer, c'est que, dans les temps modernes, les Cosaques Russes s'appelaient aussi *Tcherkesses,* et qu'on employait indifféremment les deux noms.

De tous les Cosaques, ceux de la petite

---

(1) وعلى هذا البحر طرابزنده وهى مدينة على شاطى هذا البحر لها اسواق فى السنة ياتى اليها كثير من الامم للتجارة من المسلمين والروم والارمن وبلاد كشك

Russie sont les plus anciens, puisqu'ils datent de 1340, après que les Polonais eurent réduit la Russie Rouge sous leur domination. Il est à présumer qu'à cette époque beaucoup de Russes émigrèrent pour chercher un asile dans les contrées inférieures du Dnieper, où ils se mêlèrent avec les Tatares et les Tcherkesses; voilà pourquoi les véritables Cosaques ont la taille plus élancée que les autres Russes, et les traits du visage généralement plus beaux et plus expressifs. Les invasions des Tatares en Russie, et principalement la destruction de Kiew en 1415, augmentèrent encore le nombre de ces fugitifs, qui s'étendirent jusqu'au Bog et au Dniester : ceux qui demeuraient au-delà des cataractes du Dnieper, furent désignés par le nom de *Zaporoghes*; c'étaient les plus puissans. Quoique les Cosaques de la petite Russie existent depuis long-temps, ce n'est que très-tard qu'on leur a donné ce nom. Après le règne du grand-duc Iwan Wassiliewitch I.er, il commence à être question de Cosaques Tatares, qui se divisèrent en Cosaques de l'Orda et d'Azow : mais il y avait aussi des Cosaques au service particulier de princes tatares; et il est très-possible que ce fût d'abord une garde composée de Tcherkesses. Le grand-duc Wassilie Iwanowitch, fils du précédent, eut aussi des Cosaques à son service, et il s'en servit souvent pour des excursions en Crimée. Les Cosaques de l'Orda portèrent ce nom parce qu'ils étaient soumis à la grande Orda, siége principal des Tatares, sur le Wolga; de même que ceux d'Azow dépendaient de cette ville, et des Turcs qui l'avaient conquise en 1471.

En 1500, Agouz-Tcherkass et Karabaï étaient les chefs des Cosaques d'Azow, qui demeuraient entre cette ville et la frontière de Russie. Il paraît que ceux-ci se sont mêlés davantage avec leurs voisins les Tcherkesses, puisque, depuis ce temps, les mots *Tcherkess* et *Cosaque* sont devenus synonymes. Il ne faut pas s'étonner, au reste, qu'ils aient conservé leur religion et leur langue ; car les Russes paraissent toujours y former la majorité de la population. Nous avons eu récemment un exemple frappant d'un semblable mélange : les Cosaques Grebenski, sur le Terek, se sont tellement mêlés, depuis soixante ans, avec les Tchetchentses et d'autres peuples montagnards, qu'on peut à peine les en distinguer : ils ont cependant conservé la langue russe; quoiqu'ils aient épousé des femmes étrangères.

L'origine de l'état des Cosaques du Don ne remonte guère au-delà de 1570 : avant cette époque, quelques vagabonds s'étaient établis sur les bords du Don et de ses affluens ; mais ils n'obtinrent l'espèce de régime particulier dont ils jouissaient, qu'après la construction de Tcherkask.

En 1569, lors de l'invasion des Turcs dans le pays d'Astrakhan, le tzar Iwan Wassiliewitch envoya contre eux, sous les ordres du prince Wychnewetsky, cinq mille *Tcherkesses* [Cosaques-Zaporoghes], qui habitaient près du Dnieper : ils se joignirent aux Cosaques établis sur le Don, et remportèrent une victoire complète sur les Turcs. La plupart de ces cinq mille Cosaques restèrent, dit-on, dans les pays arrosés par le Don, et, conjointement avec ceux du pays, bâtirent la ville de Tcherkask, où ils vécurent long-temps sans femmes, selon l'usage des Zaporoghes. Ceux qui n'avaient pas voulu rester furent remplacés par des vagabonds et des hommes non mariés, tirés des premières colonies cosaques sur le Don : leur nombre augmenta par les troubles qui éclatèrent en Russie ; ils étendirent leurs possessions jusqu'au Donetz, à la Medweditsa, au Khoper et au Bouzoulouk. Tcherkask devint leur capitale.

Ces Cosaques ne tardèrent pas à se rendre redoutables à leurs voisins : on fut dans la nécessité de les flatter et de les gagner par des présens, afin de faire cesser leurs brigandages en temps de paix, et de s'assurer de leurs services en temps de guerre, comme troupes braves et utiles. Maintenant tous les Cosaques obéissent aveuglément aux ordres de l'empereur, et peuvent être rangés parmi ses sujets les plus fidèles. Contens de peu, ils endurent toute sorte de fatigues ; mais, lorsque l'occasion de piller se présente, on les voit les premiers en campagne. Leur pays n'est pas proprement une province russe ; il a son gouvernement et son régime particulier. Il obéit à un *ataman*, ou commandant en chef, qui, dans toutes les affaires, s'adresse immédiatement à Saint-Pétersbourg. Cette forme de gouvernement a donné aux Cosaques un noble sentiment de liberté, qu'on ne trouve malheureusement pas chez les autres sujets de l'empire russe : mais à ce sentiment les Cosaques joignent une soumission entière aux ordres de leurs supérieurs.

La fertilité de leur pays et leur organisation civile et militaire leur ont inspiré peu d'ardeur pour les travaux de l'agriculture; ils ne cultivent que la quantité de blé qui leur est nécessaire pour la consommation ordinaire. La culture de la vigne a fait cependant des progrès considérables le long du Don ; et l'on y récolte quelques sortes de bons vins, comparables, si on ne les gâtait pas par des manipulations de tout genre, aux vins légers de France. Il y a aussi une sorte de vin très-mousseux qui ressemble beaucoup au champagne; on l'expédie dans toute la Russie sous le nom de *zymliansky :* mais, comme il est ordinairement préparé avec de la potasse, il donne des maux d'estomac et des migraines.

J'ai bu à Tcherkask une bonne qualité de vin rouge qui ressemble beaucoup au petit vin de Bourgogne, et qui a un goût très-agréable.

Les femmes sont, en général, jolies à Tcherkask : leur habillement à moitié oriental leur sied très-bien, sur-tout aux jours de fête.

Ainsi que par toute la Russie, l'usage de se farder y est fort en vogue ; cependant il me semble que je n'ai vu que les femmes d'un moyen âge masquées d'une couche de fard rouge et blanc : les jeunes femmes et les filles ont le teint frais, et ont, à ce qu'il m'a paru, rarement recours à l'art pour ajouter à leur beauté naturelle.

La grande église est au nombre des curiosités de la ville, non par son architecture, mais par les richesses incroyables qu'elle renferme en or, en argent, en pierres précieuses, et sur-tout en perles. Tous ces trésors proviennent du butin que les Cosaques ont fait dans différentes guerres, et principalement en Pologne. Outre une grande quantité d'or travaillé et d'images de saints revêtues de plaques d'or et ornées de pierres précieuses très-grosses et du plus grand prix, on voit un autel haut et large, entièrement couvert de perles, dont une grande partie est de la plus belle eau : aussi trouve-t-on chez les Cosaques plus d'or et d'argent monnayés que dans le reste de la Russie. Plusieurs veuves de qualité ont, dans leurs maisons, des pots remplis de ducats, qui vont en héritage de père en fils, sans que jamais on y touche, et ordinairement sans qu'on les ait même jamais comptés.

Depuis l'établissement de l'université de Kharkow, le lycée de Tcherkask est bien mieux organisé qu'auparavant; et je dois avouer que j'ai été étonné d'en trouver un semblable chez les Cosaques. Pendant mon séjour à Tcherkask, il y eut un examen public qui fut très-brillant: on doit même ajouter, pour rendre hommage à la vérité, que cet établissement peut rivaliser avec tous ceux du même genre en Russie. Les Cosaques ont l'intelligence vive, l'esprit ouvert et un peu de la finesse asiatique; ce qui prouve que leur origine n'est pas purement russe. L'ivrognerie est très-fréquente à Tcherkask; cependant on a honte d'en laisser voir les suites publiquement : ce qui n'est pas de même dans le reste de la Russie ; car, si un homme d'une certaine condition passe dans la rue, étant ivre, personne n'y fait attention, et sa réputation n'en souffre que très-peu. A Tcherkask, on aime mieux s'enivrer chez soi; et le beau sexe prend volontiers part à ces espèces de bacchanales.

La petite ville de Nakhtchiwan, fondée en 1780 par des Arméniens venus de la Crimée,

Tom. I.

n'est éloignée que de vingt-huit werstes de Tcherkask : pour y aller, on traverse l'Oksaï; puis on suit la rive droite du Don, le long de précipices très-dangereux, et au fond desquels coulent des torrens qui tarissent pendant l'été. Il m'est difficile d'exprimer l'impression agréable que produisirent sur moi la régularité, la propreté et l'ordre qui règnent dans cette ville : il serait à souhaiter qu'on fondât de semblables villes arméniennes dans plusieurs endroits de l'empire russe. Le nom de Nakhtchiwan, qui signifie *nouvelle demeure,* vient d'une ville d'Arménie, où, selon une tradition fabuleuse, Noé s'établit, après être descendu du mont Ararat. Les boutiques de Nakhtchiwan se font sur-tout remarquer : elles sont rangées des deux côtés d'un passage large, entièrement couvert, qui reçoit le jour d'en haut par des fenêtres, et auquel sa haute élévation et son élégance donnent un aspect imposant. D'après la manière asiatique, l'atelier des ouvriers est dans la boutique même, et tous les artisans qui exercent la même profession demeurent dans le même quartier; de sorte que l'on voit des files d'orfévres, de boulangers, de tailleurs, &c. Au surplus, Nakhtchiwan est un endroit très-vivant et très-peuplé.

Mon hôte, qui était le premier magistrat de la ville *[golowa]*, se fit un plaisir de me conduire par-tout, et il me montra dans la maison-de-ville l'acte de fondation écrit en grosses lettres, en langue arménienne, et ratifié par l'impératrice Catherine II : il orne la grande salle. Le colonel Awramow, Arménien de naissance, a bien mérité de cette ville : il est un des premiers qui s'y soient fixés. Je trouvai chez lui deux archimandrites arméniens, qui partaient pour le célèbre couvent d'Etchmiadsin, près d'Eriwan. Le soir, j'assistai à un très-joli bal, où il n'y avait que peu d'Arméniennes, parce qu'elles vivent très-retirées et se montrent rarement aux étrangers.

Je revins le lendemain à Tcherkask, où je ne m'arrêtai que quelques heures : je fis tout de suite une course chez les Kalmouks établis sur l'autre rive du Don. Ils sont partagés en régimens de cinq cents hommes, comme les Cosaques du Don, parmi lesquels on les compte. Chaque régiment est sous les ordres d'un colonel et d'un capitaine *[iessaoul]*. Il n'y avait en ce lieu qu'une seule compagnie sous les ordres d'un *sotnik*; elle était campée sous des tentes de feutre ou yourtes, leurs habitations ordinaires : ils avaient l'air assez misérable. Ces Cosaques-Kalmouks ont leurs pâturages particuliers entre le Don, le Sal et le grand Manytch, et n'appartiennent pas aux Kalmouks du Wolga, dans le gouvernement d'Astrakhan.

On connaît assez les usages et les mœurs des Kalmouks : je me bornerai donc à présenter quelques observations générales sur ce peuple.

Les Kalmouks sont une branche de la grande race mongole. Plusieurs savans, même dans des temps modernes, ont presque toujours confondu cette race avec les tribus turques (tatares); mais elle en diffère totalement par la langue et par la physionomie. Les Mongols, ainsi que les Kalmouks, qui se trouvent actuellement en Europe, habitèrent ensemble, jusqu'au IX.ᵉ siècle de notre ère, les pays situés sur le lac Baïkal, dans la Sibérie orientale : ils y vivaient en nomades, conduisant leurs troupeaux de chevaux. Il paraît que c'était le seul animal domestique qu'ils possédaient. Ils ne connaissaient que le cuivre; car les mots qui, dans leur langue, désignent les autres métaux et les objets nécessaires à la vie, sont d'origine turque : il est, par conséquent, vraisemblable que les tribus turques qui demeuraient au sud de leur pays, étant un peu plus avancées qu'eux dans la civilisation, leur ont appris à connaître ces choses. Alors tous les pays compris entre la Sibérie et la Chine, depuis l'Amour supérieur et ses affluens, jusqu'à la mer Caspienne, étaient habités par des peuples qui parlaient la langue turque. L'histoire de la Chine fait, pour la première fois, mention, en 1155, des Mongols habitant au sud du Baïkal : elle leur donne le nom de *Moungou* ou *Moungo*. Ils étaient endurcis au travail, cruels et belliqueux : ils voyaient clair pendant la nuit la plus obscure, et portaient des cuirasses faites de la peau du poisson *kiao*, et sur lesquelles les flèches ne faisaient que glisser.

On lit, dans l'Histoire de Tchinghiz-khan, qu'alors ils appelaient leur pays *Gourban-gol*, c'est-à-dire, les trois rivières, parce qu'il était situé entre le *Kerouloun*, l'*Onon* et la *Toula*. Deshauterayes croit que leur patrie était située entre le *Ssoungari*, le *Nonni* et l'*Amour* : il appuie sa conjecture sur ce que le *jin-seng*, cette racine si précieuse en médecine, se trouvait dans le pays des Mongols; mais cette opinion est due à une erreur du P. Mailla, qui a confondu les mots mandchou ﻮﺮﺨﻮﻳﺪﺍ *[orkho-ïda]*, racines des plantes, avec ﻮﺮﺨﻮﺪﺍ *[orkhoda]*, qui signifie *jin-seng*.

Dès les temps les plus reculés, la nation mongole paraît avoir été divisée en deux branches principales; Tchinghiz-khan les réunit, et jeta ainsi les fondemens de la grande puissance mongole, qui inonda l'Asie et fit trembler l'Europe : mais, peu de temps après la destruction de la monarchie qu'il avait fondée, les anciennes dissensions séparèrent de nouveau les deux branches, et en firent deux peuples, qui n'ont presque pas cessé de s'entre-détruire par des guerres. Les Mongols proprement dits, qui sont limitrophes de la Chine et soumis à cet empire, forment une de ces branches principales, et les Ouirats composent l'autre.

Les Mongols proprement dits sont divisés en plusieurs tribus, et comprennent aussi les *Kalka*, tribu dans laquelle naquit Tchinghiz-khan. Les Ouirats se partagent en quatre grandes divisions, qui sont les *Oelet* ou *Éleuthes*

[*Kalmouks*], *Khoït*, *Tummut* et *Barga-Bourat* ou *Burætes*. Ces derniers habitent la Sibérie ; ils y sont les plus répandus de tous les Mongols : les autres tribus mongoles, qui vivent de même sous la domination de la Russie, paient un faible tribut au Gouvernement, et font, sans recevoir de paie, le service de Cosaques sur les frontières de l'empire. Quelques-unes ont encore leurs petits princes héréditaires, ou *taicha*. Dans certains cas, cependant, on met de côté les descendans de ces princes, pour élever à leur dignité des individus riches et puissans. La plupart de ces tribus n'ont pour chefs que des *dsaïdsang*, dont la nomination dépend entièrement des commandans russes ; et il en est de même de la confirmation de ceux qui obtiennent des places éminentes dans la hiérarchie ecclésiastique. D'autres chefs, nommés *chulunga*, viennent après les *dsaïdsang*, et ont au-dessous d'eux des *sasouls*. Tous ces chefs jugent dans leur tribu les affaires peu importantes : mais leur autorité est bien restreinte ; car chaque individu peut, s'il est assez riche pour subvenir aux frais de la procédure, en appeler aux autorités russes. Plusieurs de ces chefs paient de leurs propres fonds, et en argent comptant, l'impôt pour toute la tribu : mais, au temps de la chasse, ils se font payer par chaque individu de leur communauté leurs avances avec un intérêt usuraire.

Aucun peuple de l'Asie ne se distingue autant que les Mongols par les traits du visage et la structure du crâne; leur physionomie diffère presque autant que celle des nègres de la physionomie générale de l'espèce humaine : et un fait très-remarquable, c'est que les traits mongols deviennent presque inaltérables; une fois qu'ils sont empreints dans une famille de race différente, ils y deviennent à peu près ineffaçables. Qu'un Mongol se marie au milieu de l'Europe avec une Européenne, les traits mongols passeront à ses descendans les plus éloignés : c'est un fait dont on voit beaucoup d'exemples en Russie. Les traits caractéristiques du visage mongol sont l'angle de l'œil descendant un peu obliquement vers le nez; l'espace entre les sourcils large et uni; les sourcils minces, noirs, peu arqués; le nez petit et épaté; les pommettes des joues globuleuses et saillantes; la face large; la tête presque quadrangulaire; les oreilles grandes et détachées de la tête; les lèvres épaisses; le menton court et pointu; les cheveux et la barbe noirs, peu fournis, roides, blanchissant de bonne heure; la barbe tombant tout-à-fait dans la vieillesse.

Les Mongols sont d'ailleurs d'une taille moyenne; les femmes sont petites et ont les formes délicates. On trouve rarement parmi eux des individus contrefaits : mais les cuisses et les jambes arquées y sont assez ordinaires; ce qui vient de ce que les enfans, dans le berceau, sont placés sur une espèce de cuiller à pot, et qu'aussitôt qu'ils savent marcher, ils sont obligés d'aller à cheval toutes les fois qu'on change de pâturage. Le teint des Mongols est naturellement assez blanc; les jeunes enfans du moins sont de cette couleur : mais le bas peuple a généralement le teint jaunâtre, parce que les petits garçons courent ordinairement tout nus au soleil, et sont sans cesse exposés à la fumée dans leurs yourtes; et que, dans l'été, les hommes d'un âge mûr couchent tout nus, à l'exception d'un caleçon. Les femmes ont cependant le corps très-blanc : le visage des femmes d'un certain rang est même d'une blancheur éclatante, que la couleur noire de leurs cheveux fait encore ressortir davantage; sous ce rapport, comme par leurs traits, elles ressemblent aux femmes chinoises, assez connues en Europe par de nombreux portraits.

Tous les Mongols sont nomades et habitent des tentes de feutre qu'on appelle ordinairement *yourtes* ou *kibitkes* [*gœr* en langue mongole], et qui se transportent où l'on veut. Elles sont rondes et de différentes dimensions; un grillage à peu près circulaire, en bois, haut d'environ quatre pieds, fixé aux extrémités supérieures et inférieures par des barres qu'on peut ôter avec la plus grande facilité, forme la charpente de ces yourtes. Le toit est composé de longues perches qui aboutissent à un cercle de bois. Tout ce treillage est couvert de feutre épais, gris ou blanc; chez les riches, les angles en sont noués par des cordons de crin. Des cordes en crin entourent la tente pour la rendre plus solide. Il n'y a qu'une seule entrée, que l'on ferme en dehors avec un rideau qui est aussi de feutre.

CHAPITRE V.

Départ de Tcherkask. — Pont dangereux sur le Don. — Bataïskaya. — Steppe du côté du Méotis. — Limites des Cosaques du Don et de ceux de la mer Noire [Tchernomortses]. — Entrée dans le gouvernement du Caucase. — Quarantaine au Yegorlyk. — Chaînes de collines qui partent du Caucase et se prolongent directement au nord. — Redoute de Kalaly. — Statue de pierre. — Pregradnoï. — Bezopasnoï. — Donskaya. — Figures en pierre dans la steppe. — Leur origine. — Recherches sur les Petcheneghes et les Komans ou Polowtses.

APRÈS avoir fait plusieurs excursions chez les Kalmouks du pays des Cosaques du Don, je revins à Tcherkask pour y prendre mon secrétaire, ainsi que ma voiture de voyage. Le 19 novembre, nous quittâmes de nouveau cette ville, dans laquelle toutes nos connaissances, et sur-tout MM. les professeurs du lycée, s'étaient empressés de rendre notre séjour agréable.

Le chemin suit d'abord la rive droite du Don pendant une werste et demie; l'on passe ensuite ce fleuve sur un pont de solives enchaînées : là nous faillîmes perdre une de nos voitures. En effet, les solives, mal attachées ensemble, s'écartèrent presque au milieu du fleuve, et les roues de derrière de la calèche enfoncèrent dans l'eau jusqu'à l'essieu : ce ne fut qu'avec beaucoup de peine que nous parvînmes à la relever ; il fallut la décharger presque entièrement. Les Cosaques qui nous conduisaient, furent, ainsi que nous, passablement mouillés dans cette opération; enfin, transis de froid, nous poursuivîmes notre voyage sans autre accident jusqu'à Bataïskaya, éloignée de dix-sept werstes et demie de Tcherkask, et située sur un bras du Don qui est à sec, et que l'on appelle *Podpolnaya*. La route traverse une grande plaine, qui, de même que l'île où est situé Tcherkask, est inondée chaque année, mais dont l'eau s'écoule plutôt, parce que le terrain est un peu plus élevé et s'étend en pente vers le lit principal du fleuve.

De Bataïskaya, nous avions seize werstes jusqu'à Kagalnitskaya, sur le Kagalnik, qui, près d'un village du même nom, se jette dans le Méotis, au-dessous d'Azow, après avoir reçu le ruisseau de Yelbouzda, qui vient du midi, et dont la jonction le grossit considérablement. Partout nous vîmes des canaux qui conduisaient au Kagalnik : ils étaient alors sans eau; mais au printemps ils sont remplis par les neiges fondues qui viennent des steppes. Le pays est très-uni; nous aperçûmes seulement au sud-est quelques éminences : elles appartiennent à la chaîne de collines qui s'étend au nord depuis le Kouban moyen jusqu'à la source du Kagalnik. Cette vue nous fit plaisir, car elle annonçait l'approche du Caucase. Ayant parcouru seize werstes, nous passâmes près de l'ancien relais de Khomoutetskaya, qui n'est plus maintenant qu'un poste occupé par quelques Cosaques, et nous poussâmes notre route jusqu'à l'hôtellerie de Metchetnaya, éloignée de douze werstes, et située sur un ruisseau de même nom. On nous y amena des chevaux d'un poste de Cosaques éloigné d'une werste et demie. Cette hôtellerie a pris son nom d'une ancienne mosquée ruinée, située à trente-cinq werstes sur le Manytch, et près de laquelle la route passait autrefois. Comme les chevaux n'avaient pas encore mangé, je fis une petite excursion vers la source du Rozwoch et de la Bobrowaya, ruisseaux qui ne sont éloignés que d'environ dix werstes; ils se dirigent au sud-ouest, et, après un cours de six milles d'Allemagne, se réunissent à la Yelbouzda. Je les trouvai très-bas, et coulant avec tant de lenteur sur un lit de sable argileux, qu'une feuille de papier que j'y jetai dans un temps parfaitement calme, put à peine avancer de deux pieds en un quart d'heure. Cette particularité, que l'on remarque dans plusieurs petites rivières qui coulent vers la mer d'Azow, démontre le peu de pente de la steppe du côté de l'ouest. On trouve dans la steppe, à la profondeur de trois coudées, des fragmens de pierre calcaire, formés par des agglomérations de coquilles.

Nous ne pûmes quitter l'hôtellerie de la mosquée que sur le soir, lorsqu'il faisait déjà nuit. Les chevaux cosaques qui nous conduisaient étaient si fatigués, qu'à onze heures, après avoir fait dix werstes, il fallut s'arrêter près du ruisseau de Kœgulta, et y passer le reste de la nuit. Une *kibitka* [cabane de feutre], que j'avais achetée chez les Kalmouks du Don, nous fut très-utile;

nous tirâmes aussi un fort bon parti des provisions de bouche que nous avions emportées de Tcherkask : cependant deux petits barils de vin du Don se trouvèrent totalement gelés, et nous ne pûmes en faire usage qu'en le buvant chaud. Il y avait là jadis une station de Cosaques : ce n'est plus maintenant qu'un poste avancé. Quand les chevaux se furent suffisamment reposés, nous partimes vers le matin, et nous arrivâmes, après avoir fait trente werstes, à Nijnoï-Yegorlytskaya, situé sur le plus septentrional des deux ruisseaux qui forment le Kougoï-Yeya, ou l'Yeï des joncs. Quatorze werstes plus loin, nous trouvâmes une hôtellerie sur l'autre ruisseau : celui-ci, avec le Kougoï-Yeya, forme la limite entre les Cosaques du Don et ceux de la mer Noire [Черноморцы], jusqu'à la stanitza Iekaterinodarskaya, où il se jette dans le grand Yeï à droite : celui-ci coule alors directement à l'ouest jusqu'à la mer d'Azow, et borne les deux territoires. Près de l'hôtellerie, nous atteignimes la chaîne de petites collines qui se prolonge depuis le Kouban jusqu'à un degré et demi de latitude au nord, et sépare les rivières à l'ouest du Méotis, de celles de l'Yegorlyk : de là nous avions encore trente werstes jusqu'à Wonoutchnoï-Yegorlytskaya [station du Yegorlyk fétide], appelé aussi Seredneï-Yegorlytskaya [station du Yegorlyk moyen]. Ce relais se trouve sur la rive droite de cette rivière, qui sert de limites au gouvernement du Caucase et aux Cosaques du Don. L'Yegorlyk est formé par plusieurs petits ruisseaux, qui sortent de la partie orientale de la chaîne de collines dont je viens de parler, à quinze werstes au sud-ouest de ce lieu; et, après avoir parcouru treize milles d'abord à l'est, ensuite au nord, cette rivière va se jeter dans le Manytch. Nous avons passé l'Yegorlyk sur un pont fermé, à cause de la quarantaine. Des aides-chirurgiens, placés sur ce pont, nous prièrent de ne pas nous éloigner de nos voitures jusqu'à notre départ; quoiqu'il n'y eût plus aucun sujet de craindre la contagion. Il est réellement inconcevable que l'on ait placé une quarantaine dans un endroit aussi malsain, et où il n'y a presque pas d'eau potable. Le premier relais, à dix-sept werstes et demie de Tcherkask, sur la Podpolnaya, aurait bien mieux convenu, puisque l'on peut au moins tirer de cette ville des subsistances, qu'il n'est possible de se procurer qu'à grands frais à Wonoutchnoï-Yegorlytskaya.

Le premier relais qu'on trouve dans le gouvernement du Caucase, est Pechtschanyïa-Kopani, petite redoute éloignée de trente-quatre werstes de la quarantaine : la route traverse une steppe très-unie. Derrière la redoute on a creusé des puits dans le lit d'un ruisseau à sec qui se joint au Rassypnaja : leur eau est très-mauvaise. C'est de ces puits que la redoute tire son nom; car *Pechtschanyïa-Kopani* signifie *fossé de sable.* Une autre route se dirige au nord-ouest, vers le moyen Yegorlyk, le Manytch et le pays des Cosaques du Don; mais elle est maintenant peu fréquentée, si ce n'est par les Tatares et les Kalmouks, parce qu'elle est presque entièrement dépourvue d'eau, celle des rivières des steppes n'étant pas potable. A onze werstes de Pechtschanyïa-Kopani, on trouve Rastsypnoï, redoute, sur le ruisseau de ce nom, dont la source est plus au sud au-delà du village Ilinskoï dans la chaîne de collines de la steppe ; les sources du grand Yeï ne sont éloignées que de dix werstes à l'ouest, dans le canton que les Tatares appellent *Yeï Kharasoun.* Au milieu du

Tom. I. F

relais suivant, qui est de vingt-quatre werstes, nous avons trouvé Letnitskoï, redoute, sur la rive gauche du Yegorlyk supérieur ou grand Yegorlyk, que nous avons suivi jusqu'à Westizlawskoï, autre redoute appelée aussi *Kalaly,* du nom du ruisseau sur lequel elle est située. Je trouvai ici une de ces figures de pierre qu'on rencontre en grand nombre dans cette steppe; mais elle avait tellement souffert du temps, qu'elle était entièrement méconnaissable. Le Kalaly est une des rivières les plus considérables qui se jettent dans le Yegorlyk : il se forme de la réunion de plusieurs ruisseaux, qui descendent de la chaine de collines au nord du Kouban; il se joint, au-dessous de la redoute, au Yegorlyk, qui est déjà assez fort en cet endroit. Trente werstes au-dessus, près du Kalaly, est le hameau de Dimitriewsk; Jirnoï-Kourgan [c'est-à-dire, la Colline grasse], monticule tumulaire au sudouest d'Arkhanghelskoï, est à peu près à la même distance de ce village. On aperçoit ce monticule de très-loin dans la steppe, et il sert de point de direction à ceux qui ne suivent pas les grandes routes.

Entre Kalaly et Pregradnoï, à trente werstes

de distance, on trouve la redoute Medweje-Kourganskoï, c'est-à-dire, redoute bâtie sur la colline des Ours. Autrefois il y avait ici un ruisseau qui se jetait dans le Yegorlyk ; mais il est maintenant à sec : il s'appelait en tatare *Ayoule,* ou ruisseau des Ours. La redoute Bezopasnoï, située sur l'autre rive du Yegorlyk, un peu au-dessus du confluent du Tachle, est à trente werstes de Pregradnoï. A moitié chemin l'on rencontre, à droite, un lac très-étroit, long d'environ une lieue et demie ; il paraît provenir d'une ancienne rivière. Une statue de pierre, ruinée, est à deux werstes du passage du Yegorlyk. Arrivés à la moitié du chemin, entre Bezopasnoï et Donskaya, éloignés de vingt werstes l'un de l'autre, nous avons trouvé les deux statues de pierre décrites par Guldenstædt. Elles sont peu éloignées l'une de l'autre : l'une représente un homme, et l'autre une femme. Des statues informes, qui souvent ne sont travaillées que d'un côté, et ordinairement depuis la tête jusqu'aux genoux, mais toujours unies par derrière, se voient fréquemment dans ce pays ; elles ont une ressemblance grossière avec ces bustes de faunes et de satyres, surmontant une gaîne, si

F*

communs dans nos jardins et imités de l'antique; leur physionomie est toute mongole : elles sont faites d'une pierre calcaire coquillière de couleur grisâtre, et sont ordinairement assises. Les figures d'homme ont une cotte de mailles et un habit long, étroit, qui leur descend jusqu'aux genoux : celles de femme ont le sein nu et pendant, un jupon très-court et quelquefois les cuisses nues; le cou est entouré d'un large collier, d'où descend un cordon de perles : elles portent sur la tête un singulier ornement à deux rangs ; celle des hommes est couverte d'un petit bonnet pointu, semblable à celui des Chinois : derrière la tête pend une longue tresse.

Toutes ces figures, sans exception, ont par-devant un vase à boire oblong, qui souvent n'est qu'une petite pierre creuse.

Ces statues de pierre sont communes dans la partie occidentale de la steppe, au nord du Caucase, près de la Kouma, de la Bywala, du Tachle, du Dongouzlé, de l'Yeï, du Tchalbach, de l'Yegorlyk et du Manytch, et aussi entre le Don, le Donetz et le Dniepr. J'ai vu une figure semblable en argent, de la longueur du doigt, qui avait été trouvée par des paysans près de la Kouma; on ne lui voyait pas de bras. Ces statues portent le caractère de la plus haute antiquité. Il paraît qu'il y en avait déjà du temps d'Ammien Marcellin; car, en parlant des Huns, « Ils sont, dit-il, d'une figure extraordinaire, et » marchent si courbés, qu'on les prendrait pour » des bêtes à deux pieds, ou pour ces piliers » grossièrement rabotés en figure humaine qu'on » voit sur les bords du Pont. » On pourrait donc, à en juger par leur physionomie mongole, regarder ces statues comme l'ouvrage des Huns, et il paraît au moins certain qu'on ne doit pas, comme le cordelier Ruysbroeck ou Rubruquis, les attribuer aux Komans.

Ce religieux, envoyé par Louis IX, roi de France, en ambassade à Mangou-khan, s'exprime ainsi dans le X.ᵉ chapitre de son intéressante relation :

« Pour les Comans, ils ont coutume d'élever » une motte ou tertre sur la sépulture du » mort, et lui dressent une statue, la face » tournée à l'orient, et tenant une tasse en » la main, vers le nombril. Aux riches et » grands ils dressent des pyramides, ou petites » maisons pointues; et j'ai vu en des endroits de

» grandes tours de brique, et en d'autres, des
» maisons bâties de pierres, encore qu'en ces
» quartiers-là on n'y en trouve point. J'y ai vu
» aussi une sépulture où ils avaient suspendu
» seize peaux de cheval sur de grandes per-
» ches, quatre à chaque face du monde; puis
» ils y avaient laissé du *cosmos* pour boire et
» de la chair pour manger; cependant ils di-
» saient que ce mort-là avait été baptisé. J'y
» ai remarqué d'autres sépultures vers l'orient :
» c'étaient de grands carrés bâtis de pierres, les
» unes rondes, les autres carrées; puis quatre
» pierres longues, dressées aux quatre coins du
» monde, autour de cet espace (1). »

On voit, par ce récit, que le bon religieux confond ensemble les tombeaux des différentes nations qui habitaient ou qui avaient habité ces contrées, puisqu'il prit pour Komans tous ceux qu'il trouva dans le pays de ce peuple. Cette nation remarquable joue un grand rôle dans l'histoire du moyen âge : ce qui me fait penser que des recherches sur son origine ne seraient pas déplacées en cet endroit; car on en a fait une

---

(1) Rubruquis, dans Bergeron, pag. 19.

mention particulière dans les instructions qui m'ont été données.

Les Komans, ainsi que les Polowtsy des historiens russes, et les Polowczy des historiens polonais, sont, comme nous le verrons tout-à-l'heure, un même peuple de race turque.

« Les Khwalisses et les Boulgares, dit
» Nikon, sont issus des deux filles de Loth;
» mais quatre autres peuples, les Torkmeni,
» les Petchenezi, les Tortsy et les Koumani,
» ou, plus exactement, les Polowtsy, sont
» d'origine ismaélite. » Un autre écrivain, cité par Schloetzer (1), s'exprime ainsi : *Cumani, id est Polowtzi, ex deserto egressi.* Mais ce qui prouve le mieux l'identité de ces deux noms, c'est un fait que les historiens russes racontent au sujet des Polowtses, que, dans cette même occasion, les historiens byzantins nomment *Komans.* Voici ce dont il s'agit. Un homme du commun, qui avait été banni de la Grèce et envoyé à Kherson, fit connaissance avec les Komans, qui venaient y trafiquer et y acheter des subsistances. Il leur dit qu'il était le

---

(1) *Histoire de la Transylvanie*, pag. 482.

fils de l'empereur romain Diogène : aussitôt ils le délivrèrent de captivité, et, comptant sur une récompense magnifique, résolurent de le mettre sur le trône. En 1096, ils marchèrent donc vers le Danube. L'empereur Alexis fit décider, dans la grande église, par une espèce d'oracle, que, bien loin d'attendre les Komans, il devait, au contraire, marcher à eux. Ils campaient déjà sur la rive gauche du Danube, et les Wlaques leur avaient indiqué une route par des défilés étroits qui se trouvent dans leur pays. Étant entrés par trahison dans la ville de Goloé, les Komans proclamèrent le faux Diogène empereur; mais ils ne purent s'emparer d'Ankhilaus, ville située près du Pont, et où était l'empereur lui-même. Ils allèrent camper devant Adrianople, où le faux Diogène prétendait avoir des intelligences secrètes. Alakaseus attira, par ruse, l'imposteur dans le château du bourg de Peutse, l'y enivra, et l'envoya à Constantinople, où un ennuque turc lui creva les yeux. L'empereur Alexis défit ensuite ces barbares dans une bataille près de Taurocomum, et en délivra le pays.

Les annales russes s'accordent avec ce récit,

puisque Nestor raconte qu'en 1095 « les Po-
» lowtsy marchèrent contre la Grèce avec le
» Dewghenewitch [le fils de Diogène]; mais le
» tzar [empereur] prit le Dewghenewitch, et
» lui fit crever les yeux. »

Ce rapprochement fait assez voir que les Polowtses sont les Komans des Byzantins. Quant à leur origine, le passage de Nikon que nous venons de citer, prouve qu'ils étaient de la race turque, puisque cet auteur reconnaît leur affinité avec les Turcomans et les Turcs : mais le langage en fournit une plus forte preuve. Les Komans étaient déjà entrés en Hongrie en 1086 ; un nombre encore plus considérable, poursuivi par Tchinghiz-kan, s'y réfugia ensuite : ils y vécurent en nomades et en brigands jusqu'en 1410, qu'ils embrassèrent la religion chrétienne. Le pays qu'ils habitaient dans la haute et basse Hongrie, prit d'eux le nom de grande et petite Kumanie, qu'il porte encore, et ils forment une nation d'environ cent douze mille individus libres ; mais ils ont tout-à-fait oublié leur langue pour adopter celle des Hongrois. Le dernier qui l'ait sue s'appelait *Varro*; il était de Karczag, et mourut en 1770.

Quelques-uns de ces Komans furent aussi nommés *Yaszog,* ce qui, en hongrois, signifie *arbalétrier*, parce qu'ils servaient dans l'avant-garde comme troupes légères : ainsi l'on ne doit pas les confondre avec les *Yazyghes Sarmates.* Quoique la langue komane soit perdue en Hongrie, ce peuple a cependant conservé des copies du *Pater* dans cet idiome : les mots et la construction grammaticale prouvent incontestablement que leur langue était un dialecte turc.

Selon le témoignage d'Anne Comnène, les Patzinakes [Petcheneghes] parlaient la même langue que les Komans [προσεισι Κομάνοις ὡς ὁμογλώττοις] : ainsi la langue de ceux-ci fait connaître celle des premiers. Ce qui prouve, au reste, que les Petcheneghes étaient aussi de la race turque, c'est que leur nom s'étoit conservé chez les Tatares de la Sibérie; car, lorsque Yermak découvrit ce pays, il attaqua, près de la Tawda, les Tatares, qui s'étaient rassemblés sur le ruisseau de Patchenka : un combat sanglant fut livré, et les Cosaques remportèrent une victoire complète; ils taillèrent en pièces les Tatares qui avaient échappé à la défaite : il y avait entre les morts un prince qui s'appelait *Petcheneg*.

Le géographe arabe Chérif Edrissi donne une notice importante sur les Petcheneghes, en disant qu'ils étaient d'origine turque. Voici le passage (1) : « Dans la septième partie du
» septième climat, on trouve les autres lieux du
» pays Basdjirt, la partie septentrionale du pays
» fétide, et la plus grande partie du pays Be-
» djenâk. Les deux villes Massirah et Kassirah
» sont petites, et appartiennent au Basdjirt exté-
» rieur. Il vient rarement des marchands dans
» ces villes, parce que les habitans assomment
» tous les étrangers qui y arrivent. Elles sont

---

(1) تضمن هذا الجزء السابع من الاقليم السابع بقية بـــلاد بجرت وشمال الارض المنتنة واكثر بلاد بجناك ومن مدن بجرت الخارجة ماسيرة وقاسيرة وهما مدينتــان صغيرتان وقـليــلا ما يــدخل اليهما التجار ولايصل اليهم احد لانهم يقتلون من وطئ ارضهم وبلادهم من غيرهم وهاتان المدينتان على نهر يمد نهر اتل واما بلاد بجنــاك فقليلة ولم يتصل بنا ان لهم مدينة اكبر من مدينة باناموں وهم امم كثيرة اتــراك يحــاربــون الــروسيــة وما جاورهم من بلاد الروم وهم ممتنعون في الجـــبـــل

» situées sur une rivière qui se jette dans le
» fleuve Athel *[Wolga]*. Le pays de Bedjenâk
» n'est pas considérable; je doute qu'on trouve
» parmi ce peuple une ville plus grande que
» Banamouni : mais les habitans y sont nom-
» breux ; *ils sont de la même origine que les*
» *Turcs.* Ils firent la guerre aux Russes et à
» l'empire des Grecs, parce qu'ils étaient for-
» tifiés sur les montagnes. »

George Pakhymères dit en outre : « Du temps
» de l'empereur Mikhaël-Paléologue, un Koman
» était sultan d'Éthiopie *[Égypte]*; il avait été
» vendu comme esclave, et parvint ensuite à
» la royauté. En 1261, il conclut avec l'em-
» pereur grec un traité par lequel ce dernier
» lui permettait le passage des Dardanelles,
» pour aller dans la mer Noire acheter des
» esclaves scythes pour le service militaire. »
Suivant le récit de Nicéphore, un ou deux
bâtimens de transport partaient tous les ans de
l'Égypte pour aller chez les Scythes d'Europe,
près de la Palus-Méotis et du Tanaïs : ils en
ramenaient des hommes, en partie engagés volontairement, en partie vendus par leurs maîtres,
pour entretenir au complet les troupes scythes

à Alexandrie et à Babylone. Ce sultan koman, qui conclut le traité avec l'empereur, était sans doute Bibars Ier, qui, selon Aboulmahassen, cité par de Guignes, était natif du Kibtchak.

Le dernier témoignage que nous allons citer sur l'origine turque des Komans et de leur langue, sera celui de Ruysbroeck en 1253. Il s'exprime ainsi dans le VIIIe chapitre de ses Voyages : « C'est parmi les Iugures qu'on trouve
» l'origine et la source du langage turc et
» coman. »

Les Komans *[Polowtses]* et les Petcheneghes formaient le peuple du Kibtchak. Ruysbroeck dit que les premiers se donnèrent eux-mêmes le nom de *Kapschat;* dans un autre endroit, il les appelle *Coman-Capschat.* Selon Aboulghazi-Bahadour-khan, les Kibtchaks sont un peuple tatare. Il raconte de la manière suivante leur origine fabuleuse :

« Ogouz-khan marcha contre Khataï, et fit
» la guerre au peuple qui habitait entre les mon-
» tagnes et la côte. Leur khan, nommé *It-Bou-*
» *rák,* était trop puissant pour Ogouz-khan, qui
» fut obligé de se retirer entre deux rivières.
» Il y rassembla tout son monde ; et comme,

« suivant l'usage de ce temps, Ogouz et les
» principaux personnages de son armée avaient
» emmené leurs femmes avec eux, un des offi-
» ciers les plus considérables de l'armée fut tué
» dans la bataille, et laissa sa femme enceinte.
» N'ayant pas trouvé un lieu écarté pour y ac-
» coucher, elle se cacha dans un arbre creux,
» où elle accoucha d'un enfant mâle. Ogouz-
» khan, informé du fait, prit l'enfant avec lui,
» et le fit élever comme son propre fils, parce
» que son père avait perdu la vie à son service.
» Il lui donna le nom de قبجاق *[Kibtchak]*,
» mot qui, dans l'ancienne langue turque, si-
» gnifie *arbre pourri,* pour conserver le souvenir
» du lieu de sa naissance. Lorsque cet enfant
» parvint à l'âge viril, Ogouz lui donna le com-
» mandement d'une partie considérable de ses
» armées, et le chargea de faire la guerre aux
» peuples Ourous, Awlak, Madjar et Bachkir,
» qui habitaient le long des grands fleuves Tin
» *[Don]* et Idel *[Wolga].* Kibtchak rassembla
» son armée dans une grande plaine et l'y passa
» en revue; il marcha ensuite aux ennemis, et les
» vainquit. Kibtchak et ses successeurs régnèrent

» pendant trois cents ans dans les pays conquis :
» c'est de lui que les Kibtchaks tirent leur ori-
» gine et leur nom. Pendant quatre cents ans (1),
» depuis le temps d'Ogouz-khan jusqu'à celui de
» Tchinghiz-khan, aucun autre peuple que les
» successeurs et les sujets de Kibtchak n'habita
» les pays entre les fleuves Tin *[Don]*, Idel
» *[Wolga]* et Yaïk : c'est pour cela que toute la
» plaine qu'ils habitèrent a conservé le nom de
» *Decht-Kibtchak* ou la steppe des Kibtchaks,
» nom qu'elle porte encore aujourd'hui. »

Ruysbroeck place la demeure des *Coman-Capschat* presque dans le même endroit. « Le
» Tanaïs, dit-il, s'embouche dans la Palus-Méo-
» tides, et l'Étilia dans ce grand lac qu'il fait avec
» plusieurs autres fleuves qui s'y rendent de
» Perse. Au midi nous avions de très grandes mon-
» tagnes, où habitent les Kirgis *[Tcherkesses]*
» et les Alains ou Acas, qui sont chrétiens, et
» combattent encore tous les jours contre les
» Tartares. Après eux, vers ce grand lac ou mer,
» sont des Sarrasins qu'on appelle *Lesghes*, qui

---

(1) Dans la traduction française de l'ouvrage d'Aboulghazi, ainsi que dans la version allemande par Messerschmidt, il y a, par erreur, quatre mille ans. L'original porte دورت يوز ييل.

» sont sujets des Tartares; et puis on trouve
» la porte de fer *[Derbend],* que le grand
» Alexandre fit faire pour empêcher les Bar-
» bares d'entrer en Perse. J'en parlerai encore ci-
» après, d'autant que j'y passerai à mon retour.
» En tant de pays qui sont entre ces deux fleuves
» [Don et Wolga], par où nous avons passé,
» habitaient autrefois les Comans, avant que les
» Tartares les eussent occupés (1). »

Selon les relations des Byzantins, les Petcheneghes [Πατζινάκοι, Πετζινάκοι, Πατζινακῖται] habitaient près des fleuves Atil *[Wolga]* et Geikh
[Yaïk]; ils en avaient été chassés, vers l'année
894 ou 899, par les Ouzes et les Khazares
réunis.

Quelques Petcheneghes retournèrent volontairement parmi les Ouzes et se confondirent
avec les vainqueurs; cependant ils en étaient
distingués par un habillement qui leur était
propre. Le reste des Petcheneghes passa le
Don et fondit sur les Hongrois, dont une
grande partie s'enfuit vers Atelkouzou, aujourd'hui la Moldavie et la Transylvanie. Les

---

(1) Rubruquis, dans Bergeron, pag. 30.

Petcheneghes les poursuivirent encore et les poussèrent plus à l'est. Depuis ce temps (900 ans après J. C.), ils ont été maîtres de toutes les côtes de la mer Noire, depuis le Don jusqu'au Danube. Les Komans, qui parlaient la même langue, habitaient plus à l'est. Chez Constantin Porphyrogénète, on lit : « Les Kangars, » qu'on appelle aussi *Patzinakites*, &c. » ; et dans un autre endroit : « Les Patzinakites, qui » s'appelaient autrefois [894] *Kangars* (car le » mot *kangar* signifie, dans leur langue, *géné-* » *rosité* et *courage*), avaient pris les armes contre » les Khazares ; mais ceux-ci les vainquirent , » et les forcèrent d'abandonner leur pays et » d'aller habiter celui des Turcs [Hongrois] : » cependant il survint une guerre entre ces Turcs » et les Patzinakites, qui étaient alors appelés » *Kangars;* l'armée des Turcs [Hongrois] fut » vaincue et divisée en deux parties, &c. » On voit clairement, par ce passage, que les Petcheneghes s'appelaient aussi *Kangars;* qu'une partie habitait près de la mer Noire, et que l'autre était restée entre le Wolga et le Yaïk, parmi les Ouzes. Ruysbroeck nous apprend que ces derniers avaient recouvré leur puissance. Ce reli-

Tom. I. G

gieux, conduit par un Mongol de distinction, partit en 1253 du camp de Batou-khan, à l'est du Wolga, et voyagea à l'orient en traversant le pays des Kangles, qui descendaient des Komans. Il avait à sa gauche, au nord, la grande Bulgarie, et à sa droite, au sud, la mer Caspienne. Jean du Plan-Carpin, qui, en 1245, peu de temps avant Ruysbroeck, fut envoyé en Tatarie par le pape Innocent IV, s'explique encore plus clairement : « Le pays de Comanie
» a immédiatement au nord, après la Russie,
» les Morduins, les Bilères, c'est-à-dire, la grande
» Bulgarie; les Bastarques, qui est la grande
» Hongrie; puis les Parosites et les Samogèdes,
» qu'on dit avoir la face de chien, qui sont sur
» les rivages déserts de l'Océan. Au midi, il a
» les Alains, les Circasses, les Gazares, la Grèce
» et Constantinople; et les terres des Ibériens,
» des Cathes et des Brutaques, qu'on tient être
» Juifs, et qui portent la tête toute rase; puis
» le pays des Bythes, Géorgiens, Arméniens et
» Turcs. A l'occident, sont la Hongrie et la
» Russie. Mais ce pays de Comanie est grand
» et de longue étendue, dont les peuples ont
» été la plupart exterminés par les Tartares; les

» autres se sont enfuis, et le reste est demeuré en
» servitude sous eux ; et même plusieurs qui
» étaient échappés se sont depuis venus remettre
» sous le joug. De là nous passâmes au pays des
» Cangites, qui a disette d'eau en beaucoup
» d'endroits ; ce qui est cause qu'il y a peu d'ha-
» bitans : de sorte que les gens de Ierolaus,
» duc de Russie, passant par-là pour aller en
» Tartarie, moururent la plupart de soif dans
» ces déserts ; car, en ce pays et en celui de
» Comanie, nous trouvâmes encore plusieurs
» têtes et ossemens de morts épars çà et là
» comme des ordures. Nous fûmes environ de-
» puis l'octave de Pâques jusqu'à l'Ascension à
» traverser ce pays. Tous les habitans étaient
» paysans ; et eux, non plus que les Comans,
» ne s'adonnent point au labourage, mais vivent
» de leurs bestiaux seulement (1). »

Les Komans et les Petcheneghes ne formaient donc qu'un seul peuple, avec la seule
différence que ces derniers se montrèrent en
Europe en 894, un siècle avant les autres. Leur
nom de tribu était *Kangly,* qui, selon Aboul-

---

(1) *Voyez* Plan-Carpin, dans Bergeron, pag. 7 et 8.

ghazi, dérive du bruit que font les roues des voitures قانق *[kânk]*, dont ils prétendent être les inventeurs. Touchi-khan, fils de Tchinghiz-khan, ayant pénétré dans le Kibtchak en 1223, détruisit la puissance de ces deux peuples, qui furent obligés de se réfugier, les uns vers la Hongrie, les autres au nord, vers la mer Caspienne; d'autres restèrent dans le Kibtchak, sous la domination des descendans de Tchinghiz, ainsi que les Komans et les Kanglis, qui, unis, formaient la nation des Nogaïs, nom dérivé d'un des chefs de cette nation qui s'appelait *Noga*. Plusieurs hordes portent encore le nom de *Kangly*: voilà pourquoi les conquérans russes ont pu trouver des Nogaïs dans la Sibérie, tandis qu'il y en avait d'autres qui habitaient la Crimée. Parmi les hordes de Nogaïs, on en trouve encore une aujourd'hui qui a conservé le nom de *Kibtchak*, et qui habite le long de la Kouma supérieure. Il paraît que le nom des Komans, ignoré de cette nation, vient de celui de cette rivière. Chérif Edrissi désigne le pays de la Kouma sous le nom de القمانية *[Alkomania]*,

en ajoutant : « qui donne son nom aux Ko-
» mans. »

Avant l'irruption des Mongols, les Komans habitaient la Crimée, et au nord de cette presqu'île, comme on le voit dans le Voyage de Ruysbroeck. Ce religieux, après en avoir franchi les montagnes, alla au nord; il décrit la plaine qu'il rencontra, et il ajoute : « Cette campagne
» était habitée par les Comans avant la venue
» des Tartares, et ils contraignaient toutes les
» villes susdites, châteaux et villages, de leur
» payer tribut; mais, quand les Tartares y arri-
» vèrent, une si grande multitude de ces Co-
» mans se répandit par le pays, en fuyant vers le
» rivage de la mer, qu'ils se mangeaient par
» grande nécessité les uns les autres presque
» tout en vie, ainsi qu'un marchand qui l'avait
» vu me l'a conté........ Nous cheminions
» toujours droit à l'orient, depuis que nous
» fûmes une fois sortis du pays de Gazarie,
» ayant la mer au midi et les grands déserts au
» nord, qui durent quelquefois plus de vingt
» journées d'étendue, et où l'on ne trouve que
» des forêts, des montagnes avec des pierres.
» L'herbe y est très-bonne pour le pâturage:

» c'était là que vivaient les Comans et qu'ils
» tenaient leurs troupeaux ; ils s'appelaient *Co-*
» *man-Capschat,* &c.

» Nous allions donc toujours vers l'orient,
» ne trouvant rien en notre chemin que ciel et
» terre, et quelquefois la mer à main droite,
» qu'ils appellent la mer de Tanaïs, et çà et là
» des sépultures de Comans, que nous décou-
» vrions de deux lieues au loin ; car les enterre-
» mens de toute une famille et parenté se font
» en un même endroit (1). »

Dans l'atlas manuscrit de Pierre Vesconte d'Ianua, dressé en 1318, et qui se trouve à la bibliothèque impériale de Vienne, ainsi que sur d'autres cartes du même siècle, on voit le nom de *Comania* ou *Chumania* au nord de la mer d'Azow, et à peu près aux environs du lac nommé par les Russes *Molotchnoï - Ozero*. Il y a environ quarante ans que les hordes nogaïes Kabil-Kangli-Argakli et Jouchan-Kangli faisaient encore paître leurs troupeaux dans le même endroit.

Tous ces faits prouvent, à ce qu'il me semble,

---

(1) *Voyez* Rubruquis, dans Bergeron, pag. 5, 26 et 27.

que les Komans ou Kibtchaks et les Petcheneghes ou Kanglis appartenaient à la même tribu, parlaient le même dialecte turc, et se sont fondus en un peuple appelé *Nogaï*. Cependant il se présente à ce sujet une difficulté historique : on retrouve chez les Tatares Nogaïs peu de ces noms polowtses qu'on lit dans les chroniques russes de 1094 à 1223 ; mais on en rencontre beaucoup chez les Tcherkesses (1) de la Kabardah et au-delà du Kouban : il est donc vraisemblable que les Komans ont été à cette époque sujets des Tcherkesses. Tous les noms polowtses qui sont venus jusqu'à nous, appartenaient à des princes : on ne nous a pas conservé ceux des gens du commun. Il paraît encore que les filles des princes polowtses ou komans étaient très-belles, puisque plusieurs grands-ducs de Russie, et même le roi de Hongrie Étienne V (1270), en épousèrent : mais cela ne doit pas être arrivé bien souvent aux beautés nogaïes,

---

(1) Guldenstædt dit avoir retrouvé chez les Ossètes les noms polowtses d'*Itlar, Kiran, Ourousoba, Katchin, Yanslanop, Sourbar* et *Waldousa* : mais c'est une erreur ; car dans le grand nombre d'Ossètes que j'ai interrogés, aucun ne les connaissait : peut-être cette erreur appartient-elle, non à Guldenstædt, mais à son éditeur.

qui probablement n'étaient pas trop du goût des Européens. En outre, si l'on réfléchit qu'à cette époque la nation des Tcherkesses, alors considérable, existait certainement dans la Crimée et près du Caucase, on sera surpris qu'aucun historien n'en fasse mention. Il est donc très-vraisemblable que les Tcherkesses étaient en quelque sorte cachés sous le nom des *Polowtses* et sous celui des *Petcheneghes*. Les cartes manuscrites de la bibliothèque de Vienne, que nous venons de citer, nous apprennent qu'ils habitaient, vers 1312, tout près des Komans, au nord de la Crimée, où ils étaient venus sous le nom de *Cabari* [Kabardiens]. Ces cartes placent ce nom à l'est de celui des Komans, dans le pays où est maintenant situé Taganrog. Enfin, suivant une tradition conservée chez les Tcherkesses, les Nogaïs leur étaient soumis autrefois.

Si donc quelque heureux hasard ne nous procure des renseignemens plus positifs sur ce sujet, il me paraît très-vraisemblable que les Komans dont il est question dans les chroniques grecques, et les Polowtses des Russes, étaient des Tatares du Kibtchak qui avaient été soumis aux princes tcherkesses.

CHAPITRE VI.

Donskaya. — Premières montagnes appartenant au Caucase.—Moskowskaya.—Stawropol.—Hordes tatares, restes des Nogaïs. — Maladie particulière à ce peuple. — Des Nogaïs en général.—Leur manière de vivre. — Leur religion. — Cercle de Stawropol. — Nadejda. — Pokrowskoï. — Bechpaghir. — Nowo-Grigoriewskaya.—Sewernoï.—Chaîne de collines de grès. — Branche avancée du Caucase.—Alexandrow.—Sablya.—Alexandria. — Arrivée à Gheorghiewsk.

DONSKAYA, fort sur le Tachle, est le plus considérable de ceux que nous avions vus jusqu'alors ; il est habité par des Cosaques et des paysans russes : nous y avons passé la nuit. Le temps s'étant éclairci, nous aperçûmes, le lendemain matin, les premières montagnes qui font partie du Caucase : elles étaient si près de nous, qu'elles cachaient la chaîne principale. Quand le temps est serein, on aperçoit pourtant celle-ci de Tcherkask sur le Don, qui en est éloigné, en ligne droite, de soixante milles d'Allemagne, et de Sarepta sur le Wolga, qui en est à soixante-dix. Moskowskaya est à dix-huit werstes de Donskaya : la route suit la rive gauche du Tachle; la rive droite est formée de très-hauts rochers, auxquels elle doit son nom, puisque تاش *[tach]*, en tatare, signifie *pierre*. Ici commencent les hauteurs qui forment le corps avancé de la montagne : elles sont connues sous le nom de *Temnoï-Less*, ou la Forêt Sombre, en tatare شب قراغاج *[Cheb-Karaghatch]* (corrompu par les Tcherkesses en *Chet-Karagatch*); elle s'étend de l'ouest à l'est, entre la courbure occidentale du Kouban, près de la redoute de Nedremannoï et la source du Kalâous, et est couverte de forêts épaisses. Moskowskaya est plus qu'une redoute ordinaire, et porte le titre pompeux de forteresse [крѣпость]; mais pour une forteresse de Cosaques il ne faut qu'un fossé de trois pieds de profondeur et un rempart de quatre pieds de haut, dont on puisse boucher les issues avec des barres de bois et des chevaux de frise, puis quatre petites pièces de fer ou de bronze aux quatre coins. Le fort est sur une hauteur ; la stanitza, assez considérable, est un peu au-dessous, près d'un ruisseau qui se joint au Tachle. Le terrain commence ici à s'élever ; on voit sur-tout à l'ouest beaucoup de collines pierreuses, qui s'abaissent insensiblement vers la grande route, le long de la rive gauche du Tachle. A peu de distance de Moskowskaya, on trouve à l'est, près de cette rivière, Pałaghiada et Mikhaïlowskoï, gros villages dont les habitans s'occupent de l'agriculture et font un commerce considérable avec les Tatares voisins.

Le 22 novembre, nous arrivâmes, vers midi, à Stawropol, ville considérable pour le gouvernement du Caucase : elle est à trente-une werstes et demie de Moskowskaya, sur une hauteur, près de la source de l'Atchilé [en tatare, *le Clair, le Pur*], qui, à cinquante-cinq werstes au nord-est, se jette à la gauche du Kalâous. Stawropol n'était autrefois qu'une grande forteresse de la ligne du Caucase ; mais en 1785 on l'a mise au rang des villes. Elle est bien peuplée ; ses rues sont larges ; elle a un bazar considérable, où l'on trouve toute sorte de marchandises : il s'y tient, deux fois par semaine, un marché fréquenté par les paysans des environs. Le pays est très-fertile ; les bois voisins abondent en gibier. Nous achetâmes une livre de sanglier pour 3 kopeks (1) de cuivre, et une paire de gélinottes pour 15 kopeks. Les vivres sont, en général, à très-bon marché dans cette ville ; et l'on pêche des carpes et des perches excellentes dans l'Atchilé, qui coule à peu de distance. Outre les Cosaques, on voit ici et dans les environs un beau régiment de dragons, commandé par le général Pouchkin, qui réside à Stawropol. Cette ville a aussi un bourgmestre [городничей], qui est chargé de la levée des recrues du territoire voisin. Quoique nous fussions déjà dans les derniers jours de novembre, nous ne pouvions pas nous plaindre du froid, qui, même dans la steppe (2), nous était moins incommode que les vents piquans du nord et de l'est.

Entre Stawropol, le Kouban et la Kouma supérieure, ainsi que près des sources du Don-

---

(1) Actuellement (en 1820) le rouble en assignats vaut rarement plus d'un franc, et le kopek revient à peu près à un centime. A l'époque de mon voyage, le rouble valait encore 2 francs.

(2) Степь [step], substantif féminin, est le nom qu'on donne en Russie à toute plaine inculte et inhabitée.

gouzlé et de la Bywala, ruisseaux qu'elle reçoit, on trouve les hordes nomades des Tatares قازبولات [Kazboulat], قپچاق [Kiptchak], منكوت [Mangout], جانبولات [Djamboulat], يديسان [Yedissan], يديقول [Yedikoul] et ناوروز [Nawrouz], qui forment ensemble cinq mille huit cent quarante-neuf kibitkes ou tentes de feutre ; ce sont les restes des Nogaïs ou Tatares du Kouban, jadis si fameux : elles avaient été transportées par les khans de Crimée dans la steppe, entre le Dniepr et le Dniestr. Les Russes les renvoyèrent dans leurs anciens pâturages, près du Kouban. Leur humeur turbulente, leurs brigandages, forcèrent, en 1788, le Gouvernement à les ramener au devoir par la force : à cette occasion, une grande partie s'est sauvée au-delà du Kouban, et toute la nation a été à peu près dispersée.

La steppe orientale du Caucase, entre la Kouma et la mer Caspienne, est habitée par une partie des hordes nogaïes de Yedissan et de Djamboulat, ainsi que par les hordes entières

de Karâ-Nogaïs [Nogaïs noirs] et de Nedji-Koul ; plus au nord et vers la mer, sont les Tatares Turkmens. Tous ces Tatares occupent quatre mille deux cent quatre-vingt-six kibitkes : ils vivent absolument en nomades avec leurs troupeaux de moutons et de bœufs, leurs chevaux et leurs chameaux ; cependant la plupart ont un emplacement fixe pour l'été, et un autre pour l'hiver. Devenus maintenant des sujets paisibles, ils ont renoncé au brigandage ; ils sont doux et hospitaliers : tous professent l'islamisme. On trouve chez eux la même maladie qu'Hérodote raconte avoir vue chez les Scythes. « Les Scythes,
» dit-il, maîtres de l'Asie, marchèrent de là en
» Égypte ; mais, quand ils furent arrivés dans
» la Syrie de Palestine, Psammitichus, roi
» d'Égypte, vint à leur rencontre, et, à force de
» prières et de présens, les détourna d'aller plus
» avant. Ils revinrent donc sur leurs pas, et
» passèrent par Askalon, en Syrie, d'où ils sor-
» tirent la plupart sans y faire aucun dégât, à
» l'exception de quelques-uns qui, étant restés
» en arrière, pillèrent le temple de Vénus Uranie.
» Ce temple, autant que j'ai pu le savoir par
» les renseignemens que je me suis procurés,

» est le plus ancien de tous les temples de cette
» déesse : celui de Cypre lui doit son origine,
» de l'aveu même des habitans ; celui de Cy-
» thère a été aussi bâti par des Phéniciens ori-
» ginaires de cette Syrie. La déesse envoya une
» maladie de femme à ceux d'entre les Scythes
» qui avaient pillé son temple d'Askalon ; et
» ce châtiment s'étendit à jamais sur leur pos-
» térité. Les Scythes disent que cette maladie
» est une punition de ce sacrilége, et que les
» étrangers qui voyagent dans leur pays s'aper-
» çoivent de l'état de ceux que les Scythes ap-
» pellent *Énaréens.* »

Hippocrate, dans son *Traité des airs, des eaux et des lieux,* où il parle beaucoup des Scythes, dit de ces *Énaréens :* « On trouve aussi chez les
» Scythes des hommes qui naissent eunuques, et
» qui font tous les ouvrages de femme ; on les
» appelle *Énaréens,* ou *efféminés.* Leurs compa-
» triotes croient que cette imperfection leur vient
» de la volonté des Dieux : ils honorent ceux
» qui en sont frappés, pour éloigner d'eux-
» mêmes un semblable malheur. Quant à moi,
» je suis d'avis que cette maladie n'est pas plus
» que toutes les choses que nous voyons, en-

» voyée par la Divinité; car je crois que tout a
» une cause sans laquelle rien ne peut arriver. »

Reineggs est le premier Européen qui ait retrouvé une maladie semblable chez les Nogaïs, mais avec cette différence qu'elle n'est pas innée chez l'individu, et qu'elle provient de l'affaiblissement irrémédiable qui suit les progrès de l'âge : la peau se ride; les poils de la barbe, peu nombreux, tombent; et l'homme a complétement l'apparence d'une femme : il est impuissant; ses sensations et ses actions perdent tout ce qu'elles ont de mâle. Dans cet état, le malade fuit la société des hommes; il reste avec les femmes, auxquelles il ressemble entièrement. Reineggs se trompe néanmoins, quand il dit que ces hommes ont des habits de femme; car, dans ce cas, ils devraient porter un voile et des vêtemens rouges : mais très-souvent les vieilles femmes nogaïes ne couvrent leur corps ridé que d'une peau de mouton sans apprêt, et se mettent sur la tête un bonnet de la même peau; alors il est très-difficile de les distinguer de ces hommes dégradés.

M. le comte Jean Potocki, qui visita la steppe de la Kouma et le Caucase dans l'hiver de 1797 à 1798, interrogea sur cette maladie les Nogaïs qui demeuraient près du Bech-tau ; mais il paraît qu'ils ne la connaissaient nullement. Ensuite, lorsqu'il fit son voyage le long de la Kouma, et qu'il revint en traversant la steppe sablonneuse d'Anketeri, où il trouva une grande partie de cette nation rassemblée, il vit, près des *Puits rouges,* pour la première fois, un de ces hommes réduits à la condition de femme, et appelés *khos.* Il le prit d'abord pour une vieille femme ; mais les renseignemens qu'il se procura le convainquirent que c'était effectivement un homme, et que sa maladie, quoique rare, n'était pas sans exemple. Elle n'est pas inconnue en Turquie, où l'on donne le nom de *khos* à tous ceux qui n'ont pas de barbe. Le comte Potocki remarque encore, avec raison, que Reineggs se trompe en donnant à toute la nation des Nogaïs le nom de *Mangoutaï;* qu'à la vérité les Kalmouks nommaient ainsi tous les Tatares ; mais que ce nom n'appartenait qu'à une seule tribu, qui se le donnait elle-même, et qu'il n'a jamais appartenu proprement aux Nogaïs. Le comte Potocki a visité leur horde ; et la maladie dont nous parlons leur était entièrement inconnue (1).

Les Nogaïs qui habitent l'autre rive du Kouban, et qui sont appelés *Manzourow* et *Nawrouz-Aoûl*, ont quitté en partie la vie nomade; ils demeurent dans des villages stables, dont les maisons sont construites en osier, et enduites d'argile et de plâtre.

De toutes les tribus tatares que j'ai vues, celle des Nogaïs ressemble le plus aux Mongols par la physionomie et la taille; ce qui fait présumer qu'il y a eu beaucoup de mélange entre les deux peuples, lorsqu'ils habitaient encore l'un et l'autre au nord et au nord-ouest de la mer Caspienne. Mais quelques auteurs prétendent à tort que la langue mongole s'est conservée parmi eux : on trouve, au contraire, chez quelques-uns, des restes de l'ancien dialecte tatare, dont ils se servent en écrivant, et qui s'appelle *djagataï*, ou, d'après la prononciation commune, *chagaltaï*. Il est presque entièrement exempt de mots étrangers, comme l'ouïgour, que l'on parle encore aujourd'hui

---

(1) *Histoire primitive des peuples de la Russie*, par le comte Jean Potocki, Saint-Pétersbourg, 1802, *in-4.°*, p. 175.

dans l'Asie moyenne, dans les environs de Khamoul et de Tourfan. Ruysbroeck dit que c'est le type des langues turque et komane. Ce dialecte djagataïen est la langue écrite de plusieurs autres nations tatares, et particulièrement de celles qui habitent la rive orientale de la mer Caspienne : on l'écrit ou avec les lettres arabes-tatares ordinaires, ou avec les caractères ouïgours.

Les Nogaïs vivent ordinairement réunis en plusieurs familles, formant un aoûl, qui campe tantôt dans un endroit, tantôt dans un autre, suivant les pâturages qu'il y trouve. La force de ces aoûls se calcule ordinairement d'après le nombre des chaudrons *[kazan]* : un chaudron se compte pour une famille ; mais les Russes calculent les familles d'après la quantité des tentes de feutre ou kibitkes, qu'on appelle *aldjik* en langue tatare. Ce peuple a perdu presque entièrement l'habitude de demeurer sur des chariots ; mais il a de très-grands chars à deux roues, nommés *arba,* qui sont tirés par des bœufs : leurs roues, n'étant pas graissées, font un bruit insupportable. Les Nogaïs tirent vanité de ce fracas, en disant qu'ils voyagent comme d'honnêtes gens, en se faisant entendre, et ne cherchent pas à se glisser sourdement, à la manière des voleurs.

Leurs mets ordinaires sont le lait, qu'ils mangent ou frais ou caillé, et le fromage, qu'ils préparent de différentes manières. Comme ils aiment beaucoup le lait de jument, ils ont un grand nombre de ces animaux : ils font, ainsi que les Kalmouks, de l'eau-de-vie de lait [*kumis*], et en boivent souvent jusqu'à s'enivrer. Les femmes nogaïes ne sont pas laides; celles des classes distinguées ont même le teint très-blanc : elles sont recherchées par les nations voisines, à cause de leur tempérament ardent.

Les Nogaïs sont mahométans-sunnites; ils ont des prêtres, ou *moullah*, de leur nation, qui vont en partie étudier chez les Turcs, et reviennent au bout de cinq ou six ans : cependant ces prêtres sont pour la plupart très-ignorans ; leur science se borne à savoir lire le Koran et à chanter quelques prières.

Stawropol est la capitale du cercle de son nom : ses confins vont du sud au nord, depuis le confluent de l'Atchilé et du Kalâous, jusqu'à l'extrémité septentrionale du grand lac Ilmen, formé par le Manytch. L'Yegorlyk moyen le sépare, au nord, du pays des Cosaques du Don : il a, à l'ouest, le territoire des Cosaques de la mer Noire et le Kouban, et au sud Alexandrow et les monts Cheb-Karaghatch. La partie septentrionale de ce cercle, qui est la plus grande, ne renferme, à l'exception des postes et des redoutes des Cosaques, que des steppes inhabitées; mais le territoire où se trouve Stawropol est très-peuplé et bien cultivé, à trente werstes alentour. Le long du Kouban, on voit les redoutes de Nedremannoï, Derjawnoï, Zapadnoï, Protchnoï-Okop, Tsaritsynskoï, Grigoripolis, Ternowkoï, Temichbek, le fort de Kawkazkaya, les redoutes de Kazanskoï, Tifliskoï et Ladogskoï, qui ont pris leurs noms de régimens russes; enfin le fort d'Oust-Labinskaya, qui est plus considérable, et situé vis-à-vis de l'embouchure de la Laba, à la droite du Kouban. Plusieurs familles de paysans de la petite Russie ont bâti, près du petit Béissou, à quarante werstes environ au nord de ce fort, sur les confins du pays des Cosaques de la mer Noire, le bourg de Nowo-Malorossiskaya, qui est assez considérable.

Nous partimes de Stawropol le 23 novembre,

de grand matin : le froid était assez rude, le vent du nord perçant, et d'autant plus désagréable, que les montagnes nous le renvoyaient. Nous avions jusqu'alors voyagé du nord au sud ; nous tournons maintenant à l'est. Le terrain fut toujours assez uni jusqu'au village de Nadejda [Espérance], à huit werstes de distance : il est sur le Mamaï, ruisseau qui se jette dans l'Atchilé. Derrière ce village, nous fûmes obligés de gravir sur une pente escarpée, qui appartient aux montagnes à couches horizontales : elle est de calcaire grisâtre, assez poreux, sur lequel on voit beaucoup d'empreintes de coquillages. De Nadejda, nous parcourûmes huit werstes jusqu'à Pokrowskoï, premier village du cercle d'Alexandrow ; il est situé dans une plaine élevée : à cinq werstes de là, nous rencontrâmes encore un petit ruisseau qui coule, à l'est, vers l'Atchilé ; et, de l'autre côté du ruisseau, il nous fallut monter une hauteur considérable, sur laquelle nous parcourûmes dix werstes jusqu'à la vallée où coule le Bechpaghir, c'est-à-dire, les cinq mamelles, qui se joint à l'Atchilé. On trouve sur ses bords la redoute et le poste de Cosaques du même nom, à trente-une werstes de Stawropol. En quittant le relais, nous commençâmes à monter, par un chemin assez escarpé, une petite chaine de montagnes qui borde un vallon de forme oblongue, où, neuf werstes plus loin, nous vîmes, à droite, un petit lac d'eau amère, et, à quelque distance, le Gorkaya [l'Amer], ruisseau qui traverse le vallon en se dirigeant au nord-est, et va se joindre à l'Atchilé. Au-delà de ce vallon, le pays est uni jusqu'à Kalâous, relais à vingt-sept werstes du précédent. A gauche, est le village Nowo-Grigoriewskaya. Le Kalâous est une des plus grandes rivières de la steppe de la Kouma; elle se forme, au sud des monts Cheb-Karaghatch, par la réunion de plusieurs ruisseaux, qui sont à sec pendant l'été : ils se joignent entre ce relais et Krougloï-Less [Forêt Ronde], village éloigné de vingt-cinq werstes, et situé près des montagnes à couches horizontales. A l'exception de l'Atchilé, qui se jette dans le Kalâous, à droite, ce dernier ne reçoit pas d'affluent considérable jusqu'à sa jonction avec le Manytch : son cours, très-sinueux, est d'environ trente milles d'Allemagne. Les Nogaïs nomment *Younkoul* la partie supérieure de cette rivière, à cause des saules nombreux dont elle est bordée : les Tcherkesses l'appellent *Banoka*. Les poissons du Don et du Manytch, et sur-tout les carpes, les tanches, les coracins et les perches, remontent cette rivière; et l'on en porte jusqu'à Gheorghiewsk.

Au-delà de Nowo-Grigoriewskaya, nous traversâmes le Kalâous sur un pont pour entrer immédiatement dans un vallon étroit, en laissant à notre droite le Djinkinly ou Tchetchora, petit ruisseau qui se jette dans le Kalâous, près de Serghiewskaya. Sur une hauteur escarpée, au-dessus du vallon, est le plus prochain relais à quinze werstes du précédent. On en parcourt ensuite dix-neuf jusqu'à Alexandrow, chef-lieu de cercle, en traversant une chaine de collines de grès, qui borde la vallée où coule le Dongouzlé, ou rivière des Porcs. Alexandrow est bâtie sur la rive occidentale de cette rivière, dont les bords sont très-escarpés en cet endroit. Pallas décrit ainsi cette vallée, qu'il a eu le loisir de bien examiner : « Cette petite file de mon-
» tagnes qui, sous différens noms, se prolonge
» depuis le pied de l'Elbrouz, et qui forme ici
» une côte élevée avant de se perdre dans la

» steppe, est composée de couches de grès as-
» sises sur le calcaire. La couleur de ce grès est
» jaunâtre et grise; il est en lits épais et presque
» horizontaux, que l'on a entamés à la pointe
» du nord-ouest pour en tirer des meules. »

On trouve au sommet de cette croupe très-escarpée un vallon entouré d'éminences, où coule le petit ruisseau Ternowka, qui va se jeter dans le Dongouzlé. On descend de là, par une pente très-rapide, dans une large vallée, au milieu de laquelle est situé, sur un plateau, le fort de Sewernoï.

Ce groupe élevé de montagnes, que l'on peut considérer comme une branche de la partie antérieure de l'Elbrouz, s'avance au nord entre la source de la Kouma et la sinuosité que décrit le Kouban à la sortie des hautes montagnes. Il comprend les hauteurs de Kara-Yaella ou Worowskoï-Less [Forêt des Voleurs], et celle de Krougloï-Less [Forêt Ronde], qui dominent la plupart des collines adjacentes; et il forme en avant de Sewernoï une cimeé levée, que l'on appelle *Swistoun* [le Bruyant], parce que sa position l'expose à de fréquens orages. L'extrémité de ces montagnes, que traverse la grande route, se prolonge entre les sources du Dongouzlé et du Kalâous. La plaine, depuis la steppe inférieure de la Kouma jusqu'à ce groupe, commence à s'élever insensiblement au-dessus de Priwolnoï. Une plus forte terrasse règne le long du Karamyklé, en remontant vers la source de ce ruisseau; elle s'élève à la hauteur des collines dont il a déjà été question, et va se terminer à la croupe de grès la plus élevée par des collines qui s'exhaussent de plus en plus, et qui s'élargissent au-delà de la source du Dongouzlé. De cette même file partent d'autres collines moins considérables, qui s'aplanissent du côté de la steppe : elles se prolongent sur la rive droite du Kouban jusqu'à Protchnoï-Okop. Les montagnes escarpées, situées vis-à-vis de l'embouchure du petit Zelentchouk, font partie de cette chaine, ainsi que les hauteurs de Cheb-Karaghatch ou Temnoï-Less [Bois Sombre], voisines de Pregradnoï-Stan, d'où les ruisseaux qui forment le Yegorlyk prennent naissance, près du Kouban.

Ces hauteurs se terminent au-dessous de Protchnoï-Okop, le long du Kouban, par un pays plat, mais élevé, dans lequel on voit avec étonnement les ruisseaux Tchalbach et Béissou, qui se rendent à la mer d'Azow, prendre leur source à la distance de cinq à huit werstes au plus des bords de ce fleuve.

Cette branche des montagnes qui forme la partie avancée de l'Elbrouz, exerce une influence très-marquée sur le temps, la température et la végétation des contrées voisines situées au nord-ouest et au sud-est. La plaine qui s'étend jusqu'à la Kouma, ainsi que les environs de Gheorghiewsk et d'Alexandrow, sont parfaitement abrités par ces hauteurs contre tous les vents du nord et du nord-ouest; les hivers y sont très-doux; la neige n'y est presque jamais assez haute pour que l'on y voyage en traineau, et souvent, pendant le mois de janvier, on y peut sortir sans pelisse, comme dans la partie montueuse de la Tauride. Le printemps y commence de très-bonne heure; la chaleur est très-forte en été, et le ciel presque toujours serein : les vents froids, les brouillards et la pluie ne viennent des monts couverts de neige que par les vallées de la Podkoumka, de la Malka et du Bakzan; tous les autres vents sont chauds et secs. A Sewernoï, au contraire, qui n'est qu'à dix-neuf werstes de distance, on éprouve des hivers beaucoup plus longs et plus rigoureux; la neige y tombe souvent à la hauteur d'une coudée, et fond très-tard : le pays est exposé à de fréquens orages, qui viennent de l'ouest ou du nord-ouest, et qui refroidissent le temps (1).

Le cercle d'Alexandrow est à l'est de celui de Stawropol; la ligne qui forme sa limite, s'étend depuis la redoute de Pregradnoï-Stan, près du Kouban, en traversant les rivières Kalàous, Dongouzlé, Bywala et Soukhaya-Bywala, jusqu'au Manytch, qui le sépare du pays des Cosaques du Don et du gouvernement d'Astrakhan; il n'est cependant pas contigu à la Kouma ni aux villages situés sur les bords de cette rivière. A dix werstes des redoutes de Pregradnoï-Stan et de Newinnomyskoï, près du Kouban, se trouve Temnoleskaya, fort nouvellement bâti dans la montagne boisée nommée *Cheb-Karaghatch;* et, à cinq werstes au nord, est le poste de Cosaques dont nous venons de parler. Alexandrow n'était autrefois qu'une redoute

---

(1) Pallas, *Voyage dans les gouvernemens méridionaux de la Russie*, part. 1, pag. 487, de la traduction française.

de la ligne du Kouban, établie en 1777; mais, depuis 1783, cette ville est devenue le chef-lieu d'un cercle du gouvernement du Caucase : elle s'est beaucoup agrandie depuis cette époque ; mais elle n'égale pourtant pas Stawropol.

Le relais de Sablya ou Saldatskoï, premier endroit du cercle de Gheorghiewsk, est à vingt-sept werstes au sud-ouest d'Alexandrow. Il est près d'un ruisseau de même nom, qui vient de la chaîne des montagnes de grès, et, dans leur voisinage, s'unit au Mokroï-Karamyklé, à gauche. Nous passâmes cette rivière après avoir changé de chevaux, et, neuf werstes plus loin, nous traversâmes le Soukhoï-Karamyklé [Karamyklé sec], qui, en effet, était sans eau. Le pays était uni : mais à gauche, à la distance de quelques werstes, nous avions une chaîne de collines de la partie avancée des montagnes; nous la gravîmes à peu de distance d'Alexandria, village et relais à trente-une werstes de Sablya. La Kouma, que nous vîmes ici pour la première fois, coulait dans une vallée argileuse qui s'élève jusqu'au confluent du Barsoukly [Eau de blaireau]. Au printemps, ce ruisseau est gonflé par la fonte des neiges qui viennent des montagnes où il prend sa source, à environ dix werstes au-delà de la redoute Tanlytskoï. Une route commode suit les bords de cette rivière jusqu'au Kouban, et une autre va de ce fleuve à Barsoukly, qui est à l'ouest et opposé au premier; il se jette dans le Kouban. Pour les distinguer, les Tatares donnent au ruisseau qui se jette dans la Kouma, le nom de *Souroukly*, à cause de la montagne aiguë et rocailleuse située à sa rive nord-est, près de son embouchure; car *sourouk* signifie *pointu*, et c'est pourquoi la montagne s'appelle, en tatare, *Sourouk-tach*; les Tcherkesses la nomment *Otchek-Kouï* [Otchek chauve]; et les Russes, *Koum* : elle est élevée de cent cinquante pieds à peu près au-dessus du Barsoukly; sa cime, absolument nue, n'a guère que quelques pieds de largeur. Au pied de cette montagne, au nord-est, il y a un marais amer et salé; et à deux werstes plus loin, au nord, est une source sulfureuse froide, qui sort du milieu de grès fins de couleur grise, et va se jeter dans la Kouma (1).

---

(1) Guidenstædt, II, pag. 28.

Nous n'avions plus que treize werstes à parcourir pour arriver à Gheorghiewsk ; la route suit presque toujours la pente qui incline vers la Kouma, que nous avions passée sur un pont. Ce n'est qu'en approchant de la stanitza des Cosaques, qui est au nord de Gheorghiewsk, que l'on monte par un chemin assez escarpé pour arriver au haut de la steppe arrosée par le Podkoumok : c'est là qu'est le fort, où nous n'arrivâmes que le 24 novembre dans la matinée.

CHAPITRE VII.

Gheorghiewsk.—Pente de la steppe.—Stanitza des Cosaques. — Manière de bâtir.—Climat insalubre. — Chaîne du Caucase. — Montagnes de neige. — Montagne noire. — Elbrouz. — Mqinwari. — Origine du mot Caucase. — Autres noms de cette montagne. —Présentation au gouverneur. — Changement dans le plan de voyage. — Le général Boulghakow. — Son expédition contre les Tchetchentses.

GHEORGHIEWSK est un petit endroit bien fortifié sur la rive gauche de la rivière appelée *Podkoumok* ou *Podkoumka* par les Russes, *Goumeh* par les Tcherkesses, et connue autrefois sous le nom de la *petite Kouma;* le terrain est tellement escarpé à l'est et au sud du fort, que l'on ne peut descendre commodément qu'en bien peu d'endroits : cette pente ressemble à toutes celles qui bordent la steppe de la Kouma; il s'en détache continuellement du gravier et de l'argile. Quelquefois on trouve dans le sable de petites coquilles pétrifiées ou usées. La partie au nord de la ville est de niveau avec la steppe, et s'incline insensiblement vers la stanitza des Cosaques, qui n'en est éloignée que d'environ une werste. Les fortifications de Gheorghiewsk forment un pentagone en terre, et sont assez bien garnies d'artillerie. On a de plus commencé, depuis quelques années, à élever, à l'ouest, des bastions considérables en pierre, et d'autres ouvrages sur les points où la place n'est pas sur le terrain en pente, propres à la rendre imprenable pour les peuples des montagnes, qui n'ont ni artillerie, ni la moindre connaissance de l'art des siéges. On tire les pierres des carrières voisines, dans le Bech-tau.

Gheorghiewsk est maintenant le chef-lieu du gouvernement du Caucase : cette ville fut bâtie en 1777, lorsqu'on établit la ligne du Caucase et du Kouban ; elle est régulière et jolie. Les maisons n'y sont ordinairement construites qu'en charpente légère : il y en a peu d'assez solides pour garantir les habitans des vents désagréables et perçans qui soufflent de la steppe. Les environs sont rians ; la plaine au-delà du Podkoumok est couverte de petits bois. Quoiqu'il n'y ait pas de

Tom. I.   I

marais dans le voisinage, et que l'air soit serein et sec, le climat n'en exerce pas moins une funeste influence sur les étrangers, et même sur les gens du pays; de sorte qu'à la fin de l'été, et pendant l'automne, à peine voit-on une seule maison qui ne compte au moins un individu attaqué de la fièvre.

On découvre de Gheorghiewsk toute la chaîne du Caucase jusqu'à la vallée d'où sort le Terek; coup-d'œil dont on ne peut jouir que dans les steppes de l'Asie moyenne : en effet, l'ancien continent n'offre nulle part peut-être une suite de montagnes aussi élevées et aussi étendues, qui viennent aboutir à une plaine aussi grande que la steppe de la Kouma. Le Caucase forme à la vue deux suites de montagnes parallèles : la plus haute, au sud, couverte de neige; la plus basse, au nord, nommée communément les montagnes Noires. Les Tatares donnent aux montagnes neigeuses le nom de قار داغلر [*Kar-daghlar*]; les Tcherkesses, celui de *Kourdj*, dénomination qui embrasse toute leur étendue depuis le Mqinwari jusqu'à l'Elbrouz. Les montagnes Noires sont nommées Черныя

Горы [*Tcherniya-gory*] par les Russes, *Kara-daghlar* قارا داغلر par les Tatares, et *Kouch'ha* par les Tcherkesses.

L'Elbrouz et le Mqinwari sont les sommets les plus élevés de la chaîne des montagnes neigeuses (1) : personne n'a monté l'Elbrouz ; et les Caucasiens croient que l'on ne peut pas parvenir à sa cime sans une permission particulière de Dieu : ils disent aussi que ce fut là que l'arche s'arrêta d'abord, et qu'ensuite elle fut poussée sur l'Ararat. Il serait peut-être possible de gravir l'Elbrouz par le sud, si les habitans de ces contrées ne mettaient pas des obstacles invincibles à une telle entreprise. Le pied en est absolument inhabité et entouré de marais, qui se forment, pendant l'été, par la fonte des neiges et des avalanches. Le nom de cette montagne est, chez les Russes, Шатьб Гора [*Chat-gora*]; chez les Karatchays, *Minghi-taw;* chez les Tatares, *Yaldous* يالدوس

---

(1) Suivant les observations de M. Wichnewsky, la hauteur de l'Elbrouz est de seize mille sept cents pieds, et celle du Mqinwari, mesurée par MM. Parrot et Engelhardt, est de quatorze mille quatre cents pieds.

et الـبروز [*Elbrouz*]; chez les Arméniens, *Yalbouz*; chez les Tcherkesses, *Ouach'hamako*, c'est-à-dire, la Montagne miraculeuse ou sainte ; chez les Abazes, *Orfi-If'goub*, et chez les Souanes, *Passa*. Tous les peuples montagnards racontent qu'elle est fréquentée par des esprits malins et des démons, dont le prince se nomme *Djin-padichah;* et ils débitent, sur les assemblées annuelles de ces lutins, autant de fables que les Allemands du nord sur les sabbats du Brocken. La suite des montagnes neigeuses que l'on aperçoit de Gheorghiewsk, est terminée, à l'est, par un pic très-haut, que les Russes nomment ordinairement *Kazbek;* les Géorgiens, მყინვარი [*Mqinwari*]; et les Ossètes, *Ours-khokh*, c'est-à-dire, Mont-Blanc.

Les opinions sont très-partagées sur la signification et l'origine du mot *Caucase* : l'explication la plus ancienne se trouve dans Pline. Il dérive ce mot du scythe *Graucasus*, qu'il explique par *nive candidus* [blanchi par la neige]. Comme il n'est pas probable que la langue d'où ce mot a été tiré, soit entièrement perdue, et que cette étymologie n'est fondée sur aucun idiome connu, elle semble aussi hasardée que plusieurs autres qui nous ont été transmises par les anciens. Le mot *Kaukas*, inconnu aux habitans de ces montagnes, dérive peut-être du persan كوه قاف *[Koh-Káf]*, qui signifie *le mont Káf* (1). L'ancienne forme de ce mot était probablement قافسپ *[Kafsp]*, ou قاسپ *[Kasp]*, avec la terminaison اسپ *[asp]*, très-usitée dans les langues mèdes. La mer Caspienne et la nation des Caspiens tirèrent peut-être leur nom de cette montagne; car, suivant le témoignage d'Ératosthène (cité par Strabon), les peuples du Caucase lui donnaient le nom de *Montagne caspienne* [Κασπιον ὄρος]. Moïse de Khorène l'appelle Կովկաս *[Kowkas]* et Կաւկաս *[Kaukas]*; et dans l'Histoire de la Géorgie, rédigée par ordre du roi Wakhtang V (2), sur les matériaux tirés des ar-

---

(1) En pehlevi, ancienne langue du pays de la Médie inférieure, ou pays des Parthes, une montagne s'appelle *kof*, de manière que *Kaukas* équivaut à Kof-Káf, ou Kasp.

(2) Wakhtang V, fils de Lewan, régna de 1703 à 1722, dans

chives des couvens de Mzkhetha et Gelathi, les anciennes limites de ce pays sont désignées de la manière suivante : « Il a, à l'est, la mer
» Gourgane *[Gurganissa]* (qui s'appelle main-
» tenant *mer de Ghilan*); à l'ouest, le Pont, ap-
» pelé aussi *mer Noire;* au sud, les montagnes
» Orethiennes, situées dans le pays des Kourdes,
» vers la Médie ; et au nord, les montagnes
» Kaukasiennes [კავკასსიას], que les Perses
» appellent *Yalbouz.* » Dans l'Abrégé de l'Histoire, rédigé par Davith, fils du dernier roi de Géorgie, et imprimé à Tiflis en 1798, le Caucase est appelé *Kawkas;* dénomination tirée de sources anciennes. « Le pays qui lui appar-
» tenait, c'est-à-dire à Thargamos, était borné,
» à l'est, par la mer de Gourgan [Caspienne];
» à l'ouest, par la mer Noire [le Pont]; au
» sud, par les montagnes Aressiennes [celles
» du Kourthistan], et au nord, par les Kawka-
» siennes (1). »

Tout ceci prouve l'ancienneté du mot *Cau-*

---

le Karthli, que nous appelons mal-à-propos *le Kardouel* ou *la Kartalinie.*

(1) *Chemoklebouli Istoria Sakarthloïssa*, Abrégé de l'Histoire de Géorgie, §. 4, pag. 84.

case chez les peuples voisins : cependant il n'est maintenant guère en usage parmi les nations asiatiques, qui lui donnent ordinairement le nom tatare *Yal-bouz* يال بوز ou يالبوز, c'est-à-dire, crinière de glace. L'expression tatare propre est يال بوز طاغلر *[Yal-bouz-thaghlar]*; mais j'ai entendu aussi prononcer ce mot, chez les Nogaïs, *Yildiz-thaghlar* يلدز طاغلر, qui, alors, signifie *montagne des Étoiles*. Les Turcs nomment le Caucase قاف طاغى *[Kâf-thaghi]*, les monts Kâf. Les Géorgiens se servent ordinairement du mot tatare, et disent *Yalbouzis-mtha*, იალბუზის მთა, mont de Yalbouz. Les Arméniens l'appellent *Yalbouzi-sar* : ils ont cependant conservé la dénomination de *Kawkas*.

Un autre nom, mais bien moins usité, chez les Géorgiens, est *Themi* ou *Temi*, dont je n'ai pas pu apprendre la signification. Au reste, ils donnent un nom à chaque partie du Caucase; de sorte que la plupart des sommets de la chaîne couverte de neiges ont une dénomination particulière.

Les Perses appellent le Caucase *Elbrouz* (1), ancienne dénomination propre à plusieurs sommets de montagne couverts de neiges perpétuelles, et qui se trouve dans le Boundehech, ouvrage écrit en langue zende. Deux des plus hautes cimes du Caucase portent particulièrement ce nom : l'une est au nord-ouest et au nord de l'Imerethi, où sont les sources du Kouban, du Rioni et du Tskhenis - tzqali; l'autre, dans le Daghestan méridional, à l'ouest de la ville de Kouba, est plus connue sous le nom de *Chah-dagh,* ou *Chat-dagh:* c'est de cette dernière montagne qu'il est question dans une histoire de Timour écrite en persan ; elle y est désignée sous le nom d'*Elbrouz.* Le récit de l'aventure de l'émir Cheikh Ibrahim et de ce conquérant pendant son expédition dans le Daghestan, contient le passage suivant : « Il (Timour) lui donna

---

(1) Le mot *berz* [برز] signifie encore aujourd'hui, en langue persane, *taille, taille élevée, haut, hauteur;* mais on aurait tort de vouloir en dériver le mot *Elbrouz,* puisque l'article arabe ال *[al]* ne se joint jamais à un mot persan. برج *[bordch]* est synonyme de برز *[berz]* dans les anciens dialectes persans. L'orthographe primitive de ce mot est البرج; maintenant elle n'est plus en usage, tandis que ابرز et ابروز sont fautifs.

» (à l'émir Cheikh Ibrahim), ainsi qu'à ses
» descendans, le pouvoir de commander [*mo-*
» *deramen imperii*] dans les pays de Chirwan
» et de Chamakhy, jusqu'à l'extrême de l'El-
» brouz (1). » Il y a aussi, dans la province de
Djebâl, en Perse, deux hautes montagnes qui
portent ce nom : l'une est le fameux Mont de
Feu des Parses, qui s'appelle communément
Chahi-koh, ou roi des monts.

On voit donc que le mot *Elbrouz* n'est point
un véritable nom propre; c'est un nom commun
à tous les sommets de montagne couverts de
neiges perpétuelles, qui a été donné au Caucase
à cause de ses cimes élevées et couvertes de
glaciers; et ce nom est très-ancien.

Les autres noms du Caucase, cités par
Reineggs, ne sont pas usités, ou ne conviennent qu'à quelques parties de la chaîne.
Tau., taw, dagh ou *thagh,* est tatare, et signifie, en général, *montagne;* il ne peut donc
pas désigner particulièrement le Caucase : cependant ce mot a fourni aux Russes, dans les

---

(١) وزمام ایالت ولایت شروان وشهاخی تا اقصی البرزکوه
در قبضه ذریّاتش نهاد

anciens temps, l'occasion d'en former l'expression Тавлинцы [*Tawlintsy*], habitans des montagnes, qu'ils employaient en parlant des Kistes et des Ossètes : maintenant ce mot est tombé dans l'oubli ; il a été remplacé par celui de *Górski* [Горски], c'est-à-dire, montagnards. Les mots *Kaern* et *Aente* sont arabes : on ne les connaît pas dans le Caucase. قرن [*karn*] signifie *joindre l'un à l'autre*, et aussi *cornes*, d'où l'on a dérivé *sommet de montagne*. Peut-être Reineggs a-t-il pensé aux mots persans كرانهكوه [*kerané-koh*], qui signifient *haute montagne*; عند [*aend*], *partie* ou *côté d'une chose* : mais on ne l'emploie jamais en parlant de montagnes. *Galbous* et *Yc-albous* sont aussi des noms ou inconnus ou estropiés, pour *Yalbouz*. *Kar-daghlar* [Montagnes de neige], et *Bouz-daghlar* [Montagnes de glace], ne sont pas des noms propres. Les montagnes des Ossètes s'appellent, chez les Tatares, *Oss-daghlar*; mais on les désigne ordinairement par le nom commun تاولستان [*Tawlistan*]. *Kara-kalkan-daghlar* n'est pas non plus une dénomination générale : Reineggs l'a mal traduit par *montagne de ceux qui se lèvent noirs,* en dérivant *kalkan* du mot tatare قالقماق *[Kalkmak];* étymologie qu'il a cherché à expliquer d'une manière ridicule (1).

Kara-kalkan-daghlar est le nom tatare des montagnes schisteuses formant la partie méridionale du Caucase entre les sources du Rioni et de l'Aragwi, habitée par les Ossètes. Le Didi-Liakhwi, qui prend sa source dans ces mêmes montagnes, s'appelle, dans cette langue, *Kara-kalkan-sou. Kara-kalkan,* c'est-à-dire, bouclier noir, est un nom donné aux Ossètes, qui portaient autrefois des boucliers de cette couleur ; usage qu'on trouve encore chez les Tirsaus, aux sources du Terek, et chez quelques tribus kistes. Ce nom était déjà usité du temps de Timour ; car nous voyons dans son histoire qu'il fit la guerre aux قراقلقانلق *[Karakalkanlik].*

Les Tcherkesses donnent le nom de *Kouch'ha* aux sommets les plus hauts de la partie du

---

(1) *Voyez* Reineggs, *Caucase,* tom. II, pag. 77.

Caucase couverte de neiges; mais la chaîne entière, depuis le Terek supérieur jusqu'à la source du Kouban, porte, chez ce peuple et chez les Ossètes, le nom de *Kourdj :* ces derniers appellent *Tsiti-khokh,* et les Géorgiens ყინულის მთა *[Qinoulis-mtha],* les montagnes neigeuses; mot qui, dans les deux langues, a cette signification.

Le 25 novembre, lendemain de notre arrivée à Gheorghiewsk, je remis à M. Nicolaï Mikhaïlowitch Kartwelinow, gouverneur du Caucase, les lettres de recommandation que j'avais pour lui : son Excellence m'accueillit de la manière la plus affable. Mon premier projet était de passer l'hiver sur la ligne, de faire quelques excursions dans la partie septentrionale du Caucase, et de n'aller à Tiflis que vers la fin du mois de mai. Mais le gouverneur me conseilla de différer mes voyages sur la ligne jusqu'à l'été suivant, parce que, pendant la mauvaise saison, j'aurais été obligé de faire un trop long séjour dans les quarantaines, à cause de la peste qui continuait ses ravages parmi les peuples montagnards, sur-tout chez les Tcherkesses et les Abazes ; ce qui faisait défendre, sous les peines les plus sévères, toute communication avec eux.

Je me vis donc forcé de changer mon plan de voyage, et de traverser le Caucase à la moitié de décembre, pour aller en Géorgie, où je pourrais arranger mes courses selon les circonstances.

Le gouverneur me fit donner le logement pour tout le temps de mon séjour à Gheorghiewsk, et il eut aussi la bonté de me faire faire la connaissance de plusieurs personnes qui pouvaient m'être utiles. Je me présentai de même chez M. le général de Boulghakow, commandant de la ligne, qui habitait depuis longtemps ces contrées : il s'était distingué par sa valeur dans les campagnes contre les Caucasiens et les Turcs ; il avait, cette année, entrepris, contre les Tchetchentses, une expédition qui ne produisit pas de grands résultats, parce qu'elle n'avait pas été bien soutenue. Je trouvai aussi à Gheorghiewsk M. Siemsen, chimiste, qui avait fait partie de l'expédition du comte Mussin Pouchkin en Géorgie, expédition dont la minéralogie était l'objet principal. Ce savant me donna des notes et des conseils bien utiles ; enfin il me combla de politesses, pour lesquelles je m'estime heureux de pouvoir lui répéter ici l'expression de ma vive reconnaissance.

CHAPITRE VIII.

Ruines de Madjar ; — leur description ; — elles sont presque entièrement detruites. — Opinions de Gmelin, de Guldenstædt et de Pallas. — Elles indiquent l'existence d'une grande ville qui n'a point été bâtie par les Hongrois. — Signification du mot Madjar *en langue nogaïe. — La construction des bâtimens est tatare.—Passages des historiens asiatiques et russes qui ont parlé de cette ville. — Médailles et inscriptions qui s'y trouvent. — Conclusion.*

Des ressemblances de noms influent plus sur l'opinion de beaucoup d'historiens que cinquante passages tirés d'auteurs dignes de foi, lorsque ceux-ci contredisent une hypothèse fondée sur cette analogie. Beaucoup d'écrivains ont de même fait venir des ruines de Madjar, situées sur la Kouma, les hordes farouches des Madjars. Nous sommes heureusement en mesure de réfuter cette méprise inconcevable, puisque les ruines et les inscriptions de Madjar existent encore : durant mon séjour à Gheorghiewsk, je les ai visitées plusieurs fois.

Le premier auteur qui, autant que je le sache, en ait fait mention, est Garber (1), dans ses notices sur les peuples et les pays qui se trouvent entre la mer Caspienne, Astrakhan et le Kour; ouvrage composé en 1728 (2). En parlant du pays des Tcherkesses et des rivières qui l'arrosent, il dit : « La troisième
» rivière est la Kouma, qui coule d'abord entre
» les montagnes et ensuite à leur pied, et qui,
» après avoir reçu les eaux de plusieurs autres
» rivières qui la rendent assez considérable,
» traverse les plaines et se dirige vers la mer
» Caspienne. Cependant elle n'y arrive pas,

---

(1) C'est ainsi qu'il écrivit lui-même son nom, et non pas *Græber*, comme on l'écrit ordinairement.

(2) *Voyez* Müller, *Recueils pour l'histoire de Russie*, p. IV, p 21 et suiv.

» puisqu'à une ou deux journées des côtes elle
» disparaît graduellement en formant des marais
» couverts de roseaux, et finit par se perdre
» dans les sables. Dans l'endroit où elle reçoit
» la Byrouma, on voit de belles campagnes et
» de grandes forêts, ainsi que des restes de
» hameaux et de villages. On y remarque sur-
» tout les ruines d'une grande ville avec des
» maisons magnifiques et des voûtes en pierre :
» ces débris, ainsi que des pierres sculptées
» qu'on trouve sous les décombres, et dont
» quelques-unes sont d'un beau travail, donnent
» lieu de penser qu'autrefois il y eut en ce
» lieu une ville considérable et célèbre. On
» l'appelle maintenant *Madjar,* nom que les
» Hongrois se donnent à eux-mêmes, et par
» lequel les Polonais et les Turcs les désignent
» aussi. Il est à présumer que les fondateurs
» du royaume de Hongrie tirent leur origine
» de ce pays-là. »

Garber a donc le premier débité l'opinion absurde que les Hongrois étaient venus de Madjar : après lui elle s'est répandue par-tout. On lit même la note suivante près de l'emplacement de Madjar, sur la belle carte de la partie

septentrionale de l'empire turc, publiée par Rizzi Zannoni, à Paris, en 1774 : « Ville dé-
» truite des Magjiars, d'où les Hongrois sont
» sortis. » Busching, éditeur de la Biographie et du Voyage de Lerche, qu'il a enrichis de notes, paraît aussi partager le sentiment que Madjar a été bâti par les Hongrois. Il blâme le savant Fischer, qui, dans sa Dissertation sur l'origine des Hongrois (1), n'a pas adopté cette opinion, et a soutenu, au contraire, que cette ville a été fondée par les Perses, et que les Madjars, après avoir conquis le pays voisin, avaient substitué leur nom à celui qu'elle portait précédemment ; enfin, qu'accoutumés à vivre sous des tentes, ils avaient permis aux anciens habitans perses de continuer à habiter la ville. Schloetzer, qui, dans son Histoire des Allemands établis en Transylvanie, parle des Madjars, auxquels il a consacré un article particulier, s'est bien gardé de faire mention des ruines de Madjar, aimant mieux laisser la chose obscure que de parler contre la vérité.

Gmelin, Guldenstædt et Pallas sont les

---

(1) Dans ses *Quæstiones Petropolitanæ*

seuls voyageurs connus qui, depuis Garber, aient visité les ruines de Madjar. Gmelin, qui les trouva encore bien conservées, en a donné la description la plus détaillée. Comme ces ruines se dégradent de jour en jour, il n'est pas hors de propos de donner l'extrait des notices de cet auteur, puisque ceux qui ont visité après lui les ruines de Madjar, ne les ont pas trouvées en si bon état.

Gmelin examina ces ruines le 21 septembre 1772; il les qualifie de restes d'une superbe ville *scythe*, expression qu'on ne peut lui passer qu'en sa qualité de naturaliste. Sur le chemin de Tsaritzyn à Mozdok, il traversa, sur un mauvais pont, la Kouma, ainsi qu'un de ses bras moins considérable. Il remonta le long de cette rivière pendant soixante werstes jusqu'à Madjari.

« A dix-huit werstes au-dessous de Madjari (continue Gmelin), on voit sur la rivière, en trois endroits peu éloignés l'un de l'autre, des restes d'édifices, qui, parce qu'on les rencontre d'abord en allant d'Astrakhan à Madjari, sont appelés *Madjari premier* (1). Je parlerai d'abord

---

(1) Sur la rive gauche de la Kouma et sur la droite de la Bywala

de l'endroit principal, nommé *Serednoï-Madjari* [Madjar moyen]. Ses ruines sont sur la rive gauche de la Kouma, entre deux lacs assez grands, le Barwala ou Bywala [Буйвала] et la Tomouzlowa [Томузловъ], qui ont une communication invisible (1) avec la rivière : car pendant l'été, quand les eaux de celle-ci sont basses, ils sont presque toujours à sec ; le premier ne forme alors qu'un grand marais couvert de roseaux, et qui sert de retraite aux sangliers et à d'autres animaux. L'emplacement de la ville elle-même est un carré élevé, ayant cinq werstes de diamètre, et entièrement couvert de ruines.

» Ces ruines prouvent incontestablement que la ville était autrefois grande et magnifique ; quelques restes d'édifices se trouvent encore

---

sèche *[Soukhaya Bywala]*, qui s'unit à la Kouma. On trouve aujourd'hui, près de ces ruines, le village de Madjar ou Borgon-Madjar, appelé aussi *Kawkazkoy Uswiat*. Ce village est très-florissant.

(1) Il paraît que Gmelin se trompe sur cette circonstance ; car du temps de Guldenstædt, qui alla sur les lieux l'année suivante, la Bywala s'unissait à la Kouma : elle s'y jette encore aujourd'hui. Au surplus, la *Bywala* [méchante tarentule] et le *Dongouzlé* [ruisseau des Porcs] ne forment des lacs que dans les endroits où ils terminent leur cours.

dans un état qui rend la chose évidente. Il y en a d'autres qui sont moins bien conservés ; et la plupart sont tellement détruits par le temps, que l'on ne voit plus que les décombres et les fondemens des voûtes plus ou moins écroulées. Les ruines les mieux conservées et les plus intéressantes sont situées presque toutes sur les bords du carré, et entourent le reste de la ville ; elles sont d'une plus vaste dimension, les briques en sont plus solides et plus grandes, les ornemens y sont plus fréquens, et les bâtimens y sont plus isolés ; on y reconnait des traces de fossés et de bastions ; enfin tout indique que c'étaient des châteaux de grands personnages, où l'on avait réuni tout ce qui tient à la sûreté, à la solidité et à la magnificence. Les briques sont comme celles que font encore aujourd'hui les Tatares d'Astrakhan, c'est-à-dire, plus larges et plus épaisses que les nôtres. Le mortier de chaux et de sable n'est employé que dans quelques endroits ; on n'a communément fait usage que de l'argile pour maçonner. L'intérieur des appartemens est presque toujours enduit de chaux unie et crépie. Les fondemens sont en général très-solides ; quelques-uns en pierre de taille, mais la plupart en brique : les solives sont en bois de pin.

» Les édifices qui existent encore sont de forme carrée, octogone ou ronde; ils ont depuis quatre jusqu'à neuf toises d'élévation : ceux qui sont carrés ou octogones, sont surmontés d'une pyramide aiguë, ou se terminent en pyramide. Des escaliers à limaçon, qui ont rarement plus de quinze pouces de largeur, pratiqués dans les murs latéraux, conduisent à la pyramide ou à la coupole : les pyramides et les coupoles reçoivent le jour par des lucarnes latérales; le toit des coupoles est voûté. Chaque maison a une salle vaste et haute, bâtie aussi en pierre, avec deux lucarnes et une grande porte qui conduit à la pièce principale; l'entrée de cette salle est basse et saillante. Chaque maison se compose ainsi d'une seule pièce inférieure, de la grande salle et de la coupole ou de la pyramide. La pièce principale est éclairée par des lucarnes de moyenne grandeur, étroites, pratiquées assez haut de chaque côté. Il y a aussi près du pavé une petite ouverture sur un ou deux côtés, pour donner du jour ou de l'air. Les murs latéraux de la pièce principale et de la salle ont en dehors un vide de la grandeur d'une brique : cet espace est toujours voûté par le haut ; c'est probablement pour y placer quelque ornement. On trouve dans l'intérieur un grand nombre de ces niches.

» L'architecture des maisons rondes s'éloigne encore davantage de la manière de bâtir usitée aujourd'hui en Europe et en Asie. La hauteur est de quatre à neuf toises : elles sont assez petites, voûtées par le haut, se terminent en pointe, et ressemblent tellement aux beffrois de la Perse et des autres pays, qu'on les prendrait pour des édifices de ce genre, si on ne les rencontrait pas au milieu d'autres bâtimens, sur un terrain uni, et si l'on n'y voyait des fenêtres au lieu d'embrasures. Il y a toute apparence que c'étaient des magasins.

» Au milieu de la pièce principale, une ouverture ovale mène à un caveau voûté, ayant trois à quatre pieds de diamètre, et fermé par une pierre taillée exprès. Ce caveau est un passage horizontal, dont la largeur n'excède pas ordinairement celle de l'appartement, mais qui s'étend quelquefois au-delà des fondemens, jusqu'à la cour, où se trouve un autre passage fermé : ce caveau a des soupiraux.

» Les bâtimens sont ornés de pierres vernissées bleues, vertes, rouges, grises, incrustées avec beaucoup de goût et de délicatesse entre les briques, dans les murs intérieurs et extérieurs de l'appartement, de la pyramide, de la coupole et de la salle, en forme de triangles, de carrés, de rhombes, de croix, de cœurs, et d'autres figures faites de même que celles qu'on voit dans les bâtimens de Seliternyi Gorodok [Селишерный Городокъ] (1).

---

(1) جيد حاجي *[Dehid-Hhadji]* (65° 20' longitude et 47° 12' latitude) sur l'Akhtouba, appelé par les Russes *Seliternyi Gorodok* [petite ville à salpêtre], offrait autrefois des ruines considérables: mais aujourd'hui on n'y trouve que d'immenses tas de briques, dont quelques-unes ont un côté vernissé en bleu, en vert ou en blanc; on y rencontre même des traces de mosaïque. Les quatre tours qui existent encore aujourd'hui, sont neuves et bâties en brique, comme les murs d'Astrakhan : on reconnaît qu'elles sont modernes, au ciment, qui n'est que de l'argile et ne peut se comparer à l'ancien ciment des Tatares; au goût nouveau dans la boiserie des fenêtres, et aux briques vernissées qui s'y trouvent pêle-mêle, tandis que les Tatares ne les emploient que près des portes et corniches. Il paraît que les Russes ont eu jadis le projet d'en faire un point de défense pour assurer leur navigation sur l'Akhtouba.

Quelques voyageurs se sont trompés en parlant des tombeaux en briques voûtés; les Russes n'entendant par les mots *Moghila*, *Kourgan*, ou *Bougor iz Kirpitcha* [Могила, Курганъ, Бугоръ

» Le petit fossé qui entoure la cour des principaux bâtimens, forme toujours un carré : chaque cour renferme un ou plusieurs tombeaux, probablement ceux du propriétaire et de ses proches parens ; quand il y en a plusieurs, ils sont près les uns des autres, et chacun a sa pierre sépulcrale, qui est debout ou horizontale : celles-ci sont ordinairement longues d'une toise ; le dessus offre souvent la figure d'un cercueil tel que ceux d'Allemagne ; on voit sur d'autres des figures géométriques et toute sorte d'emblèmes de fantaisie, qui pourraient

---

нзъ Кирпича], que des ruines ou des amas de ruines. Entre les quatre tours dont je viens de parler, on voit des ruines plus modernes de maisons de bois sans toit, sans portes ni fenêtres : elles servent de repaire aux serpens et aux tarentules. Une seule pauvre famille russe s'y est établie, et fait un petit commerce avec les nomades du voisinage. Je ne conçois pas comment les serpens peuvent vivre dans un endroit si élevé et si sec ; mais l'on ne peut faire un pas sans rencontrer ces reptiles hideux. Des Tatares et Kalmouks qui se trouvaient dans ces lieux, semblaient étonnés d'y rencontrer des étrangers. Le soir arrivèrent des loups, qui, par leurs hurlemens, répandirent la terreur parmi les chiens formant la garnison actuelle de cette ancienne forteresse. Je ne conseillerais pas à un hypocondriaque de s'arrêter long-temps à *Dchid-Hhadji* ; car ces ruines, par la misère de leurs habitans, par les déserts immenses qui les entourent, par l'affluence des serpens et des loups, sont le séjour le plus horrible de l'univers. *(Extrait des Voyages de feu M. le comte Jean Potocki.)*

cependant être la signature ou le sceau du défunt : ce sont des triangles, des croix, des carrés, &c. La surface d'une grande pierre sépulcrale était divisée en trois parties par deux lignes transversales : celle du milieu représentait un cercueil ; les deux autres, une figure quelconque.

» Indépendamment de ces tombeaux isolés qui sont dans les cours, il y a aussi des cimetières communs : on rencontre, entre autres, au-delà du lac Bywala [fleuve Bywala], un emplacement rempli de pierres sépulcrales de toute espèce.

» Les bâtimens qui entourent la place intérieure de la ville, ne forment maintenant que des tas de décombres qui ont l'air de petites collines. Il faut qu'ils aient été bâtis avec de mauvaises pierres, et même avec de l'argile qui n'avait pas été cuite. Cependant chaque maison a sa cour entourée d'un fossé et d'un mur ; et le propriétaire reposait dans son propre terrain, comme l'indiquent clairement les restes des murs et les pierres sépulcrales. Tout annonce l'état jadis florissant de cette ville ruinée.

» Les ravins qui traversent maintenant l'emplacement de Madjari, se sont formés, comme je l'ai vu, par le mouvement des eaux de la rivière et des lacs, et ne sont pas, comme l'ont dit certains voyageurs, les restes de canaux artificiels. Les édifices d'une architecture plus solide qui se trouvent aux extrémités de la ville, ne sont pas des tombeaux, ainsi que l'ont prétendu quelques écrivains; les cimetières particuliers dans chaque cour offrent la preuve du contraire.

» Près de Madjari, sur le lac Bywala, j'ai vu un caveau sépulcral dont je n'ai pu deviner la destination : le hasard a pu le faire découvrir, soit que l'on y ait creusé, soit par quelque autre événement fortuit; car on ne voit rien au-dehors qui puisse indiquer l'existence de ce souterrain. Au milieu d'un endroit couvert de roseaux, on trouve un souterrain profond de deux toises sur quatre de longueur et presque autant de largeur; les murs en sont disposés obliquement. Autrefois il était couvert d'argile et de gazon; on en voit encore sur quelques parties. Il est presque entièrement rempli d'ossemens humains réduits en poussière, qui paraissent être ceux de soldats tués dans une bataille.

» Le premier Madjari (1) est à dix-huit werstes du grand Madjari, près de la Kouma; il ne comprend que trois édifices assez éloignés l'un de l'autre, et leurs cours. L'un de ces bâtimens ressemblait, pour la forme et pour la construction, à ceux de forme octogone dont nous venons de parler; mais il est plus grand, et les ornemens de brique vernissée y sont moins endommagés. Les deux autres en sont éloignés d'environ deux cents toises chacun; leur forme est triangulaire.

» Près de la Kouma, à trois (2) werstes de Madjari moyen, on voit les ruines de bâtimens semblables, auxquelles les Russes donnent le nom de *Madjari supérieur.* Vis-à-vis de Madjari moyen, on voit encore, sur la rive droite de la Kouma, quelques ruines d'anciennes maisons, mais difficiles à reconnaitre. »

A cette description des restes de Madjar, Gmelin ajoute qu'en 1735, lorsque les Tatares occupaient encore ce pays, Tatychtchew, gouverneur général d'Astrakhan, envoya quelques

---

(1) Nommé aussi Madjari inférieur.
(2) Dans les Voyages de Gmelin on a mis, par mégarde, *trente* au lieu de *trois*.

personnes avec une bonne escorte pour examiner ces ruines et en rapporter des antiquités. On dit qu'on lui apporta un écrit sur du papier bleu très-fort (1), ainsi que différentes médailles, qu'il regarda comme scythes. Il est réellement fâcheux de ne pas savoir ce qu'est devenue cette collection; car, en 1735, on avait dû trouver plus de choses curieuses que du temps de Gmelin ou de nos jours : en effet, l'avidité des paysans russes, qui fouillent par-tout où il y a des ruines et des tombeaux antiques, n'a rien laissé à découvrir.

Guldenstædt, qui visita Madjar le 4 juillet 1773, y trouva encore, sur un terrain de quatre cents toises carrées, cinquante bâtimens en brique : il les regarde, non comme des habitations, mais comme des mausolées; et leurs souterrains, non comme des caves, mais comme des caveaux où l'on déposait les cercueils. A cinq

---

(1) Les Mongols se servent encore de cette espèce de papier, qui est ou bleu, ou brun, ou noir, pour écrire les livres saints de la religion bouddhique en caractères d'or, d'argent, ou blancs. Les écrits tibétains et mongols qu'on a trouvés près de Semipolatinskaya et Ablaï-Kit, et qui firent tant de bruit au commencement du dernier siècle, étaient de ce genre. *Voy.* Bayer, *Museum Sinicum Petrop.* 1730, vol. I, *præf.* p. 108 ; et G. J. Müller, *De scriptis Tanguticis in Sibiria repertis*, in *Comment. Acad. Petropol.* vol. X, p. 420, sqq.

cents toises environ à l'ouest de ces tombeaux, on voyait les ruines d'une mosquée avec son minaret. A cinq cents toises plus à l'ouest encore, se trouvaient les ruines d'une autre mosquée. Guldenstædt pense que l'intervalle qui les sépare était occupé par des maisons dont il ne reste plus de traces, et qui probablement étaient en charpente légère ou en osier. Il a reconnu à certaines inscriptions, que Madjar était habité dans le VIIIe siècle de l'hégire; et la structure des édifices tombés en ruine lui a fait conclure que les habitans professaient l'islamisme : l'histoire apprend qu'ils étaient Nogaïs. C'est avec raison qu'il ne croit pas que ces lieux aient été habités par les Madjars ou les Hongrois d'aujourd'hui (1).

Pallas, qui a visité Madjar postérieurement aux autres voyageurs cités plus haut, dit qu'en 1780 le nombre des édifices encore intacts ou dégradés s'élevait à trente-deux, sans compter les ruines de dix autres bâtimens en forme de tours (2) : mais, depuis cette époque [1786],

---

(1) Guldenstædt, *Voyages en Russie*, tom. II, p. 27.
(2) Pallas, *Voyage dans les gouvernemens méridionaux de la Russie.*

beaucoup de colons s'étant établis et ayant bâti des villages près de la Kouma, tous les restes de Madjar ont disparu, parce que les briques ont été employées à bâtir des maisons dans un pays où le bois de charpente est très-rare. Sept ans après, Pallas n'a plus trouvé que quatre chapelles et des amas de décombres à la place des autres édifices. Il ne pense pas qu'une ville ait existé dans ces lieux, et il ne regarde Madjar que comme le lieu de sépulture d'un peuple mahométan. Quant aux prétendus Hongrois qui ont habité ce pays, il est du même avis que Guldenstædt.

Reineggs, qui prétend tout comprendre et tout expliquer, dit que Madjar fut bâti par les Mongols après qu'ils eurent vaincu et chassé de leurs possessions les Lesghis et les Ghysr [Khazares]. Il prétend que le nom *Madjar* fut donné à cette ville pour perpétuer le souvenir d'une grande bataille livrée dans ses environs, puisque *Matchar* signifie *défaite d'une armée;* ou bien *Mad-med-tchar* n'était que le lieu de ralliement des troupes, le quartier général, puisqu'effectivement on prétend que Ghakan San-nang-ky y a tenu sa cour. Reineggs dit, dans un autre passage, qu'au commencement du second siècle de l'hégire, les habitans de Madjar, ennuyés des guerres continuelles dans lesquelles le ghakan de Teste-Kipzschak les enveloppait sans cesse, abandonnèrent leur ville et émigrèrent avec tous leurs effets vers le pays d'occident. Il fait ainsi allusion à la Hongrie : mais, bientôt après, il prétend que les dates des pierres sépulcrales et d'autres inscriptions de Madjar prouvent que cette ville n'est déserte que depuis cent quatre-vingts (maintenant deux cent vingt) ans (1).

Que penser de ce fatras d'étymologies ridicules et de ces contradictions absurdes? *Mat*, mot persan moderne, signifie *confus, effrayé, sans vigueur, échec et mat* au jeu d'échecs; *tcheri*, en turc, signifie *soldat, armée*. Des Mongols auraient donc habité la steppe de la Kouma avant l'ère chrétienne; ils auraient parlé le persan moderne et le turc en même temps! L'autre définition est également absurde et contraire à la langue.

Reineggs, à ce que m'ont assuré des per-

---

(1) Reineggs, *Caucase*, tom. I, pag. 66, 74, 78.

sonnes qui l'ont connu, n'a jamais mis le pied à Madjar, et n'a vu probablement aucune des inscriptions qu'on en a rapportées. Il est possible qu'il ait pris pour des inscriptions de Madjar celles qui se trouvent à soixante werstes de là, dans un cimetière nogaï près de la Bywala, et qui ne remontent peut-être qu'à cent quatre-vingts ans.

Qu'il me soit permis, après avoir donné les notices des anciens voyageurs sur les ruines de Madjar, d'y ajouter mes réflexions : j'ose espérer qu'elles seront plus satisfaisantes que les autres, quoique je sois arrivé trop tard pour voir les ruines de cette ville célèbre dans l'état où elles offraient encore de l'intérêt.

Le 29 septembre 1808, je quittai Gheorghiewsk dans le dessein de visiter pour la seconde fois (1) Madjar et les antiquités qui sont près de la Kouma. On voyage pendant cinq werstes au milieu de halliers, avant d'arriver sur le bord de la rivière ; on la traverse sur un pont : ses rives sont très-hautes, généralement escar-

---

(1) J'allai la première fois à Madjar en novembre 1807 : mais le temps était très-orageux ; et il tomba une telle quantité de neige qu'il me fut impossible de bien examiner les ruines.

pées, et couvertes de buissons et d'arbres dont la végétation est favorisée par l'excellente qualité du sol. On parcourt encore huit werstes, et l'on arrive à Obilnoï, village situé à gauche de la Kouma, sur un monticule peu éloigné du confluent du Podkoumok et de la Kouma. Ce village, ainsi que plusieurs autres situés le long de cette dernière rivière, est habité en partie par des paysans qui suivent la doctrine d'une nouvelle secte du christianisme inconnue jusqu'à présent : ils rejettent la Trinité, se marient avec leurs filles et leurs sœurs, et admettent d'autres principes contraires à ceux de l'église grecque. Un grand nombre a quitté le christianisme pour embrasser la religion de Moïse, ne lit que l'ancien Testament, et a une synagogue en règle, présidée, non par un rabbin juif, mais par un russe converti au judaïsme. Il n'y a pas long-temps que l'on persécutait encore ces malheureux, et qu'on les jetait dans les cachots, pour les forcer à renoncer à leur croyance ; mais l'empereur Alexandre, fidèle à ses principes d'humanité, leur a laissé la liberté de croire tout ce qu'ils veulent, en leur interdisant seulement la fa-

Tom. I.   L

culté de faire des prosélytes dans des familles étrangères.

En allant à Fedorowka, à la distance de vingt-cinq werstes, nous avons traversé les villages de Nijnoï-Podgornoï et de Nowo-Zawedennoï, situés l'un et l'autre sur la rive gauche de la Kouma, que nous avons passée sur un pont à l'endroit guéable, nommé *Tchanak-bord* par les Tatares, et nous sommes arrivés à Otkaznoï. On m'y montra un gros raifort sauvage [*crambe orientalis*] qui avait poussé sur la falaise, le long de la Kouma, et y avait fait une crevasse : il ressemblait à un petit arbre, car il avait sept pouces de diamètre; sa longueur était de deux coudées et demie. Des racines de cette dimension gigantesque ne sont pas rares dans ce pays-ci. Quant à cette espèce de raifort sauvage, elle est, à cause de sa force, préférée à l'espèce commune : on le fait sécher, on le réduit en poudre; et lorsqu'on veut s'en servir, on l'humecte avec du vinaigre. Au marché de Gheorghiewsk, j'ai vu souvent des raiforts, des raves et des navets d'une grosseur énorme, mais qui le cédaient néanmoins au raifort dont je viens de parler. Depuis Otkaznoï nous sommes restés sur la rive droite de la Kouma, dont les bords sont ici moins élevés, et nous ne l'avons passée qu'à peu de distance de Nowo-Grigoriewskaya ou Fedorowka, un des villages les plus considérables sur cette rivière; il est à sa gauche et à peu de distance de son confluent avec Karamyklé, ruisseau qui coule de l'ouest à l'est. Comme il était tard, je passai la nuit dans ce lieu, avec le dessein de me remettre en route le lendemain matin. Je questionnai sur les ruines les gens les plus âgés du village : ils me répondirent que tout ce qui restait d'anciens édifices dans leur voisinage, avait été détruit depuis vingt ans. Cependant ils m'apportèrent des monnaies d'argent et de cuivre, et un morceau de verre avec des incrustations en mosaïque, qui était assez bien conservé.

Voulant chercher la statue décrite par Guldenstædt, et nommée par les Tatares *Kara Khatun* [قارا خاتون] ou la dame noire, je fis avancer ma voiture sur la route ordinaire, qui suit la rive droite de la Kouma jusqu'à Alexandrowskaya, et qui ne passe sur la rive gauche qu'au-delà de ce village. Je restai sur cette dernière rive, examinant attentivement tous les environs jusqu'à Nino ou Frolowskoï-Kout; mais je n'y trouvai aucune trace d'antiquité. Ma voiture m'attendait à Nino : je m'en servis pour aller au village de Priwolnoe ou Maslow-Kout, qui est à quinze werstes de Fedorowka, aussi sur la rive gauche et à quatre werstes du gué de la Kouma, que les Tatares nomment *gué d'Eidemir*. Un vieillard tatare-turkmen, qui connaissait très-bien le pays, m'apprit, en ce lieu, que la statue Karâ-Khatun n'existait plus, et que les paysans l'avaient morcelée depuis plusieurs années pour en tirer des pierres à bâtir. La route sur la gauche de la Kouma étant raboteuse et incommode, je la quittai, ainsi que le canton, nommé en tatare *Utch-Yilga,* ou les trois Vallons, et je restai sur la rive droite jusqu'à Praskowyno. Ce village est situé dans une plaine belle et fertile, à trente-neuf werstes de Maslow-Kout. Plusieurs familles arméniennes et géorgiennes venues de Kizlar, qui vivent de commerce et d'un peu d'agriculture, se sont établies vis-à-vis de ce village, sur le bord élevé de la Kouma, au-dessous de l'endroit où elle reçoit la Bywala, que les Russes prononcent *Bouywala*. Leur village est à quatre werstes de Praskowyno, et à droite et à gauche sont les ruines de Madjar ou Madjari.

Ces ruines, dont je n'ai trouvé que les vestiges, sont sur la pente élevée de la steppe qui est à gauche de la Kouma et sur les rives de la Bywala; elles s'étendent au nord jusqu'à deux lacs salés très-petits : le terrain qu'elles occupent a quatre werstes de longueur du sud au nord, une largeur à peu près égale; elles ont été dégradées par les colons établis dans le voisinage, qui en ont retiré les meilleures briques pour les employer dans leurs bâtisses. Le comte Paul Sergheïtch-Potemkin est la cause principale de leur entière démolition; car il a fait abattre la plus grande partie des édifices, afin d'en employer les matériaux dans la construction de la ville et du fort de Iekaterinograd, qu'il destinait à être le siége du gouvernement. Les paysans de Pokoïnoï et de Praskowyno en ont enlevé depuis une si grande quantité, que de tous les édifices il n'est resté que deux chapelles mortuaires qui sont aussi ruinées.

Comme les descriptions de Gmelin et de

Guldenstædt, que j'ai rapportées plus haut, sont plus complètes que celles que je pourrais donner, je me bornerai à la description d'un tombeau qui se trouve au-dessous d'une des chapelles, et que je me suis fait ouvrir pour l'examiner. Le pavé de cet édifice, qui est entièrement ouvert du côté d'orient, était couvert de briques, de décombres et de terre à la hauteur de deux pieds. Tout ayant été écarté avec la pelle, on trouva un trou haut de deux pieds et demi et large de deux, bouché avec une grande pierre calcaire; c'était l'entrée du souterrain, dont la voûte avait neuf pieds de long et cinq pieds et demi de large, mais à peine assez de hauteur pour qu'un homme pût s'y tenir debout. Il était revêtu, en dedans, de briques posées debout l'une sur l'autre : au centre, sur un massif de briques, s'élevait un cercueil en bois de pin très-épais, qui contenait les ossemens d'un mort de taille ordinaire; ils étaient presque entièrement consumés, et annonçaient une haute antiquité : le crâne était fracturé; sans cela je l'aurais emporté. Au reste, le tombeau n'offrait rien de remarquable : l'air y était pur, et nos bougies y brûlaient avec une grande clarté. Le cercueil était placé dans la direction du nord au sud. — J'avais le projet de faire ouvrir aussi le tombeau au-dessous de l'autre chapelle; mais les Arméniens me dirent qu'ils l'avaient examiné l'année précédente, et qu'il n'offrait rien qui différât de ce que j'avais vu dans celui d'où je sortais.

Les autres ruines et les anciens fondemens que l'on trouve dans les roseaux, près de la Kouma, donnent une idée précise de l'emplacement de la ville, dont le cimetière était du côté de la rivière. Tout homme non prévenu conviendra que la plupart de ces restes annoncent une ville; ce que prouvent aussi la grande quantité d'anciennes monnaies européennes et tatares en argent et en cuivre, de boucles d'oreilles, de bagues en or et en argent, de miroirs en bronze et d'autres ustensiles que l'on trouve souvent dans la terre, ainsi que les pavés en carreaux bleus, blancs et verts vernissés, des bancs en pierre, et enfin un grand réservoir en pierre de taille, dont un paysan fait usage pour serrer son blé.

Le nom de *Madjar* [جَارْل] que l'on donne à ces mines, est tatare ancien, et signifie *édifice*

en pierre (1); il est synonyme de طاشتان
[Thachtán]. Les Nogaïs et les Turcomans,
qui demeurent dans le voisinage, les appellent
communément قرق مجار *[Kirk - Madjar]*,
c'est-à-dire, les quarante bâtimens en pierre.
Kirk signifie ici, comme en turc, non-seulement
quarante, mais aussi un nombre indéterminé
dont on se sert pour exprimer une très-grande
quantité, comme *sexcenti* en latin, μυρία en
grec (Hom. *Iliad.* A, v. 2). Le mot *Madjar*
signifie encore, dans quelques dialectes tatares,
une grande voiture à quatre roues; mais ce sens
ne paraît applicable ici dans aucun cas. Au reste,
le nom de *Madjar* n'aurait pas de rapport avec
les Hongrois ou Madjars ; au contraire, quelques tribus des Tatares Bassianes qui habitent
les hautes montagnes du Caucase à la source du
Tcheghem et du Tcherek, prétendent être originaires de Kirk-Madjar. Voici les faits qui
prouvent incontestablement que Madjar était

---

(1) *Voyez* le passage d'un historien tatare, cité à la page 181 :
خانلرینك یورتلری مجار بولور. Les demeures des khans étaient
des édifices en pierre *[Madjar]*.

une ville bâtie et habitée par les Tatares du Kibtchak.

I. La forme des édifices et des chapelles mortuaires est la même que chez les Asiatiques méridionaux. Ces dernières sur-tout ressemblent à celles que l'on voit près de Tiflis, dans le cimetière tatare, sur le ruisseau des Tsakouissi. L'usage de revêtir les murs avec des tuiles vernissées, d'un côté, de différentes couleurs, est commun aux Tatares et aux Mongols. On trouve aussi en Daourie, dans les ruines d'une ancienne ville, de ces mêmes briques ou tuiles vertes, bleues et rouges. A Tiflis, les murs de la citadelle, bâtie par les Turcs, sont revêtus pareillement de carreaux vernissés de différentes couleurs.

II. Les inscriptions en langue arabe que l'on trouve à Madjar, sur les pierres sépulcrales, viennent des Tatares Mahométans. J'en ai vu plusieurs dont les caractères ont beaucoup d'analogie avec le koufique, et d'autres en lettres *neskhy* نسخى.

Les deux suivantes sont les plus complètes que j'ai trouvées :

هذا ترَبَت المرحوم المحتاج الى رَحمة الله خلد
شينا بن محمد
بن خَليل ا....... قاش الرو....... فى تاريخ سنة
سبعة أربعين
وسبعماية

« Ici est enterré le bienheureux qui a besoin
» de la miséricorde de Dieu dans l'éternité,
» Sina, fils de Mohammed, fils de Khalil... kach.
» L'an de l'ère sept et quarante et sept cents. ».

(L'an 747 de l'hégire commence le 23 avril 1346, et finit le 11 avril de l'année suivante de l'ère chrétienne.)

La seconde inscription est de trente ans plus récente, et conçue en ces termes :

القاضى المسلمين قاسى
محمد بن تاج الدّين
سنة سبعة سبعون وسبعمايه

« Le juge des fidèles, Kassi Mohammed, fils
» de Tadj-eddin [Couronne de la foi]. L'an sept
» soixante-dix et sept cents. »

(L'année 777 de l'hégire commence le 1.ᵉʳ juin 1375, et finit au 19 mai 1376.)

C'est à cause de la date que j'ai emporté

de Madjar cette pierre, qui est d'ailleurs bien conservée.

Toutes les autres pierres sépulcrales dont les inscriptions ont des dates exprimées en toutes lettres ou en chiffres, étaient du VIII.ᵉ siècle de l'hégire. J'en ai trouvé cinq, indépendamment de celles dont je viens de donner la traduction; mais elles étaient en trop mauvais état pour qu'il fût possible d'en donner la traduction entière. La partie inférieure où se trouve la date est la mieux conservée.—Pallas n'a probablement pas mis beaucoup de soins dans ses recherches, puisqu'il dit n'avoir pas trouvé à Madjar de pierres avec des inscriptions : on en rencontre aujourd'hui, non au milieu des ruines, mais dans les cours des villages voisins, où les paysans les emploient dans leurs bâtisses. Beaucoup de ces pièces sont mêmes entrées, dit-on, dans les murs de Iekaterinograd.

III. Les monnaies d'argent et de cuivre qu'on a trouvées à Madjar, sont presque toutes frappées, soit à Saraï, résidence des descendans de Tchinghiz-khan, dans le Kibtchak; soit dans quelque autre ville de leur empire, et à Madjar même, suivant l'observation de mon savant ami

Fraehn, qui cite dans son *Numophylacium Pototianum* (Cazani, 1813, *in-8.°*, pag. 80) une médaille en argent frappée à Madjar en 715 de l'hégire [1315].

D'un grand nombre de médailles que je me suis procurées à Madjar, il n'y en a que fort peu dont la date soit lisible. Je suis cependant parvenu à en traduire plusieurs, que je vais faire connaître d'après l'ordre des dates.

1. Une monnaie de cuivre qui, d'après la date, doit être de Mangou-Timour-khan, frère de Batou : il régna de 1266 à 1281. — La face porte le *tamgha* ou signe (1)

---

(1) Le mot turc-tatare تمغا [*tamghá*], qu'on écrit aussi تامغة, طمغا et طمغة, est d'origine mongole, et signifie *signe, cachet*. Le Dictionnaire mongol-mandchou, composé en 1717 par ordre de l'empereur Khang-hy, explique ܬܡܟܐ [*tamakha*], en mandchou ܕܘܪܘܢ [*doron*], par ܒܝܨܘܪ ܐܘ ܒܪܘܢܙ « Argent ou bronze fondu avec des caractères gravés » dessus, dont on appose l'empreinte aux documens juridiques » pour les confirmer, s'appelle *tamakha*. » — Tchinghiz-khan, après avoir subjugué plusieurs tribus, assigna à chacun de ses grands et de ses gouverneurs un *tamgha* [cachet], un oiseau, un arbre et un mot particulier. Ces grands mirent leur *tamgha* aux ordres

On lit distinctement sur le revers :

ضرب سراى سنة ٧٣..

« Frappé à Saraï, l'an... soixante-treize. »
Le chiffre de centaine manque : mais je conclus du monogramme, que l'époque doit précéder le règne de Toktogu-khan; ainsi il faut lire *673*, année de l'hégire qui répond aux années 1274 et 1275 de l'ère chrétienne.

2. Monnaies de cuivre dont la face présente le *tamgha* ou signe [symbole] dans un carré entouré d'ornemens, et revers :

ضرب.... الجديد سنة ٧٧..

« Frappé au nouveau Saraï, l'an...77. »

---

qu'ils donnaient; et l'usage en devint si fréquent, que bientôt chaque particulier eut le sien. Le *tamgha* de Tchinghiz-khan lui-même était la tête d'un oiseau [قوش باش] ou plutôt un bec d'oiseau. L'usage de ces signes était déjà fréquent avant son temps, et paraît être originaire de la Chine; car les empereurs chinois donnent aussi des cachets aux gouverneurs des provinces, et un prince étranger se déclare vassal de l'empereur en recevant un cachet et l'almanach de la cour. Chaque famille tatare avait son *tamgha* particulier; et tous les membres de la famille qui se servaient du même *tamgha*, furent appelés تمغاداش [*tamghadach*], c'est-à-dire, du même signe. Les peuples nomades de l'Asie ont encore la coutume d'imprimer leur *tamgha*, avec un fer chaud, sur les cuisses de leurs chevaux. — *Conf.* Fraehn, *De Origine vocabuli rossici* деньги, Cazani, 1815, *in-4.°*

Comme les derniers khans du Kibtchak ne faisaient plus usage des *tamgha* sur leurs monnaies, qui sont beaucoup mieux frappées que les deux précédentes, il faut en conclure que le premier chiffre effacé était ٦ [six]; c'était donc l'an 677, qui répond à l'an 1278 de J. C. Ainsi cette monnaie est de Mangou-Timour, qui régna de 1266 à 1281.

3. Trois monnaies d'argent et une de cuivre ayant la même inscription, mais un type différent. Face, ces mots dans un carré :

السّلطان الاعظم غياث الدّنيا حمـــدىهـــر العادل

« Le grand sulthan Ghajath-Eddunia [Sou-
» tien du monde], Toktogu-khan le juste. »

Le nom *Toktogu-khan* est en caractères ouïgours.

Sur le revers, aussi dans un carré :

ضرب سراى المحروسة سنة ٧١٥

« Frappé à Saraï, la capitale, l'an 715. »
[1315 de J. C.]

4. Une monnaie d'argent, sur laquelle on ne peut plus lire que la date 709 [1309 de J. C.], aussi de Toktogu-khan.

5. Deux monnaies d'argent. Face :

السلطان الاعظم اوزبك خان

« Le grand sulthan Ouzbek-khan. »
Sur la marge :

ضرب سراى لجديد

« Frappé au nouveau Saraï. »
Sur le revers :

لا اله الا الله محمد رسول الله

« Il n'y a d'autre Dieu que Dieu, et Moham-
» med est l'envoyé de Dieu. »

Ouzbek-khan régna jusqu'en 1341 de J. C.

6. Une monnaie d'argent très-bien conservée. Face :

السلطان العادل جم بك سلطان جلال الدين محمد

« L'équitable sulthan Djam-bek-khan Djelal-
» eddin-Mohammed. »

Le nom *Djam-bek-khan* y est en caractères
ouïgours. Revers :

ضرب فى السراى لجديد سنة ٧۴۴

« Frappé au nouveau Saraï, l'an 744. » [1343
de J. C.]

Cette monnaie est de Djam-bek-khan [Djani-
beg], qui régna de 1341 à 1357.

7. Deux monnaies d'argent. Face :

السلطان العادل جلال الدّين جانى بك خان

« L'équitable sulthan Djelal-eddin [Gloire
» de la loi], Djani-beg-khan. »
Revers :

ضرب سراى الجديد سنة ٧٤٧

« Frappé au nouveau Saraï, l'an 747. » [1346 de J. C.]

8. Une monnaie de cuivre avec des ornemens sur le devant. Le revers porte l'inscription suivante :

ضرب سراى سنة ستّ خمسين وسبعماية

« Frappé à Saraï, l'an six et cinquante et sept
» cents. » [1355 de J. C.]

9. Une monnaie d'argent. Face :

السلطان العادل كلدى بك خان

« L'équitable sulthan Kildi-beg-khan. »
Le revers est illisible, excepté les mots :

ضرب سراى

« Frappé à Saraï. » Cette monnaie est peut-être de l'année 1359, car Kildi-beg régna alors.

10. Plusieurs monnaies de cuivre de ce même souverain, dont la face offre toujours ك [kef],

lettre initiale du nom *Kildi-beg* (ou peut-être son tamgha). Les inscriptions du revers sont illisibles. Il n'y en a qu'une seule sur laquelle on puisse déchiffrer la date 761, qui répond à l'année 1359 de J. C.

11. Deux monnaies de cuivre, dont la face ne présente que des ornemens ; on lit, sur le revers, ces mots :

ضرب سراى الجديد سنة ٧٧٢

« Frappé au nouveau Saraï, l'an 772. » [1370 de J. C.]

Ces pièces appartiennent au règne d'Ourouz-khan, qui mourut l'an 1376.

12. Une monnaie d'argent. Face :

السلطان العادل ناصر الدّين توقتامش خان

« L'équitable sulthan Naser-eddin-Toktamich-khan.

ضرب سراى الجديد ٧٨٢

« Frappé au nouveau Saraï, l'an 782. » [1380 de J. C.]

13. Une monnaie d'argent. Face :

السلطان العادل ناصر الدّين توقتامش خان

« L'équitable sulthan Naser-eddin-Toktamich-khan.

Tom. I.

Revers :

ضرب حاجى ترخان فى سنة ٧٨٦

« Frappé à Hhadji-Tarkhan [Astrakhan],
» l'an 786. » [1384 de J. C.]

14. Une monnaie de cuivre de Poulad-khan, qui régna encore en 1409. Face :

السلطان العادل پولاد خان

« L'équitable sulthan Poulad-khan. »
Revers :

ضرب سراى الجديد

« Frappé au nouveau Saraï. »

Cette pièce est la plus moderne de toutes, puisqu'elle se rapporte au XV.ᵉ siècle de notre ère.

IV. Enfin les historiens asiatiques fournissent la preuve la plus incontestable que Madjar était une ville. Une histoire de Derbend [دربند نامه *Derbend-Nameh*], écrite en tatare par Mohammed-Awabi-Akrachi, habitant de la ville d'Endery, et par ordre de Gheraï-khan, dit positivement que le *Grand Madjar* et le *Petit Madjar* étaient, au commencement du II.ᵉ siècle de l'hégire, des villes considérables; car elles avaient chacune un gouverneur. Voici le passage :

« Quand Endery était gouverneur de Balkh, cette ville fut nommée d'après lui. Anciennement elle était appelée *Balkh*. Le nom originaire de Gulbakh est *Ihran;* mais elle a été nommée *Gulbakh*, d'un gouverneur de ce nom.—Les historiens disent aussi que lorsque Pachenk, fils du khakan, vint à Ihran, il se fit annoncer à tous les chefs; à Gulbakh, gouverneur d'Ihran ; à Endery, gouverneur de Balkh; à Sourkhab, gouverneur du fort de Kizyl-Yar; à Tchoumli, gouverneur de Kitchi-Madjar [Petit Madjar], et aux gouverneurs d'Oulou-Madjar [Grand Madjar], Djoulad et Cheheri-Tatar; et qu'il enjoignit aux gouverneurs de tous ces pays d'obéir à Gulbakh, gouverneur d'Ihran (1). »

---

(1) وبلخده اندرى ادلو حاكم اوله وغينه الحال شهور در كه اندرى ديرلر جهت اولدورکه يونسه قديمدن بلخ دور كلباخنك اصل ادى اهران دور كلباخ ادلو حاكم وغنه ايمدى كلباخ شهور دوركه ديلر اتا راوى روايت ايدركيم خاقان اوغلى پاشنك اهرانه كلمدى. جميع سردارلرينه سفار

M*

Aboulghazi-Bahadour-khan, dans son Histoire des Tatares, cite aussi Madjar comme une ville; mais ce passage, ainsi que plusieurs autres, a été omis dans les traductions française et allemande. En parlant du règne de Mangou-Timour-khan (1), il dit :

« Il donna le domaine appelé *Ak-Ordah* à
» Bahatour-khan, fils de Cheïban-khan; et les
» villes de Kaffah, Krym et Madjar, à Oran-
» Timour, fils de Toukaï-Timour (2). »

Je me procurai, à Mozdok, une autre histoire des Tatares, écrite en dialecte noǵaï-tatare; il s'y trouve le passage suivant, relatif à la ré-

یش ایلدی که اول کلباخه اهران حاکمی اوله و اندری که
بلخ حاکمی اوله قزیل یار قلعه‌سینك حاکمی سُرْخانْ اوله
و کچی ماجار حاکمی که چوملی اوله و اولو ماجار حاکمینه
و جولاد حاکمینه و شهر تاتار حاکمینه و اول جانینك
حاکملرینه قدغن یلدیکه جمیعًا اهران حاکمی کلباخنك
امربنه اطاعت ایله

(1) Depuis 1266 jusqu'en 1282 de J. C.

(2) منکوتمور تنغی اق اورده تیکان مملکتنی بهاتور خان
بن شیبان خان‌غه بردی کفه وقریم و ماجارنی اوران تمور
بن توقای تمورکا بردی

sidence des anciens khans de la Tatarie, et où il est aussi question de Madjar (1):

Notice sur les Lieux de rassemblement et sur les Résidences.

« Les habitations des khans étaient des édi-
» fices de pierre (2). Ourich était la résidence
» d'un khan; et Khoursan, celle d'un autre.
» Ainsi la résidence de l'émir Khodja-khan était

---

(1) داستان فى المجلس والمكان

ایمدی خانلرنیك یورتلری مجار بولور بر خانوك یورتی
اورش بر خانوك یورتی خورسان ایمدی امر خوجه خانوك
یورتی اوچ اوزن توقطامش خانوك یورتی جام جایق ارامی
شرمشن برله تمصداق جان بك خان یورتی دور اق ابدل
تماغی سرای - الدی بوز اغاش قراخانوك یورتی بورا خانولی
یورتی آق طوبه کوشم خانبك یورتی تورا طاغی استندا اولو اوبار
دورغانلروك یورتی توبه‌سی اوشال توزور هند حکیم خانوك
یورتی سرای چق یابق خانوك یورتی مجار حکیم خانلری اوچ
اجدارخان تمور قوتلو خانوك یورتی دور برکی خانوك یورتی
قطنار دور شج على خان نیك یورتی قزان بولور

(2) L'original, copié fidèlement, porte le nom de *Madjar*, employé dans la signification d'*édifice de pierre*.

» Utch-Ozen; Djam-Djaïk, entre Chermichen
» et Timsadak, celle de Toktamich-khan;
» le palais nommé *Ak-Adil,* celle de Djan-
» Beg-khan; Bouz-Aghach, celle de Kara-
» khan; Ak-Thoubah [Aktouba], celle de
» Boura-khan : Kouchou-khan demeurait sur
» le mont Toura; les *Oubâr-Dourghan* habi-
» taient la colline Ouchal; Hind-Hekim-khan
» demeura à Saraï-Tchik, et Jaïk-khan à
» Madjar. Il y avait trois vice-khans : Adjdar-
» khan était la résidence de Timour-Koutlou-
» khan; Kathatar, celle de Berki-khan; et Kazan,
» celle de Cheick-Aly-khan. »

Les Tatares qui errent dans les environs des ruines de Madjar, racontent que ce lieu fut la résidence du khan Mamaï, qui ne peut être que Temnik-Mamaï, lequel fut, après Kildi-beg, régent du royaume de Kibtchak, et mourut l'an 782 de l'hégire [1380 de J. C.]; c'est pourquoi les Russes des environs appellent cet endroit *Mamaïski Gorod* [Маманскій Городъ]. Ces derniers ont aussi appris de leurs supérieurs et des voyageurs, que les Hongrois ont habité ces cantons. Peu de temps avant mon premier voyage, un colonel (autorité incontestable dans ce pays) les avait confirmés dans cette idée. Ce fait peut servir d'avis à ceux qui, dans la suite, voyageront ici, en les empêchant de regarder ce bruit populaire comme une tradition.

Aboulféda, qui a terminé sa Géographie en 1321, paraît aussi avoir connu Madjar comme ville ; car, dans les observations ajoutées à la vingt-huitième table contenant la partie septentrionale du globe, il dit : « A ces contrées
» appartient aussi Koumadjar [كوماجر],
» dans le pays tatare appelé *Borkah,* et qui est
» situé presque au milieu, entre la porte de fer
» [Derbend] et Azak; un peu au sud-est se
» trouve *Bab el-Hhadidi* [la porte de fer, qui
» est Derbend], et à l'ouest est Azak. A peu de
» distance sont les demeures des *Lekzi,* habitant
» les montagnes qui séparent les Tatares du
» nord ou ceux du Borkah, des Tatares méri-
» dionaux, soumis à Houlagou. »

Ce passage convient entièrement à Madjar ; le nom de *Koumadjar* paraît être composé de *Koum* et de *Madjar,* c'est-à-dire, *Madjar de la Kouma.*

Les Kalmouks, qui rôdent dans le voisinage de Madjar, l'appellent ordinairement *Madjareïnkä-Balghasoun*, c'est-à-dire, la brave ville de Madjar. Ils ont donc la tradition que Madjar était anciennement une ville.

V. Les chroniques russes parlent également de Madjar comme d'une ville; et je trouve dans l'histoire de M. Karamzin le passage suivant, qui ne laisse pas le moindre doute sur son existence en 1318 de notre ère. Après l'assassinat du grand-duc Michel, « George envoya le corps
» du grand-duc à Madjary, ville marchande
» (sur la rivière Kouma, dans le gouvernement
» du Caucase), où, *à ce qu'il paraît,* habitaient
» autrefois les Hongrois, chassés par les Petche-
» neghes de Lebedias (1) ». — Dans la note 238, M. Karamzin donne les paroles de l'historien même qu'il extrait (Посла тѣло блаженнаго въ Моджѣчары съ своими Бояры), et il prétend que, dans le XIII.ᵉ siècle, Rubruquis avait

---

(1) Исторія государства Россійскаго, томъ IV, ст. 176. —Георгій послалъ тѣло великаго Князя въ Маджары, городъ торговый (на рѣкѣ Кумѣ, въ Кавказкой губерніи), гдѣ, какъ вѣроятно обитали Угры, изгнанные Печенѣгами изъ Лебедіи.

encore trouvé des Hongrois à Madjary (1). Si M. Karamzin avait connu mon Voyage (publié déjà en 1812), il n'aurait sûrement pas répété l'étrange assertion, que *les Hongrois avaient habité la ville de Madjar;* mais il est inconcevable qu'il ait si mal compris Rubruquis. Ce voyageur ne parle en aucune manière de cette ville, et il dit simplement, en parlant des Alains ou *Acas :* « Ils s'enquirent aussi de nous, comme
» aussi firent plusieurs autres chrétiens *russiens* et *hongrois,* comment ils se pourraient
» sauver en buvant du *cosmos* et mangeant de
» la chair des bêtes mortes et tuées par les
» Sarrasins et autres infidèles. » Ni Schloetzer ni Lehrberg n'auraient tiré une conséquence pareille d'un passage si insignifiant.

Il est probable que Madjar fut détruit pendant les troubles qui suivirent le règne de Toktamich (1400 de J. C.), époque à laquelle l'empire du Kibtchak fut ébranlé par des guerres intestines. — La dernière monnaie trouvée dans

---

(1) *Ibid.* стр. 405. Рубруквисъ, путешественникъ XIII вѣка, видѣлъ еще тамъ венгровъ. *Voyage de Rubruquis,* стр. 24.

les environs de Madjar, que j'aie vue, est de Poulad-khan, qui régna vers l'an 1409. Un miroir en bronze trouvé dans les ruines de cet endroit est, sans contredit, de travail chinois, et ressemble beaucoup aux miroirs qu'on trouve souvent dans la Sibérie méridionale : Witsen a fait graver un de ces miroirs dans son excellent ouvrage sur la Tatarie.

CHAPITRE IX.

Le Kouban. — Son ancien nom. — Source. — Affluens à droite et à gauche. — Lieux situés sur l'une et l'autre rive. — Peuples habitant au-delà du Kouban : les Tcherkesses, les Nogaïs et les Abazes. — Notice sur ces derniers. — Petite Abaza. — Nogaïs de la famille Mantsour. — Bezlenié. — Barrakaï. — Kazil-beg. — Moukhoch. — Abazekh. — Kemourkwähé. — Bjédoukh. — Chapchikh, &c. — Peuples habitant la partie méridionale du Caucase, vers la mer Noire. — Descendans des sultans de la Crimée. — Villes, Anapa, &c. — Manière de tenir en ordre les peuples qui habitent au-delà du Kouban.

Le Kouban est l'*Hypanis* d'Hérodote et de Strabon, et le *Vardanes* de Ptolémée. Ce dernier n'a pas indiqué avec précision les sources de ce fleuve, de sorte que, dans les cartes que Mercator dressa en 1578 pour accompagner l'ouvrage de Ptolémée, elles sont placées trop à l'ouest des portes albaniennes. Vibius Sequester désigne l'*Hypanis* comme limite entre l'Asie et l'Europe, par l'expression : *Hypanis Scythiæ, qui, ut ait Gallus,*

Uno tellures dividit amne duas.

Asiam enim ab Europa separat.

Plus tard on lui a donné, à ce qu'il paraît, le nom de *Mæotis;* car Julius Honorius, et le cosmographe désigné à tort sous le nom d'*Æthicus*, qui connaissent bien le *Tanaïs* [Don] sous le même nom, parlent cependant de l'*Hypanis* sous le nom de *Mæotis,* et semblent néanmoins avoir puisé leurs renseignemens à la même source. Le premier dit : *Fluvius Mæotæ nascitur de monte Hypanis; influit in mare Mæotis; currit millia* CCIII. On lit dans la Cosmographie le passage suivant : *Fluvius Mæotis nascitur de monte Spano; influit in mare Mæotis; currit millia* CCIV. Ce *Mæotis* ne peut pas être une de ces rivières qui se jettent dans la mer d'Azow, entre l'embouchure du Don et celle du Kouban, puisqu'elles viennent toutes de la steppe, et non d'une montagne. Au surplus, le nom du mont *Hypanis* ou *Spanus* paraît avoir été confondu avec *Hypanis*, nom de rivière.

Le nom de *Kouban* est tatare. Il a été conservé par les Russes. Les Nogaïs le prononcent aussi *Kouman*, mot dont je n'ai jamais pu apprendre la signification. Les peuples Abazes nomment ce fleuve *Koubin*, et les Tcherkesses, *Psi-S'hé*, c'est-à-dire, Vieille Eau, ou le Vieux Fleuve : il prend sa source dans la partie septentrionale de l'Elbrouz, au pied duquel il reçoit à droite, près de Karatchaï, le ruisseau Kourzouk. Le Kouban coule d'abord au nord-ouest, et reçoit, à droite, les rivières suivantes, depuis sa source, en descendant :

1.° Le *Mara*, à quelques werstes au-dessous du pont qui traverse le Kouban : on nomme ce pont, en tatare, *Tach-Kopir*, et en langue tcherkesse, *Miwwe' t' lemich*, c'est-à-dire, le Pont de pierre. Le Mara vient d'une montagne du même nom, située à l'est, et au nord de laquelle est la source de la Kouma.

2.° Le *Kalmourza-Djilgassa*, dix werstes au-dessous du précédent.

3.° Le *Temir-Sou*, ou Eau de fer, à cinq werstes du précédent.

4.° L'*Utch-Koul*, ou les Trois Esclaves, à la même distance du Temir-Sou.

5.° Le *Djegota,* à quinze werstes du précédent.

6.° Le *Djekhanes,* ou *Jakhnas,* nommé aussi *Tachly,* ou pierreux, à cinq werstes du Djegota.

7.° Le *Koïden,* nommé aussi *Toktamich,* d'après un prince tatare : près de cette rivière, le Kouban sort d'entre les hautes montagnes, et le long du Koïden dirige un chemin à l'ouest, passe par sa source, à la Kouma, au Podkoumok et à la Malka. Le Koïden est à vingt-cinq werstes du précédent.

8.° Le *Batmakly* [en tatare, *qui se perd sous terre*] vient du sud-est de la même chaîne de montagnes d'où sort le Koïden. Il a son embouchure à vingt-cinq werstes au-dessous de celle de ce dernier. Le poste des Cosaques du Kouban est sur le haut du Batmakly, et au-dessous, à droite, s'élève la redoute Koubanskoï.

9.° Le *Gogounly,* en russe *Newinnaya,* c'est-à-dire, l'Innocent, à trente-cinq werstes du précédent. Entre ces deux rivières est la forêt Kalayarle, près de laquelle est un gué du même nom, sur le Kouban; les Turcs y avaient autrefois des retranchemens à sa rive gauche. Entre Koubanskoï et la redoute d'Oust-Newinskoï, il y a une autre redoute qui s'appelle *Otkrytnoï*.

10.º Le *Barsouklé*, ou *Borsoukly*, c'est-à-dire, l'Eau du blaireau, a sa source au sud-est, près de Worowskoï-Less, passe à gauche du mont Doudara, au nord duquel se trouve la redoute de Werkhnoï-Barsouklowskloï, et se joint au Kouban, à peu de distance au-dessous de Pregradnoï-Stan : du même côté, à droite, entre le Barsouklé et le Gogounly, les Russes ont les redoutes de Newinnoï, Newinnomyskoï et Pregradnoï-Stan. Près de Newinnoï est le gué de Souloukis, par le Kouban.

11.º L'*Utch-Barsouk*, petite rivière, dont le nom signifie, en nogaï, *les trois blaireaux*, s'appelle, en russe, *Gorkaya*, ou l'Amère : elle se jette dans le Kouban, à quatre-vingt-quinze werstes au-dessous du précédent. Les Russes ont, dans cet espace, les redoutes de Nedremannoï, Derjawnoï, Zapadnoï, Ubejnoï, Protchnoï-Okop et Tsaritsynskoï. Tout près et au-dessous de l'embouchure du Barsouklé, est un gué par le Kouban, nommé, chez les Tatares, *Sare-Tchegher;* et, environ huit werstes au-delà de Zapadnoï, il se trouve un autre gué, qui est appelé *Djangheldé*.

12.° Le ruisseau nommé par les Russes *Kamychewataya*, ou le ruisseau des Roseaux, est à quinze werstes du précédent. Environ à trois werstes au-dessus de son embouchure, est la redoute de Grigoripolis sur le Kouban.

13.° Le petit ruisseau de *Ternowka* est à dix werstes du précédent, avec la redoute de *Ternowskoï*.

Sur la droite du Kouban, jusqu'au point où il reçoit la Laba à gauche, on remarque les lieux suivans, que nous allons désigner par leurs noms tatares, indiquant en même temps les passages sur le fleuve : les collines de *Dombaï-Toup* [colline des Bœufs sauvages, *urus*], l'endroit nommé *Jandik-Ketken*, *Yetmich-Berk,* ou les soixante-dix familles, et *Utch-Kounlouk.* — Entre le confluent de la Chag'wacha et celui du Kizlar-Ketken, qui se jette dans le Kouban à gauche, on voit, à la droite de ce dernier, les gués de Galan-Ketchou, de Yar-Jokan et de la forêt Gountimès.

En partant du confluent de la Ternowka, on rencontre les lieux suivans, occupés par les

Russes : 1.° Temichbek, redoute; 2.° Kawkaz-kaya, fort; 3.° Kazanskoï, redoute; 4.° Tifliskoï, redoute; 5.° Ladogskoï, redoute; 6.° Oust-La-binskaya, fort dans le gouvernement du Caucase. — Les suivans appartiennent au pays des Cosaques de la mer Noire et du gouvernement de la Tauride : 7.° Woronejkoï, redoute ; 8.° Wassyrinskoï, redoute; 9.° la stanitza Korsounskoï; 10.° Plastouniwskoï, redoute ; 11.° Dinskoï, stanitza; 12.° Pachkowskoï, stanitza; 13.° Iekaterinodar, capitale des Cosaques de la mer Noire, avec une redoute; 14.° Timochinskoï, stanitza ; 15.° Roghiwskoï, stanitza; 16.° Tchernoï-Less; 17.° Kopyl, fort; 18.° Sterilowskoï, stanitza; 19.° Koniwskoï, stanitza; 20.° Wedmediwskoï, stanitza; 21.° Titariwskoï; 22.° Anoukoï; 23.° Wicheste-Bliwskoï. C'est entre ces deux derniers endroits que le Kouban se jette dans le liman du même nom, qui a son embouchure dans la mer Noire, entre l'avant-poste nommé *Bougas,* et un autre situé vis-à-vis d'un isthme : celui-ci était aux Turcs; les Russes s'en sont emparés depuis la prise d'Anapa.

Suivons maintenant les rivières qui se jettent

à la gauche du Kouban : elles seront décrites quand je donnerai la notice des différentes tribus qui habitent sur leurs bords.

1.° Le Teberde sort des hautes montagnes de neige à l'ouest de l'Elbrouz, et se jette dans le Kouban, tout près et au-dessous du pont de pierre sur lequel on passe cette rivière. Sur la Подробная карта, cette petite rivière est désignée mal-à-propos sous le nom de *Keberda*, et son confluent avec le Kouban marqué à tort au-dessus du pont de pierre.

2.° La Chona ou Sona a sa source dans la même montagne, et l'embouchure à sept werstes au-dessous de la précédente. On voit à gauche de cette rivière, sur une montagne du côté du Kouban, une ancienne église que les Tcherkesses appellent aussi *Chona* : elle est maintenant, ainsi que son clocher, dans un assez mauvais état ; suivant la tradition, elle a été bâtie par les *Frenghi* [Européens]. Les Tcherkesses donnent indifféremment le nom de *Klissi* à toutes les églises placées sur les montagnes ; ce mot, ainsi que le mot turc *Klisia*, est corrompu du grec ἐκκλησία.

3.° Le Karekent.

4.° Le Tzachedseré, à la droite duquel se joint le ruisseau Koubousch.

5.° Le Djako, mot tcherkesse qui signifie *manteau de feutre*.

Tous les trois sont dans les montagnes schisteuses qui s'abaissent vers le Kouban.

6.° A peu près à quatre-vingts werstes plus bas, est l'embouchure de la rivière considérable que les Tatares appellent *Kitchik-Silindjik*, et les Tcherkesses, *Indchik-chié* : ces deux noms, ainsi que l'expression russe *Maloï Zelentchouk*, signifient *petit Indjik*. Elle a sa source dans les montagnes noires, où elle se forme par la réunion de plusieurs petites rivières qui sortent des montagnes de neige, et dont nous parlerons plus tard. Près de son embouchure, il y avait autrefois un retranchement turc, d'où part une route qui remonte le long de la rivière et conduit chez les Abazes d'Alti-Kessek et chez les Bechilbaï jusqu'aux sources de l'Ouroup : de ce point-ci la route se prolonge en traversant le pays des Souanes et les montagnes de neige jusqu'aux sources du Khopi, et continue en Mingréhe.

7.° Le grand Indjik ; en tatare, *Oulou-Silindjik*; en tcherkesse, *Instchik-Guchgoua*; et en russe, *Bolchie Zelentchouk* : son embouchure est à vingt-cinq werstes au-dessous de celle de la précédente; et, à quatre-vingts werstes de là, un pont qui traverse la rivière, conduit dans les montagnes schisteuses. Ce pont est appelé par les Tcherkesses, *Tchelemich*, et par les Tatares, *Yerkopir;* ce qui signifie *pont de terre :* à ce pont commence la route qui traverse l'Inal et l'Ouroup, conduit aux Bezlenié et descend la Laba. Près de la source du grand Indjik, dans les hautes montagnes de schiste, tout près et au-dessous des alpes de neige, on voit une église en pierre, et un peu au nord de cette église sont des ruines d'édifices en brique : les Tcherkesses les appellent *Madjar-Ounneh,* c'est-à-dire, maison de brique; car chez eux, comme chez les Tatares Nogaïs, tout édifice en brique se nomme *Madjar* (1).

8.° L'*Ouroup* en tcherkesse, et *Ouarp* ou *Arp* en nogaï, a sa source au pied des montagnes de neige, et son embouchure à quelques werstes au-dessous d'Obejnoï, redoute près de laquelle est le passage appelé *Djanghelde :* cette

---

(1) *Voyez* ci-dessus, pag. 167 et 168.

embouchure est à quatre-vingt-dix werstes au-dessous du grand Indjik. Il paraît que l'ancienne forteresse qui, dans les récits héroïques des Ossètes, est appelée *Ouarp-Pfidar* [Fort Ouarp], était sur cette rivière, à trois journées derrière la grande Kabardah. Bahhteras, fils de Khammits, un de leurs héros, la conquit, dit-on, d'une manière extraordinaire : il se fit mettre dans un canon chargé, et fut ainsi lancé dans la place. Quelque fabuleux que soit ce récit, on peut cependant en conclure que cette forteresse a jadis été prise par les Ossètes; ce qui prouve qu'ils se sont étendus à l'ouest.

9.° La Laba a son embouchure à cent vingt-cinq werstes au-dessous de l'Ouroup, vis-à-vis du fort d'Oust-Labinsk : elle se forme de deux rivières ; l'une à l'est, appelée en tcherkesse *Laba-tsouk*, en tatare *Kitchi-Laba*, c'est-à-dire, Petite Laba ; l'autre, à l'ouest, nommée en tcherkesse *Laba-chona*, et en tatare *Oulou-Laba*, ou Grande Laba : elles font leur jonction au-dessous du mont Akhmet. La Laba reçoit plusieurs rivières et ruisseaux qui viennent des montagnes noires et des parties avancées de la chaîne. Entre cette rivière et ces dernières montagnes, sur la rive occidentale de l'Ouroup et du Kouban, on voit, à peu de distance de l'endroit où celui-ci tourne du nord-est à l'est, les restes d'un canal ou lit qui s'en sépare, puis s'y réunit de nouveau à trente werstes au-dessus du confluent de la Laba : les Tatares l'appellent *Ibach-Ghiran*. Sa partie orientale, qui est grossie de quelques petits ruisseaux, porte aussi le nom de *Zelentchouk*.

10.° A trente werstes au-dessous de l'embouchure de la Laba, est celle de la grande rivière que les Tatares appellent *Chauketché*, et les Tcherkesses, *Chag'wacha* ou *Chag'ouassa*, c'est-à-dire, la Haute Princesse : elle porte, sur les cartes russes, le nom de *Chadgacha, Chkhadgacha* et *Chakbacha*, et chez Reineggs celui de *Tchakoïtchè*; elle naît dans les montagnes de neige et reçoit beaucoup de ruisseaux.

11.° Le Ptchass sort des montagnes noires ou schisteuses, et reçoit à droite le Pchass : son embouchure est à dix werstes du précédent.

12.° Le Chakoups, Chckoumew de la Подробная карта, a sa source dans le même endroit que le précédent, et s'y unit par un canal.

13.° Le Soup, en tatare *Kizlar-Keiken*, ou

les Filles noyées, est considérable, et sort des hautes montagnes d'ardoises; il a son confluent à douze werstes au-dessous du précédent.

14.° Le Kara-Kouban, c'est-à-dire, en tatare, le Kouban noir, *Afips* en tcherkesse, est très-considérable, sur-tout lorsque la fonte des neiges et les pluies le grossissent; alors on ne peut le traverser qu'en bateau. Il prend sa source au pied des montagnes de neige, et reçoit plusieurs ruisseaux depuis son confluent, qui est à dix werstes du précédent. Les rives du Kouban sont peu élevées : au printemps, ce fleuve déborde, inonde une étendue de cinq à six werstes, et forme des marais qui se prolongent jusqu'à son embouchure. Selon quelques récits, c'est cette rivière, et non pas le Soup, qui porte, dit-on, le nom de *Kizlar-Ketken*.

15.° Le Yaman-Sou, en tatare *la Mauvaise Eau*, en tcherkesse *Otau-Jalgan*, a son confluent à dix werstes du précédent, et entoure, au sud, les marais que forme le Kouban. A trente-cinq werstes à l'ouest, il y a passage sur le Kouban.

16.° A quarante-cinq werstes au-dessous de l'embouchure du Yaman-Sou, et à peu de distance de Tchernoï-Less, poste des Cosaques de la mer Noire, situé à la droite du Kouban, ce dernier fleuve forme un bras qui porte aussi le nom de *Kara-Kouban* ou Kouban noir, et, après un cours de trente-cinq werstes, se rejoint au fleuve.

17.° L'Atakoum a sa source dans la chaîne schisteuse du Caucase, qui se prolonge à l'ouest. Son premier bras se joint à la partie supérieure du Kara-Kouban; un second, qui coule droit à l'ouest, se joint au liman du Kouban, et reçoit à droite l'Antihir, le Bougoundour et le Ghof, qui forment des marais; le Sad'cha, qui reçoit le Jiptchi; et le Yerly, qui forme plusieurs lacs entre cette rivière et le Kouban : à gauche, le Bakan, qui vient du mont Chog'alech, en tcherkesse *le Vieux Blanc*, et coule de l'ouest à l'est; le Khoudrouk, l'Yssybet, le Chouga, le Tchoukoups et le Choukan.

Les eaux du Kouban sont claires; son lit est pierreux : son cours est rapide jusqu'à l'endroit où il commence à former des marais; alors il coule plus lentement, et ses eaux sont troubles.

Après avoir donné un aperçu du cours du Kouban, je passerai à la description des tribus qui habitent au-delà de ce fleuve jusqu'aux plus hautes montagnes du Caucase. Les Russes les comprennent sous le nom général de Закубанцы [*Zakoubantsy*, ou Transkoubaniens], quoique, par leur origine et leur langage, ils appartiennent à trois nations différentes, les Tcherkesses, les Abazes et les Tatares. Comme je m'étends beaucoup sur les mœurs et les usages des premiers en décrivant la grande et la petite Kabardah, et sur les derniers dans un autre endroit, je ne parlerai ici que des Abazes.

Les Abazes, en russe Абазинцы [*Abazintsy*], se nomment eux-mêmes *Absné*. Les Tatares et les Tcherkesses les appellent *Abassa*; et leur pays est nommé *Abkhassethi* par les Géorgiens. Leur visage étroit, leur tête un peu comprimée, leur menton court, leur nez saillant, leurs cheveux d'un brun foncé, les distinguent des peuples voisins. Ils paraissent avoir habité de toute antiquité la partie nord-ouest du Caucase, et s'être étendus au-delà avant d'avoir été repoussés dans la montagne par les Tcherkesses, et d'être, par une suite de meurtres continuels, réduits à un petit nombre. Leur langue, à l'exception de quelques mots tcherkesses, n'a aucune analogie avec les langues connues en Europe et en Asie; elle se parle jusqu'à la mer Noire et à la Mingrélie. Jadis ils avaient leurs propres souverains, appelés *Abkhas-mep'he* dans l'histoire géorgienne; ils furent ensuite soumis pendant longtemps aux rois de Géorgie, qui s'intitulaient alors *Abkhassethissa da Karthelissa mep'he*, c'est-à-dire, rois d'Abkhassethi et de Géorgie. Sous le gouvernement de ces princes, la religion grecque fut introduite chez les Abazes; il y avait même un patriarche à Bitchwinta sur la mer Noire, et des archevêques à Mokwi et à Dranda : mais le christianisme, à quelques traces près, s'est perdu, chez ceux du moins qui habitent au nord de la chaîne principale du Caucase, et leurs nobles professent tous l'islamisme. Les Abazes, s'étant affranchis de la domination géorgienne, n'ont pas maintenant de chef suprême. Quelques tribus voisines de la mer Noire ont leurs princes, et sont soumises aux Turcs; les autres le sont aux princes tcherkesses, qui n'ont d'autre droit que celui du plus fort. L'oppression exercée par ceux-ci a singulièrement appauvri les princes abazes : aussi des tribus entières élisent un ou plusieurs anciens; mais la licence leur met souvent, aux uns contre les autres, les armes à la main. Lorsque le général Fabrizian commandait à la ligne du Caucase de 1770 à 1780, les Alti-Kessek Abazes furent déclarés indépendans des Tcherkesses ; ses successeurs dans le commandement ne tinrent pas la main à cet arrangement, et ce peuple retomba sous l'ancien joug. Enfin on alla jusqu'à charger les Tcherkesses de les inspecter, afin, disait-on, de les empêcher de fuir les frontières de la Russie. Aujourd'hui que la ligne du Caucase est mieux garnie de troupes, qui tiennent les Tcherkesses en respect, ceux-ci laissent les Abazes plus tranquilles.

Les Abazes sont assez pacifiques; ils commencent néanmoins à faire des incursions sur le territoire russe. Leur manière de vivre ressemble beaucoup à celle des Tcherkesses. Ils sont vêtus de même, excepté que leurs habits sont plus courts. Ceux qui habitent sur la frontière de la Mingrélie, portent des bonnets comme les Iméréthiens. Les villages des Abazes, dans le Caucase septentrional, diffèrent de ceux des Tcherkesses, en ce que les maisons sont dispersées dans la forêt, au lieu d'être disposées en carré ou en cercle, pour entourer une cour commune : elles ont une petite cour, et sont entourées d'une forte palissade pour leur sûreté. La construction et l'intérieur en sont d'ailleurs entièrement comme chez les Tcherkesses : outre les chambres habitées par la famille, il y en a pour les étrangers ; au lieu de poêle, on y voit une cheminée en claie enduite d'argile : les maisons elles-mêmes sont bâties de ces matériaux. Le toit, soutenu par des chevrons, règne sur toute la longueur; il est couvert de tiges de plantes et d'arbres. Leur lit est une espèce de divan placé à gauche de l'entrée, et formé de feutre et de coussins étendus sur un tréteau en bois; ils suspendent aux murs leurs pelisses, leurs vêtemens, des nattes bigarrées, qu'ils font eux-mêmes avec de la paille, et enfin leurs armes ; au-dessous du toit pendent des paquets d'épis de maïs, dont ils font une grande consommation.

Ils cultivent des plantes potagères, du millet et des courges; ils élèvent de la volaille et beaucoup d'abeilles. Le miel, la cire, des peaux de renard et de martre, des vêtemens de drap grossier et des manteaux de feutre qui se vendent en Crimée, composent leur commerce d'exportation ; ils reçoivent en échange de la grosse toile, des tissus de coton et de soie, des cuirs de Russie, du maroquin et d'autres objets qui leur sont apportés par les Arméniens.

Comme tous les Abazes étaient autrefois soumis aux Tcherkesses, et que ces derniers s'arrogent encore aujourd'hui un air de supériorité sur eux, les princes abazes ne sont regardés que comme les égaux des ouzdens ou nobles de la Kabardah : ils n'épousent que des filles de ces derniers, qui, à leur tour, ne s'allient qu'avec celles des princes abazes. Cette différence n'existait pas avant qu'ils fussent soumis aux Tcherkesses. Lorsque les Abazes dérobent quelque chose à un prince de la Kabardah, ou à l'un de ses hôtes *[kounak]*, ils sont obligés de le rendre ; et le prince leur prend en outre trois esclaves de l'un ou de l'autre sexe comme amende : si son hôte a été tué, il enlève neuf esclaves.

Tous les Abazes sont divisés en deux branches : la grande et la petite Abaza ou Awaza. La première comprend les tribus qui habitent au-delà du mont Caucase, près de la mer Noire, et que, par ce motif, les Tcherkesses nomment les *Kouch'hazib Abazi*, c'est-à-dire, les Abazes ultramontains. Je vais maintenant décrire leurs diverses tribus établies au-delà du Kouban; je les prendrai de l'est à l'ouest, ou en descendant des hautes montagnes vers la mer; et comme je desire que mon travail soit bien complet, je joindrai les notices de Pallas aux miennes, lorsqu'elles seront en harmonie.

I. La petite Abaza, en tatare *Alti-Kessek* ou les six Pièces, en tcherkesse *Baské*. Ces Abazes se donnent à eux-mêmes le nom de *Tapanta*. Ils habitent encore en partie au-delà du Kouban, jusqu'au Podkoumok : ceux-ci sont sujets russes, quoique les Tcherkesses s'arrogent sur eux le droit de suzeraineté; mais l'autorité du commandant de la forteresse de Konstantinogorsk ne laisse pas de les protéger contre leurs oppresseurs. Les tribus établies au-delà du Kouban sont,

 1.° Lòou, de mille cinq cents bouches;
 2.° Bibert, de mille six cents bouches;
 3.° Klitch, de six cents bouches;
 4.° Djantemir, de mille sept cents bouches.

Elles ont toutes beaucoup souffert des ravages de la peste, et l'on ne peut indiquer leur population totale avec précision. Ces tribus sont répandues dans de petits villages, autour de la Kouma et du Podkoumok.

Au-delà de la frontière russe, les tribus suivantes appartiennent à la petite Abaza :

1.° Klitch, près de Kalmourza-Djilgassa, ruisseau qui se jette dans le Kouban, à treize werstes au-dessous du pont de pierre : cette tribu occupe aussi le village de Ketchega, situé plus bas, sur la droite du Kouban.

2.° Tramkt sur le Teberde, qui se joint au Kouban à gauche, immédiatement au-dessous du pont de pierre : cette tribu habite aussi sur le Chona, ruisseau qui se jette aussi dans le Kouban, du même côté ; elle est fameuse par sa belle race de chevaux, ici comme au pied du Bech-tau.

3.° Lôou ou Lôou-Kwadjé compte environ deux cents familles sur le petit Karderek, qui fait sa jonction avec le petit Indjik à droite.

4.° Aslankt ou Aslan-Gherié, près du ruisseau l'Aksàout, qui tombe dans le petit Kardenek.

5.° Doudaroukwähé a environ deux cent cinquante familles sous le gouvernement de plusieurs anciens ; dont le principal s'appelle *By-*

Aslan-Doudarouk : elles demeurent en partie près du petit Indjik, en partie à vingt werstes de distance de cette rivière, près le grand Indjik.

6.° Bibert, sur le Marau ou Maraukh, qui se joint de la gauche au petit Indjik.

Pour aller de la frontière russe dans le pays habité par ces peuples, il faut prendre le chemin qui, de la redoute de Koubanskoï, gagne la Kouma, remonte cette rivière et passe devant les monts Mara et Baramout en traversant le pont de pierre qui est bâti sur le Kouban. La route est bonne et praticable pour les voitures, malgré les montagnes que l'on rencontre en quelques endroits. Au-delà des lieux habités, il y a des vallées étroites où l'on ne peut aller qu'à cheval. Les montagnes de neige ne peuvent être traversées qu'à pied, des deux côtés de l'Indjik, et l'on arrive ainsi au district iméréthien de Letchkoum, le long des sources du Tskhenis-tzqali, qui est l'*Hippus* des anciens.

Les Alti-Kessek n'ont pas de chef commun, et ils obéissent à plusieurs ouzdens, qui ne sont considérés que lorsqu'ils ont beaucoup d'argent et d'effets. Ils avaient un attachement extrême pour Adil-Gherié-Atajoukin, prince kabardien, et leur obéissance pour lui était aveugle. Ce prince était prisonnier à Iekaterinoslaw avec Atajouka-Khamourzin et Ismaïl-Beg-Atajouka ; il se sauva, emmené par un Nogaï, sur une voiture tatare à deux roues [arba]. Ayant commis plusieurs attentats contre la Russie, il fut obligé de quitter sa demeure dans la grande Kabardah, et de s'enfuir avec cent cavaliers tcherkesses chez les Abazes de Doudarouk, près du petit Indjik. Sa troupe se grossissait journellement; et comme il était ennemi déclaré des Russes, il faisait de fréquentes excursions sur leur territoire. Il avait des liaisons avec tous les prêtres mahométans qui habitent les montagnes, et il profita de leur influence pour exciter les tribus qui habitent au-delà du Kouban à une guerre de religion contre la Russie ; mais la providence mit un terme à ses entreprises. Il mourut de la peste en 1807, et il ne resta de sa troupe que trois hommes.

Ces Abazes, qui vivent dans un état d'inimitié continuelle contre les Russes, ont cependant des amis et des parens en deçà de la frontière de cet empire, qu'ils viennent voir en secret : lorsque l'occasion se présente, ils tâchent de passer à la sourdine les stanitzes des Cosaques, vont, conjointement avec les Nogaïs, piller les villages voisins, et en partagent le butin avec eux, ainsi qu'avec les Abazes qui habitent le territoire russe. Les brigands kabardiens trouvent un asile chez ces derniers, et leur amènent souvent les hommes et le bétail qu'ils ont enlevés, afin qu'ils les vendent au-delà du Kouban. Les Nogaïs, voisins et sujets de la Russie, pourraient aisément empêcher ces méfaits; mais ils sont eux-mêmes d'accord avec les Abazes.

Ces Abazes sont soumis aux princes de la Kabardah, et obéissent aux derniers de leurs *agassirs* ou messagers : chacun de ceux-ci a le droit de prendre chez un Abaze les bestiaux dont il a besoin pour sa table, et même sa femme; après l'avoir fait servir à ses plaisirs, il la lui renvoie au bout de quelques jours. Les Abazes sont laborieux; ils pourraient devenir riches, si les Tcherkesses ne leur enlevaient tout ce qu'ils gagnent.

II. Les *Bechilbaï* sont des Abazes; ils habitaient autrefois les monts boisés en avant du Caucase, arrosés par le Yefir et le Tsikh, qui, se réunissant devant les montagnes à couches horizontales, se jettent dans le grand Indjik à gauche. Ils étaient aussi établis sur les bords de cette rivière, dans les montagnes noires schisteuses, à la source de l'Ouroup, et en partie près du grand et du petit Tegenn, qui prennent naissance dans les hautes montagnes à couches horizontales, et vont tomber dans l'Ouroup à gauche. Maintenant ils ont quitté le grand Indjik et ses confluens, et se sont portés sur l'Ouroup : les ravages de la peste les ont forcés à cette émigration. Ils parlent un dialecte corrompu de la langue abaze, et ont des princes de leur nation, dont Ismaïl et Kouch étaient les principaux pendant mon séjour au Caucase ; cependant ils se trouvent sous la domination des Kabardiens. Ils sont obstinés et mutins ; et, malgré l'expédition des Russes contre eux, ils ne se sont pas soumis. Vivant dans les forêts et les montagnes, ils cultivent peu la terre ; leurs champs ne se trouvent que dans le bas, sur les bords de l'Ouroup. Ils s'occupent principalement d'élever des brebis, des chèvres et une très-grande quantité d'abeilles. Dans l'automne et le printemps, ils mènent leurs troupeaux dans les terres basses, arrosées par le grand et le petit Indjik, tout près de la frontière russe : en été, ils les font paître sur les montagnes; et l'hiver, près de leurs habitations. On trouve souvent chez eux le miel enivrant que les abeilles donnent, quand elles ont sucé les fleurs du *rhododendron* et de l'*azalea pontica*.

L'unique route pour aller chez eux est extrêmement mauvaise, et ne peut, en grande partie, être faite qu'à pied : elle part de la redoute Newinnoï, traverse le Kouban au gué appelé *Souloukis* par les Tatares, et côtoie pendant soixante-quinze werstes la rive droite du grand Indjik, qu'on remonte jusqu'au *pont de pierre*, où on le passe. De ce pont la route gagne le côté droit de la vallée de l'Inal, ruisseau qui tombe dans l'Ouroup après un cours d'environ seize werstes; de l'embouchure de l'Inal elle remonte le défilé de l'Ouroup dans une longueur de dix werstes. Elle devient ici très-fangeuse : souvent on est forcé de suivre tantôt la rive droite, tantôt la rive gauche de la rivière, jusqu'à ce que l'on arrive au premier endroit habité, qui est situé dans une plaine longue de trois werstes et large de cent toises. Au-delà de cette plaine, il y a encore un défilé de deux werstes, sans aucune espèce d'arbres; il s'élargit ensuite et conduit aux montagnes de neige.

Ces Bechilbaï, qui vivent ainsi à l'écart et exercent des brigandages, donnent un asile aux Abazes habitant le territoire russe qui ont commis des crimes, et les excitent souvent à faire des excursions sur la frontière russe.

III. Les Nogaïs, dont quatre cent cinquante familles habitaient autrefois les terres basses du grand Indjik, à peu près à vingt-cinq werstes de la frontière russe, se sont retirés sur le Khots, qui, à trente werstes au-dessous du confluent de la grande et de la petite Laba, se jette dans la rivière à gauche. Mais comme ils vivent en nomades, et qu'ils n'ont pas assez de place dans ce canton, il est à présumer qu'ils ne tarderont pas à regagner leurs anciens pâturages. Leurs princes sont Akhmet-Gheraï-Mantsouroglou et les deux fils de la sœur du colonel Atajouka-Khamourzin : ils vivent paisiblement, ainsi que leurs peuples. Comme ils appartiennent tous à la race de Mantsouroglou, les Russes les appellent *Mansourowtsy;* et les Tcherkesses, *Mamtsirroukò.* Bekmourza-Mantsouroglou (frère d'Arslan-Beg-Mantsouroglou, qui vit chez les

Russes) habite parmi eux. Bekmourza était d'abord établi chez les Russes; mais il s'enfuit avec ses sujets, et commit beaucoup de meurtres et de brigandages : après la mort de son frère Kelman-beg, il s'est réuni à son neveu, et maintenant il est paisible.

Le prince Selim-Gheraï, fils d'Adem, demeure aussi dans le voisinage de ces Nogaïs; c'est un *atalik* ou oncle du major-général Sultan Mengli-Gheraï, qui descend des khans de Crimée. Ses sujets se composent de quarante familles, avec lesquelles il va continuellement exercer le brigandage. Il protége dans son village *[aoûl]* le fameux brigand Roslan-Beg-Taganow, ainsi que Djamboulat-Taganow, son frère, qui vit chez les petits Abazes; lorsque le premier fait une incursion sur le territoire russe, Djamboulat accourt au village de Selim-Gheraï, et y reste durant l'expédition et le partage du butin.

Il aurait été très-aisé d'engager les Nogaïs qui étaient établis au-delà du Kouban, sur le grand et le petit Indjik, de venir habiter sur le territoire russe; mais la maladresse et la cupidité des employés des frontières ont toujours empêché un tel arrangement. Les chemins qui conduisent chez eux, sont très-bons au printemps et en automne. Leur bétail paît sur le bord du petit Indjik, à sept werstes seulement de la frontière : ils le tiennent en été dans les montagnes noires, et l'hiver près de leurs aoûls. Ils vivent aujourd'hui en bonne intelligence avec les Abazes de Lôou et de Doudarouk, ainsi qu'avec les Bechilbaï.

IV. Les *Bezlenié*, tribu de la même souche que les Tcherkesses. Les princes de Bezlenié sont parens de ceux de la Kabardah, et descendent de Kanouka. Au nombre de quinze cents familles, ils habitent sur la Laba supérieure, à la sortie des hautes montagnes, et s'étendent en descendant jusqu'au Khots et jusqu'à la source du Psefir, qui se joint au Yaman-Sou, à droite : là ils touchent aux Moukhoch. Le plus considérable de leurs princes était Kazil-Beg-Kanouka : à sa mort il eut pour successeurs ses frères Bekmourza-Roslan-Beg et Mourza-Beg-Kanouka, qui sont, par les femmes, cousins du colonel Atajouka-Khamourzin. Les chefs des Bezlenié exercent le brigandage avec les Kabardiens et les Nogaïs établis sur le territoire russe ; ils vendent les prisonniers russes dans les montagnes, et ne gardent que les enfans. Les Bezlenié, munis de passe-ports qu'ils obtiennent comme Kabardiens, vont dans tous les lieux de la ligne russe, pour y trafiquer. En hiver, ils tiennent leur bétail près de leurs habitations, sur la Laba, dans des enclos formés de claies; au printemps et en automne, ils le font paître sur les bords de l'Ouroup, du grand Indjik, et du lac salé de Kasma, qui s'écoule dans le Kouban. Ils sont riches en troupeaux et sur-tout en brebis. Leurs montagnes sont inaccessibles; ils vivent en discorde perpétuelle avec les autres montagnards, qui leur enlèvent souvent des bœufs, d'autres bestiaux et même des hommes. — Les deux villages des Moukhachew sont sous leur protection : les habitans de ces villages se sont séparés des Moukhoch, et se sont établis sur le Makhmakh, qui se joint au Khots. Ces villages sont habités par une centaine de familles, qui ont deux anciens, Mamadsew et Medroup : leurs pâturages sont unis à ceux des Bezlenié. Les Bezlenié vivent en bonne intelligence avec les Temirgoï, les Moukhoch, les Nogaïs et les Nawrouz-Aoùl; ils ont aussi des liaisons avec des Nogaïs qui errent sur le territoire russe.

V. A la partie supérieure de la Laba habite la petite tribu abaze des *Midawi* ou *Madowé*, dans les lieux les plus élevés et les plus forts de ces montagnes. Ils ne sont point Mahométans : ils vivent entièrement libres, n'ayant ni princes ni anciens ; ils choisissent pour chefs les plus forts et les plus braves.

VI. Les *Barrakaï* sont Abazes et parens de ceux qui habitent les environs de Sokhoum-kalah, forteresse turque : leur nombre est de cinq cent soixante familles établies dans les bois et les lieux montagneux, à trente werstes des Bezlenié, sur le Khots et ses affluens ; un grand nombre demeure sur les deux rives du Gout, qui tombe aussi dans le Khots. Ces cantons, où ils vivent dispersés, s'appellent *Kounaktaw* et *Jighil-Boulouko*. Ils ont embrassé l'islamisme depuis peu de temps, et quelques-uns mangent encore du porc. Autrefois ils n'avaient pas de chef commun ; chaque famille obéissait à un ancien : maintenant ils sont soumis aux princes Adil-Gheraï, Hhadji-Ali et Bseghcous, tous appartenant à la famille de Kontchouk. Ils étaient, d'ailleurs, sous la dépendance des Kabardiens : ils passèrent ensuite sous celle des Bezlenié ;

mais ils ont secoué ce joug. Lorsqu'ils sont inquiétés par ces peuples, ou par d'autres, ils se retirent dans les hautes montagnes, où il est impossible de trouver leurs demeures. Ils sont riches en bestiaux et ont de bons pâturages; ils sont très-sauvages et grossiers; souvent ils s'unissent aux Abazes pour exercer le brigandage sur le territoire russe.

VII. Les *Kazil-beg* sont Abazes, issus de la même souche que les Madowé; ils habitent les plus hauts sommets du Caucase, entre les sources de la grande et de la petite Laba, au sud-ouest, jusqu'à la mer Noire. Ils confinent avec les Bezlenié; leur nombre est de deux cents familles soumises à des anciens, dont les principaux sont Herou, Papné, Kanimat et Hhadji-bey : ils sont indépendans des autres peuplades. Le fils du colonel Atajouka-Khamourzin, appelé *Djamboulat,* a été élevé chez eux : on leur a donné le nom de *Kazil-beg,* parce que le sultan Kazil-beg, qui a commis de grands brigandages sur le territoire russe, habitait autrefois parmi eux.

VIII et IX. Les tribus Abazes de Tchegreh ou Tchagraï et de Bagh habitaient autrefois les hautes montagnes sur la rive gauche de la Laba et les ruisseaux qui s'y jettent : ils ne forment, pour ainsi dire, qu'un seul peuple avec les Kazil-beg; mais ils sont tributaires des Bezlenié, et soumis à un ancien nommé *Tsikhiché*. Leurs pâturages sont sur les montagnes. Ils vont faire le brigandage en commun avec les Bezlenié, qui leur prêtent du secours lorsqu'ils en ont besoin.

X. Les *Moukhoch* [en russe, Мухошевцы], tribu tcherkesse de six cent soixante-dix familles, habitent au pied des montagnes noires boisées, d'où sort une quantité de petits ruisseaux qui, après avoir arrosé un pays fertile, vont se jeter dans le Yaman-Sou. Ces ruisseaux, dans la direction de l'est à l'ouest, sont les suivans :

1.° Le Chimblonakhé et le Chograg, qui se réunissent et tombent dans la Laba, à gauche. C'est principalement sur leurs bords que les Moukhoch ont leurs ruches.

2.° Le Psefir, près duquel sont les villages Merberi et Kourgoukau.

3.° Le Pskhouch avec les trois villages Nerberi appartenant à un ouzden du même nom, qui dépend du prince Salat-Gheraï-Baharzouka : ces trois ruisseaux réunis tombent dans le Yaman-Sou.

4.° Le Pfarch, ou le Yaman-Sou-Sosourakaï, avec trois villages.

5.° Le Ponako, qui se jette dans le Yaman-Sou à gauche, a les villages Delbougaï.

6.° Le Kalkh, qui se jette aussi dans le Yaman-Sou, a les villages de Bierhabel et Dechouka, appartenant à Salat-Gheraï.

7.° L'Arim, avec les villages Labougaï, tombe dans le Boulan-Sou à droite, et forme la frontière occidentale des Moukhoch.

Ces Moukhoch sont riches en bestiaux, s'occupent d'agriculture, et vivent, comme les Tcherkesses, dans des villages fortifiés. Leurs princes sont de la famille de Baharzouka; le plus considéré d'entre eux, qui s'appelle maintenant *Hopatch*, est fameux par ses brigandages sur la frontière russe. Il vit en bonne amitié avec les princes kabardiens et le colonel Koutchouk; mais il s'est brouillé avec Roslan-beg, de la maison de Missaost, parce que celui-ci, qui avait épousé la sœur d'Hopatch, et qui en avait eu deux enfans, l'a quittée : elle a, de son côté, pris un autre mari.

En hiver, les Moukhoch tiennent leurs bestiaux dans des parcs ; en été, ils les font paître sur la rive gauche de la Laba ; au printemps et en automne, près du Kouban, sur le Chakmik et le Chebarta. On va chez eux par le chemin qui part de Protchnoï-Okop, traverse le Kouban et les hauteurs entre cette rivière et le Tchalbach, qui se jette dans la Laba, à gauche ; ensuite on passe cette rivière, ainsi que le Chograg. Les troupes russes ont été souvent dans leur voisinage.

Ils sont voisins des Temirgoï, chez qui les Nogaïs russes ont, en 1805, dévasté deux villages et enlevé cent hommes. Ils sont aujourd'hui pressés de tous les côtés ; leur prince, Hopatch, a été, pendant un an, prisonnier chez les Russes, et a eu les mains et les pieds gelés. Quelque temps auparavant, les Russes avaient ravagé deux villages et emmené les brebis. Les Abazekh enlèvent aussi des hommes et des bestiaux aux Moukhoch. Il y a quelques années, Hopatch avait l'intention d'aller à Gheorghiewsk et de se soumettre à la Russie, à condition qu'on assignât à son peuple des habitations sur le Kouban. Si l'on prenait ce parti, et si l'on soumettait encore quelques tribus voisines, il en résulterait le grand avantage de garantir la ligne du Kouban contre les Kabardiens et d'autres brigands.

Hopatch est aussi en discorde avec les Abazekh, parce que son frère a été tué par Chamakho-Nawrouzi. Dans une expédition de brigandage contre les Abazekh, le frère d'Hopatch rencontra une troupe de Kabardiens, qui, ne l'ayant pas connu, le prirent pour un ennemi et le tuèrent. Ces Kabardiens, interrogés sur cet événement, en rejetèrent la faute sur un Abazekh qui était dans leur troupe. Chamakho-Nawrouzi fit couper la tête à cet Abazekh, et pendre son corps à un arbre.

XI. Les *Nawrouz-Aoûl*. Cette peuplade se compose de six cent cinquante familles nogaïes, de la horde d'Ak-Kirman, qui habitent sur la Laba inférieure, vis-à-vis les forts de Kawkazkaya et d'Oust-Labinskaya; ils sont de la même race que les Nawrouz établis chez les Russes. Les premiers de leurs princes sont Kara-Mourza, Ibach-Oglou, Bahatir-Chah-Kassaï-Oglou, Roslan-Beg-Akhmat-Oglou et Kelmik-Hhadji-Oglou. Après quelques querelles intestines, Roslan-beg et Bahatir-chah se soumirent aux

Bezlenié; les autres chefs, aux Temirgoï. Ce sont de déterminés brigands; leur plus vaillant guerrier est Aslan-Gheraï-Ourouz-Oglou. Ils ont leurs pâturages sur les deux rives de la Laba; et là leurs troupeaux sont renfermés dans des parcs entourés de palissades. Au printemps et en automne, ils quittent la Laba, et mènent ces troupeaux près du Tchalmik ou Tchalbach.

XII. Les *Toubi* et les *Ouboukh*, qui parlent un dialecte de la langue abaze, sont aussi de grands brigands, et habitent les cantons les plus élevés et les positions les plus fortes des montagnes, près des sources de la Chag'wacha et du Pchakh, jusqu'aux montagnes de neige et vers la mer Noire. Ils font beaucoup de vin de bonne qualité, qu'ils appellent *sana*. Leur sol est fertile, et n'a pas besoin d'être labouré. Ils n'ont pas de princes; ils obéissent à des ouzdens, et vivent dans des maisons réunies dans le bois par groupe de trois ou quatre.

XIII. Les *Bsoubbé*, tribu abaze établie au sud-ouest de la précédente, sur la chaîne qui va s'abaissant depuis les montagnes de neige jusqu'à la mer Noire; ils s'étendent jusqu'à Sokhoum-kalah.

XIV. Les *Abazekh*, peuple considérable et d'origine tcherkesse, parlent un dialecte corrompu de cette langue : ils habitaient autrefois les hautes montagnes de neige du Caucase occidental. Leur nombre augmentant sans cesse, ils descendirent jusqu'aux montagnes schisteuses et noires, et se renforcèrent en enlevant par-tout des hommes dont ils faisaient des laboureurs. Beaucoup de fugitifs étrangers sont aussi venus s'établir parmi eux : il en est résulté un tel mélange, qu'il n'y a maintenant que leurs nobles qui soient de véritables Abazekh. Ils habitent aujourd'hui les cantons supérieurs des rivières Pfarzekh, Psefir, Pchass et Pchakh. Ils comptent jusqu'à quinze mille familles. Leurs habitations sont très-proches les unes des autres. On prétend qu'ils ont reçu le nom d'*Abazekh* d'une beauté tcherkesse qui vivait autrefois chez eux ; car, en langue tcherkesse, *Abazekh-dakhe* signifie une belle femme.

Leurs champs ne sont pas très-vastes, et leurs villages ne se composent que de quelques maisons. Chacun a un champ, une petite forêt et des pâturages, qui sont renfermés dans le même enclos. Chaque habitant porte le nom de son maître, et les maisons sont bâties à la manière tcherkesse. Leur pays est montagneux, et entrecoupé par plusieurs rivières et sources. Les Abazekh ont aussi, sur les deux rives de la Laba, de bons pâturages, dont ne jouissent pas les familles établies près des Bjedoukh et des Chapchikh.

Les Abazekh n'ont pour chefs que des anciens ou ouzdens, dont les plus considérés sont Aedjig, Aenamok, Aeutchiko et Djangat. Les colonels Atajouka-Khamourzin et Dghé-Roslan-Beg-Missaost ont été élevés chez eux; l'on y élève actuellement les fils de Koutchouk, prince kabardien, ainsi que son neveu Dewlet-mourza.

Les ouzdens des Abazekh sont de trois souches principales :

1.° Aenamok, de vingt-neuf familles;
2.° Aentchiko, de vingt familles;
3.° Aedjig, de dix familles.

Ils n'ont, à proprement parler, aucune religion; ils mangent du porc. Depuis dix ans, plusieurs de leurs ouzdens professent l'islamisme; cependant leur croyance n'est pas bien ferme. Ils sont très-hospitaliers envers leurs amis, et ils sacrifient tout pour eux. C'est toujours le maître de la maison qui sert les personnes auxquelles

Tom. I. P

on donne l'hospitalité; et lorsqu'elles partent, il les accompagne jusqu'au kounak le plus voisin.
— On trouve chez eux beaucoup de prisonniers russes et de soldats déserteurs. Les peuples qui habitent plus près du Kouban, n'osent pas garder leurs prisonniers chez eux, de crainte qu'ils ne se sauvent sur le territoire russe; ils les vendent aux Abazekh : ceux-ci vont les vendre chez les *Koubikhan,* établis sur la mer Noire, au-delà des hautes montagnes; de là ils sont menés en Anatolie et en Égypte. Cela n'a lieu, au reste, que pour les habitans des montagnes faits prisonniers : car ces brigands se donnent bien de garde de vendre les Russes à Constantinople; ils savent que ceux-ci pourraient y obtenir la liberté, puis retourner chez eux, et que les peuples qui habitent au-delà du Kouban seraient alors exposés à un châtiment inévitable.

Pour attaquer les Abazekh à main armée, sur-tout lorsqu'on veut transporter avec soi des canons et des provisions, il faut remonter la Chag'wacha, qui, en sortant des montagnes de neige, parcourt un vallon étroit : on est obligé de traverser souvent cette rivière, à cause des pointes saillantes des rochers qui rétrécissent le chemin. On peut aussi conduire l'artillerie légère le long du Kudjit et du Pchi, qui se joignent à la Chag'wacha. Si jamais l'on fait la guerre à cette peuplade, les Tcherkesses et d'autres montagnards s'uniront sans doute aux Russes, afin de ravoir leurs déserteurs et leurs prisonniers.

XV. Les *Kemourkwähé* sont une tribu tcherkesse forte d'environ cinq mille familles. Les Tatares les appellent *Temirgoï*. Ils confinent aux Moukhoch, sur l'Arim, où est Tcherikhaï, un de leurs principaux villages, situé au-dessous de Labougaï. Les habitans sont issus des *Egerokoï*, et appartiennent aux princes Aslan-Gherié et Atajouka-Aïtekko. Le même Aïtekko possède un autre village des Égerokoï, nommé *Ratazaï*, et situé sur la rivière Boulansou, qui tombe dans la Laba. Sur la Chag'wacha, il possède encore Mimboulataï, Psinaok, ainsi que Gaour-Habla, village riche et habité par des Arméniens. La Chag'wacha est une rivière aussi grande que la Laba; les Temirgoï habitent sur ses deux rives, dans plusieurs villages. Depuis sa source, les montagnes se dirigent davantage

p*

au sud-ouest, jusqu'à la mer Noire. Les montagnes noires, avec leurs grands bois, s'étendent plus au nord-ouest, jusqu'à Anapa. La rive gauche de la Chag'wacha est très-élevée ; la droite, au contraire, est plate : toutes deux sont boisées. Cette rivière arrose un pays très-propre à l'agriculture et au pâturage, jusqu'à son embouchure dans le Kouban, à trente werstes au-dessous de la Laba. Le ruisseau Psega ou P'chaba forme enfin la frontière des Temirgoï ; et sur ses bords on voit encore trois de leurs villages nommés *Khakemzi,* appartenant au noble Khakemiz, et trois autres, Ademier-Nechoukhaï, qui sont au prince Aïtekko. Le ruisseau dont je viens de parler sort des montagnes neigeuses, et tombe dans la Chag'wacha, à gauche. La tribu des Temirgoï comprend plus de quarante villages, et peut mettre en campagne deux mille hommes armés. Ils sont brouillés avec les princes de la Kabardah ; mais ils vivent en bonne intelligence avec les Bezlenié, les Moukhoch et les Bjedoukh, et peuvent, avec eux, mettre cinq mille hommes sous les armes. Les Temirgoï sont riches et les plus propres des peuplades tcherkesses. Tous leurs villages sont fortifiés de palissades, qui consistent en un double rang de gros pieux croisés. La partie inférieure de l'espace qui se trouve entre ces deux rangs est remplie de terre, tandis que la supérieure, garnie d'épines, présente des barrières insurmontables à leurs ennemis, les tribus abazes des Toubi et des Ouboukh, qui habitent les montagnes, et contre lesquelles ils se battent fréquemment.

Ademi est une race de Temirgoï qui habite quelques villages sur la Psega, et plus bas, sur le Psi-S'hé. Le plus considérable de leurs princes est Beizerouko, de la famille d'Aïtekko, fils d'Atajouka-Aïtekko, dont il a déjà été question. Les autres chefs sont ses frères : l'aîné s'appelle *Missâost*. Ses neveux sont de même puissans. Ismaël-Tlekijouk, qui, venu chez les Russes, se disait prince, n'est qu'un ouzden, ou gentilhomme de Beizerouko. Deux des plus fameux chefs de ces brigands sont Hajali-Mohhammed, de la tribu de Kiraï, et un autre Ismaël, tous les deux neveux d'Ismaël-Tlekijouk. Ce dernier fit avec eux des expéditions contre les Russes, prit la moitié du butin, et la rapporta aux Russes, en disant qu'il l'avait retrouvée. En récompense de ce mérite prétendu, il reçut un grade dans l'armée russe, et les certificats les plus honorables lui ont été délivrés par les généraux et les commandans de la frontière.

Les Temirgoï font paitre leurs bestiaux, en hiver, dans des parcs, près de leurs villages; en été, sur les deux rives de la Laba; en automne et en hiver, au-delà de la Laba, vers le Kouban.

XVI. La tribu tcherkesse des *Bjedoukh* s'était fixée sur les deux rives du Kouban, avant que la frontière russe fût établie le long de ce fleuve. Ils forment six cent soixante-dix familles demeurant près des rivières et des ruisseaux qui suivent :

1.° Le Psi-S'hé : sur ses bords sont le village d'Edepsoukhaï et ceux de Karagous, appartenant, le premier, à l'ouzden Batouk, et les autres, à un ouzden qui porte aussi le nom de Karagous.

2.° Le Psakhomat avec les villages de Gaboukaï et Nechoukhaï ou Netoukhaï, possession de l'ouzden Netouch. Les deux ruisseaux réunis tombent dans le Kouban, ainsi que le suivant.

3.° Le Chakoups (sur la Подробная карта, Chekoumew) : auprès sont les villages de Laktchoukaï, de Khatougaï et de Mamroukaï, tous dépendans du prince Khalmich.

4.° Le Tchebi, avec les villages de Chirghi et Tougourghi, appartenant au même prince.

5.° Sur le Soup, en tatare *Kizlar-Ketken*, est le village d'Youem.

Les Bjedoukh, chez lesquels habite une famille d'Abazekh, s'adonnent à l'agriculture ; ils ont aussi quelques bestiaux : mais ils sont plus grands voleurs encore que leurs voisins, et ont fréquemment des disputes avec eux. Les plus considérables de leurs princes sont Batmirza, de la famille Pchekoui ; Batir-mourza, de la famille d'Otchouka ; Djantchik, de la tribu de Karepaï ; et Ayoubono, de la famille de Khalmich. Leurs pâturages sont aujourd'hui près de leurs villages : ils vivent à la manière des Kabardiens, et vont souvent piller et voler chez les Cosaques de la mer Noire.

XVII. La tribu tcherkesse d'*Hattikwähé*, que les Russes nomment *Attigoï* ou *Hattoukaï*, comprend quatre cents familles, qui habitaient autrefois à l'ouest du Kara-Kouban, sur les ruisseaux d'Oubin, de Ghill et d'Assip ou Achips, jusqu'aux marais du Kouban, bornés au sud par le Yaman-Sou, entre les Cosaques de la mer Noire et les Chapchikh. Mais, continuellement harcelés par ces derniers, et vivant aussi en discorde avec les premiers, ils ont quitté, depuis quelques années, leurs anciennes demeures, et sont allés chez les Temirgoï, avec lesquels ils vivent maintenant sur les bords de la Chag'-wacha. Ils servent de barrière au fort d'Oust-Labinsk, contre les incursions des autres peuplades. Les Cosaques de la mer Noire se repentent aujourd'hui de s'être brouillés avec eux, parce qu'ils se trouvent entièrement exposés aux attaques des Chapchikh. Le plus considérable des princes d'Hattikwähé est Aslan-Gheraï, de la famille de Kerekaï.

XVIII. Les *Chapchikh*, forts de dix mille familles, sortent de la même souche que les Tcherkesses de la Kabardah ; mais, comme, à l'instar des Abazekh, ils accueillent tous les fugitifs, ils se sont tellement mélangés, qu'il n'en reste que fort peu de véritable sang tcherkesse. Ils habitent, à l'ouest des Bjedoukh, dans les montagnes boisées qui s'étendent jusqu'à Anapa, et le long des ruisseaux Antihir, Bougoundour, Apin, Afis, Tchebik, Satassa, Bakan et Chips. Les deux villages Abat, qui appartiennent à un noble de ce nom, sont situés sur les deux premiers de ces ruisseaux. La plupart des Chapchikh vivent réunis par famille, comme les Abazekh; mais sur la Satassa et sur le Tchebik on rencontre de plus grands villages. Ils possèdent peu de bestiaux et cultivent peu la terre; le brigandage est leur principale ressource. Ils n'ont point de princes : l'homme dont la famille est la plus nombreuse, ou qui est le plus grand brigand, est regardé comme leur chef. Ceux qui jouent maintenant un rôle principal chez eux, sont Akhbat, Kouhoch, Chetlouk, Aslan-Gherié et Archak. Ils font fréquemment des incursions sur la frontière russe, chez les Cosaques de la mer Noire; et il est urgent de prendre des mesures pour les dompter, de peur qu'ils ne deviennent aussi dangereux pour la ligne occidentale que le sont pour l'orientale les Tchetchentses. Les Chapchikh sont plus forts que ces derniers, et ils ont leurs demeures bien mieux fortifiées que les Kabardiens. Si les Russes entreprenaient une expédition vigoureuse contre eux, ils seraient indubitablement secondés par toutes les peuplades qui habitent au-delà du Kouban, harcelées sans cesse par les Chapchikh. Si, au contraire, on diffère de les mettre à la raison, les peuples voisins, voyant le grand butin que ces brigands rapportent de leurs excursions chez les Cosaques de la mer Noire, ne tarderont pas à suivre leur exemple.

Les Chapchikh parlent un dialecte tcherkesse corrompu. Ils s'étendent, à l'ouest, jusqu'à la montagne d'où sort le Bakan, et que les Tcherkesses appellent *Chog'alech*, c'est-à-dire, la Vieille Blanche, à cause des pierres blanches que présente sa masse : elle est traversée par la route qui conduit à la forteresse turque d'Anapa, que l'on découvre de ce point, et qui en est éloignée de quarante werstes.

XIX. Les *Netchkwadja*, *Natkhoukaïtch* (en russe Натухашы), sont une tribu abaze, et habitent, à l'ouest des Chapchikh, sur les dernières montagnes noires, jusqu'au ruisseau Mezkiakh (c'est-à-dire, Bois long), qui se jette dans la mer Noire. Leurs villages se trouvent sur les rivières suivantes :

1.° L'Attakoum, petite rivière qui, ayant reçu plusieurs ruisseaux, coule parallèlement au Kouban, et, après avoir traversé un long marais, finit par se réunir à ce fleuve à gauche. Ses bords sont habités par la famille Kouizouk.

2.° Le Bakan, près duquel sont le village Kalabat et des habitations éparses. Le Bakan partage les montagnes du sud-ouest au nord-est, et forme un défilé très-étroit que traverse la grande route qui conduit à Anapa : ce ruisseau se jette dans l'Attakoum, à l'issue du défilé, au-dessus duquel, près du chemin qui mène à Soudjouk-kalah, habite la famille Kharzek.

3.° Le Tsemes a son embouchure dans le port de Soudjouk-kalah. Au sud, les Netchkwadja habitent encore sur les bords de quinze autres ruisseaux, et confinent avec la grande Abaza.

Dans les montagnes qui s'étendent au nord jusqu'au Kouban, ils possèdent un territoire de quarante werstes le long de ce fleuve, et par conséquent, dans la direction de l'ouest à l'est, les ruisseaux suivans :

4.° Le Tasipj, où est établie la famille de Choubak, dont Nawrouz est le chef.

5.° Le Djoup, près duquel habite la famille de Khazan-Choukché.

6.° Le Pribebs, et 7.° le Khoups, dont les bords sont habités par la famille Islam-Choukché.

8.° Le Nefil ou Nepil. Les villages sont soumis à un ancien, nommé *Choupako-Kacho.*

9.° Le Psif. Entre ce ruisseau et le Nefil est un emplacement carré, entouré de murs en terre et de fossés, avec quatre issues, comme un ancien camp romain. Au nord, près des marais du Kouban, on voit des collines artificielles [курганн], qu'on pourrait regarder comme des fortifications. Suivant la tradition, c'était Chantghir, ville d'un khan des Temirgoï. Ce peuple et les Tcherkesses prétendent être sortis de ce lieu. Les fortifications sont contiguës au Nefil, à l'ouest et à l'est : elles ont environ trois werstes de diamètre (1).

10.° La Koudaka. Auprès sont les villages des anciens Nemeri-Primourze et Choupako-Kacho. A l'endroit où la rivière sort des montagnes, on trouve des sources de naphte.

Les Netchkwadja sont les plus puissans des Abazes, en deçà des montagnes; ils habitent des vallons entourés de rochers et peu boisés. Leur agriculture n'est guère considérable; et, en raison de leurs beaux pâturages, ils devraient avoir plus de troupeaux. Leurs guerres continuelles et leur penchant au brigandage ne leur

---

(1) Pallas, *Voyage dans les gouvernemens méridionaux de la Russie*, part. 1.", pag. 317 et suiv. (édition de Leipsick.)

laissent pas le loisir de s'occuper de l'économie rurale. Ils sont ennemis de tous leurs voisins, exceptés des *Jana*. Ils sont mal vêtus et vivent misérablement : ils cultivent un peu de seigle, et nourrissent quelquefois des cochons ; ce qui ne se voit pas chez les autres peuples de ces montagnes.

XX. Les *Jana* ou *Jani* [Жаɴн], petite tribu tcherkesse, qui ne possède que six villages, dont quatre sur l'Attakoum et deux sur un petit lac. Autrefois ils vivaient sur la rive droite du Kouban, au-dessus de Kopyl ; mais, à l'approche des troupes russes, en 1778, ils se réfugièrent sur la rive gauche, avec les habitans de Thaman. Ils étaient alors soumis au prince Missaost - Melik - Gheraï - Jana, et pouvaient fournir deux cents combattans bien armés. Ils cultivaient la terre et avaient même des bestiaux ; mais ils étaient plus pauvres que les autres Tcherkesses, et plus grands voleurs. Ils ont été entièrement détruits par les Cosaques de la mer Noire ; et il n'en reste que vingt à trente familles, soumises à leurs princes Aliaz-Melik-Gheraï et Metahhouko, qui demeurent sur les ruisseaux Pchets et Khokhaï : ce dernier n'est qu'à huit werstes d'Anapa, et vis-à-vis du fort turc de Talissimi.

XXI. La petite tribu tcherkesse de *Skhegakeh* demeure sur le Bougour et ses affluens, tout près et au-dessous d'Anapa : leur nom est tcherkesse, et signifie *habitant près de la mer. Skhe* signifie *mer*, et *Skhe-Psitsà* veut dire *la mer Noire*. Ils avaient un prince appelé *Mamet-Gheraï-Jana*, et habitaient autrefois l'endroit où l'on a bâti Anapa. Leur nombre a beaucoup diminué par les invasions des Netchkwadja et par les ravages de la peste. Leur prince était riche ; il faisait le commerce et avait des navires sur la mer Noire.

XXII. Les anciens habitans de *Thaman*, qui se sauvèrent lors de l'occupation de la Crimée, étaient en partie Tatares de la tribu de Boulnady, et en partie Tcherkesses. On leur avait donné le nom d'*Adaly*, qui, en langue tatare, signifie *insulaires*. Ils se retirèrent sur la rive gauche du Kouban et le long de son liman, et occupèrent des villages en conservant leur ancien nom d'*Adaly*. Ils cultivaient du seigle et toute sorte d'herbes potagères, et s'adonnaient principalement à la pêche. Lors de la prise d'Anapa, en 1791, il en périt un grand nombre, et depuis cette époque ils ont disparu tout-à-fait, ou bien ils se sont mêlés avec les tribus voisines.

XXIII. A la partie méridionale des montagnes de neige, et dans la plaine près de la mer Noire, habitent les tribus abazes d'*Ouboukh, Chachi, Ibsip, Koubikhan, Aratkhowas, Bah* et *Nalkoupi-Madjawi*. Les Tcherkesses les appellent *Kuch'hazip Abazi*, ou Abazes ultramontains. Ils ne dépendent d'aucun prince ; mais ils obéissent volontairement à celui d'entre eux qui est bon coureur, bon voleur, et par conséquent, à leurs yeux, un homme extraordinaire. Ils font des excursions à pied contre les Abazes en deçà des montagnes : on ne connaît pas leur force ; mais, à ce qu'en disent les habitans de l'autre côté du Kouban, ils les égalent en nombre. Tous cultivent la vigne, sur-tout les Ouboukh, qui font de bon vin et en grande quantité. Ils ont aussi beaucoup de fruits, tels que pommes, cerises, prunes, pêches [en tatare, *chaftalou,* que l'on prononce communément *tcheptala*]. On trouve aussi chez eux, comme en Mingrélie, une espèce de miel compacte et dur, que l'on boit après l'avoir fait dissoudre dans de l'eau. Ils ont des buis d'une grosseur incroyable ; on en fait un grand commerce par les navires qui le transportent à Constantinople et à Trieste.

Indépendamment de ces peuplades, quelques descendans des sultans de la Crimée se sont réfugiés dans les contrées au-delà du Kouban; mais leurs partisans sont peu nombreux : les Tatares et les Tcherkesses les désignent par le nom général de *Sulthanié.*

Mourad-Gheraï-Khaz-Gheraï demeure près de la Laba, au-delà des Nawrouz-Aoûl. Ses sujets n'ont pas quarante habitations.

Son frère Dewlet-Gheraï-Khaz-Gheraï habite chez les Abazekh, dans les montagnes noires, sur la rivière Koudjoups. Il n'a que quarante familles environ sous sa dépendance.

Les enfans du feu sultan Aslan-Gheraï, et les frères du général-major sultan Mengli-Gheraï, vivent près du grand Selentchouk, conjointement avec les Nogaïs, dans le voisinage d'Akhmet-Gheraï-Mantsouroglou. Ils sont dans la misère.

Les descendans du sultan Kazil-beg vivent épars, allant tantôt chez un peuple, tantôt chez un autre. Gherik-Kazil-beg-Oglou fait le brigandage en commun avec Djamboulat-Taganow, qui s'est rendu fameux sur la ligne russe : l'un et l'autre demeuraient entre les Temirgoï et les Abazekh. Ils se sont sauvés chez les Chapchikh.

Tous ces sultans n'ont aucun pouvoir : lorsqu'ils partent pour une expédition, ils ne peuvent forcer personne à les suivre; ils ne prennent que des volontaires.

Lorsque les Russes eurent occupé la Crimée et l'île de Thaman, les Turcs fondèrent Anapa اناب en 1784, pour protéger les habitans qui s'étaient enfuis, et les Nogaïs qui errent près du Kouban. Cette forteresse est située sur une pointe avancée du mont Kyzilkaya, dont la base se joint à une plaine de trois werstes, qui se prolonge vers la mer. Lorsqu'en 1791 Anapa fut prise d'assaut par le lieutenant général Goudowitche, elle n'avait qu'un rempart de terre; mais, ayant été rendue aux Turcs avec Soudjoukkalah, ceux-ci l'ont fortifiée d'une muraille d'environ vingt archins (1) de hauteur et d'une toise de largeur. Avant la dernière conquête, elle était mal munie de troupes; mais elle avait beaucoup d'artillerie. Les habitans et la garnison se sau-

---

(1) Un archin [аршинъ] est de vingt-six pouces un quart.

Tom. I.   Q

vèrent avant l'arrivée des Russes (car l'armée turque que l'on attendait était encore très-loin), et furent dépouillés sur la route par les Chapchikh et les Netchkwadjé, qui devaient venir à leur secours (1).

Soudjouk-kalah [قلعه سوجوق] est une autre forteresse turque, située à vingt-cinq werstes au sud d'Anapa, sur un golfe dans lequel se jette le ruisseau Tsemes. — Le nom de cette forteresse signifie en turc *Château à saucisson :* mais les Tcherkesses lui donnent le nom de *Dsougotsouk-kalah,* ou Château de petites souris; en géorgien elle s'appelle სო-უჯხის ციხე [*Sôoudjakhis-tsikhé,* ou Château de Sôoudja-

---

(1) A la paix de Boukharest, conclue le 14 juillet 1812, entre la Turquie et la Russie, cette dernière puissance a commis une faute énorme en laissant aux Turcs les forteresses d'Anapa et de Soudjouk-kalah, par lesquelles ils sont toujours à portée d'envoyer des émissaires chez les peuplades du Caucase, pour les soulever contre les Russes. Il aurait fallu exclure les Turcs de toute la côte entre la Crimée et l'embouchure du Rioni ou Phase, où ils ont encore le fort de Pothi, dans un pays entièrement soumis au sceptre de l'empereur de Russie. Il n'est pas présumable qu'une opposition formelle contre les prétentions des Turcs sur ces contrées eût pu faire échouer la conclusion de la paix, puisque les Turcs furent assez aveuglés pour cesser la guerre à cette époque, si favorable pour leurs intérêts politiques.

khi]. Après la prise d'Anapa, les Turcs, ainsi que les Cosaques de Nekrasow qui demeuraient parmi eux, ont quitté ces cantons et ont été transportés dans l'Anatolie : maintenant cette place n'est habitée que par quelques Ouboukh ; il n'y a qu'un seul puits d'eau douce construit en pierre. Cette petite forteresse est assez ancienne : sur les cartes maritimes italiennes de la mer Noire, elle est indiquée sous les noms de *Zurzurchi* [Dsourdsouki], *Porto di Susaco* et *Porto Suaco*. Les murailles sont en brique.

Sohoum-kalah [سوخم قالة], qu'on écrit ordinairement *Sokhoum-kalah* [en russe, Сухум-Кале], est la principale forteresse des Turcs sur les côtes de la mer Noire, entre Thaman et la Mingrélie. Cette ville est en même temps le principal entrepôt du commerce pour les habitans du Caucase occidental ; ils y apportent leur butin, leurs prisonniers et leurs denrées, pour les échanger contre des marchandises turques. Les environs sont habités par des Abazes, et les Bsoubbé demeurent dans les montagnes voisines. Le mot *Sohoum* signifie, dans le dialecte anatolien de la langue turque, *tuer des bestiaux engraissés ;*

Q*

cependant le véritable nom géorgien de cette ville est სო-ხუმის ციხე *[Sokhoumis-tsikhé]*, château de Sokhoumi. Aboulféda la désigne sous le nom de *Sokhoum*, et dit qu'elle est éloignée d'une journée du pays des Géorgiens. De son temps, elle fut habitée par des Musulmans.

Les Russes de la ligne du Causase ne connaissent pas même de nom les peuplades qui vivent au-delà du Kouban, et ils les confondent toutes ensemble sous la dénomination générale de Закубанцы [Transkoubaniens], quelle que soit d'ailleurs la différence de leur langage et de leur manière de vivre : c'est ce qui est cause que, jusqu'à présent, l'on n'est pas venu à bout de les contenir; ce qui serait pourtant facile, si l'on savait profiter de leurs dissensions. Ils n'entreprennent des excursions sur le territoire russe qu'après en avoir discuté le projet dans une assemblée de leurs anciens; et lorsqu'ils sont attaqués par les Russes, ils s'unissent entre eux pour se défendre mutuellement, après avoir mis dans un lieu de sûreté leurs femmes, leurs enfans et leurs meilleurs effets.

Pour les punir de leur brigandage et de leurs

incursions, il suffit d'avoir le nombre de troupes que l'on peut réunir en diligence et sans bruit. Cette précaution est indispensable pour empêcher qu'ils ne soient avertis d'avance; il faut en outre avoir une bonne cavalerie, bien armée, pour les dissiper promptement. On n'a besoin que de deux cents Cosaques, cent chasseurs et un canon, pour enlever les bestiaux à ceux qui habitent le plus près du Kouban. Avec de grands corps de troupes, qui exigent le transport de beaucoup de bagages, on ne peut arriver chez eux qu'en hiver : on n'a pas à craindre alors de manquer de bois ni de foin, car les forêts y abondent. A la nouvelle de l'approche des Russes, ils s'enfuient dans les montagnes, et laissent leurs bestiaux et leur foin dans leurs villages. Quand on arrive dans ces habitations abandonnées, il est bon d'y rester quatre ou cinq jours, parce que les fuyards, poussés par la faim, reviennent et se soumettent volontairement.

Ils ont sur-tout besoin de sel pour eux-mêmes et pour leurs bestiaux, notamment pour les brebis, qui meurent lorsqu'on ne leur en donne pas : ils l'achètent très-cher en contrebande des Cosaques de la mer Noire et des Nogaïs russes, chez lesquels on le trouve dans les lacs, et qui ne le paient au Gouvernement qu'un rouble et demi la voiture. Dans tout le pays au-delà du Kouban, on ne rencontre du sel que dans la Kazma, ruisseau qui se jette dans le Kouban, à huit werstes au-dessous de Protchnoï-Okop; c'est pourquoi ces peuplades y conduisent fréquemment leurs troupeaux. — A l'exception du sel et de la toile, ils achetaient autrefois aux Turcs toutes les choses dont ils avaient besoin; mais ils étaient obligés de les payer trois fois plus cher que chez les Russes.

Outre leur penchant naturel, c'est la misère qui les force à se livrer au brigandage. Autrefois ils ne connaissaient pas trop bien le chemin du territoire russe, et n'allaient piller de ce côté-là que réunis aux Nogaïs et aux Kabardiens; mais les mourzes des Nogaïs, qui ont quitté le territoire russe pour se réfugier chez eux, tels que Tagan-Oglou, Bekmourza, de la race de Mantsour, et d'autres, les ont instruits de la route à tenir, et se sont enrichis en partageant le butin avec eux. Les Russes leur ayant souvent enlevé leur proie et tué beaucoup de monde, ces peuples n'en sont que plus animés contre eux.

Il serait aisé de les contenir et de rétablir
l'ordre en prenant les mesures que voici :

1.° Il faut établir un petit fort avec une bonne
garnison près du pont de pierre qui traverse le
Kouban : on empêchera par-là les Kabardiens de
communiquer avec ces peuples, de leur vendre
les prisonniers, et de piller le territoire russe, soit
de concert avec eux, soit sous leur nom; mais,
dans ce dernier cas, lorsque les Kabardiens seuls
ont pillé, les Russes ne devraient pas user de
représailles chez les peuples qui sont au-delà
du Kouban.

2.° Il faudrait établir des magasins de sel dans
les endroits suivans :

a. Près du poste de Cosaques du régiment Tabounchikow, sur le Batmakly;

b. Près de Protchnoï-Okop;

c. Sur la Laba;

afin que les peuplades établies de l'autre côté du
Kouban puissent l'acheter au prix auquel il se
vend à la ligne. On pourrait permettre aux marchands russes de se rendre près de ces magasins
et de commercer avec ces peuples, dont ils acheteraient du miel, des pelleteries, des manteaux
de feutre, des chevaux et du bétail; les ven-

deurs recevraient de l'argent, avec lequel ils pourraient faire leurs provisions de sel aux magasins du Gouvernement. En établissant des bureaux de douane, on pourrait engager ces peuples à aller acheter dans les villes russes voisines les objets qu'ils tiraient autrefois d'Anapa, et que, depuis la ruine de cette ville, ils étaient obligés de se procurer chez les Russes.

3.° Il est indispensable de reprendre, à la première occasion favorable, les forts d'Anapa, de Soudjouk-kalah et de Pothi, pour exclure les Turcs des côtes caucasiennes de la mer Noire; mesure nécessaire non-seulement pour être sûr des peuplades au-delà du Kouban, mais aussi dans l'intérêt de la Mingrélie et d'Imeréthi.

4.° En usant de représailles contre les Transkoubaniens qui ont pillé sur le territoire russe, il faut se borner à la peuplade qui a commis les dégâts. Lorsqu'en poursuivant les coupables on traverse d'autres villages, on ne doit pas y toucher; mais ordinairement le contraire arrive aux détachemens envoyés.

5.° Il faut tâcher sur-tout d'entretenir la bonne harmonie avec les anciens des Abazekh, qui exercent une grande influence sur tous leurs voisins et habitent des lieux très-forts; il n'en coûterait que quelques voitures de sel, dont on leur ferait présent tous les ans. Ce moyen a été souvent employé mal-à-propos : c'est ainsi qu'on a prodigué, sans aucun profit, une grande quantité de sel au fameux Ismaël, ouzden des Temirgoï, qui n'est estimé ni de sa famille ni des autres tribus. On prétend qu'ayant excité ses parens à exercer des brigandages sur le territoire russe, il a rendu aux commandans de cette puissance la moitié du butin, qui lui était échue en partage, comme s'il l'eût reprise aux voleurs.

6.° Il faudrait encore gagner l'amitié d'un prince dans chaque tribu, tant par des caresses que par des présens.

7.° Il serait nécessaire de défendre aux Cosaques de la mer Noire de vendre du sel aux peuples de l'autre côté du Kouban; et le Gouvernement ne devrait en faire délivrer qu'aux princes et aux anciens qui sont soumis à la Russie et qui se tiennent tranquilles.

8.° L'établissement des commissaires de frontière sur les points où ces peuples passent pour venir sur le territoire russe, paraît indispensable. Ces commissaires seraient chargés de recevoir leurs plaintes contre les sujets russes, et de se faire remettre leurs armes, que l'on garderait jusqu'au moment où ils retourneraient chez eux. Ces mêmes employés leur délivreraient des passe-ports indiquant l'endroit où ils ont le projet d'aller.

CHAPITRE X.

Bech-taw, ou les cinq montagnes.— Voyage aux bains chauds. — Karas, siège d'une mission anglaise.— Ouvrages qu'on y imprime.— Voyage inutile aux eaux acidules. — Autres eaux minérales du Caucase. — La Kouma et le Podkoumok. — Ancienne communication entre la mer Caspienne et la mer d'Azow.— L'Oudon de Ptolémée est la Kouma.

Les préparatifs pour continuer mon voyage m'ayant retenu à Gheorghiewsk plus long-temps que je ne l'avais pensé, sans cependant exiger ma présence, j'en chargeai mon secrétaire, et je fis un petit voyage aux cinq montagnes voisines, appelées en tatare, بش تاو *[Bech-taw]*, et en tcherkesse, *Och'hi-tkh'ou,* mots qui ont la même signification dans les deux idiomes. Ces montagnes forment la partie la plus septentrionale du Caucase, et se rattachent, par une chaîne de collines calcaires qui se prolonge vers le sud, aux montagnes schisteuses situées à la base de l'Elbrouz, qui est à une distance de quinze milles d'Allemagne. Ptolémée parait avoir assez bien connu ces régions. Il appelle ces montagnes τὰ ἱππικὰ ὄρη [monts des chevaux]. En effet, il ne pouvait pas leur donner un nom plus convenable, sur-tout ne connaissant pas leur nom barbare, puisque c'est précisément dans les environs du Bech-taw qu'on élève encore aujourd'hui les meilleurs chevaux tcherkesses et abazes de la race tramkt : on leur applique par le feu le signe ᛗ sur la cuisse, et ce sont les plus estimés après les chevaux de la race chalokh. Les Tcherkesses-Piatigortsy, si connus dans l'histoire russe, et qui, en 1553, se soumirent au tzar Iwan-Wassiliewitch, habitèrent aussi les monts Bech-taw. C'est pourquoi les anciennes chroniques russes donnent à cette contrée le nom de Пятигорïа. Sur quelques cartes modernes, et particulièrement sur celle des frontières de la Turquie par Zannoni, ce pays est indiqué très-improprement sous le nom de *Bechtowi-daghi;* ce qui, traduit en français, signifierait *les montagnes des cinq montagnes.*

Escorté par six Cosaques du Don, je partis de Gheorghiewsk en voiture, le 11 décembre, par un très-beau temps. On ne compte que trente-cinq werstes de cette ville jusqu'au Bech-taw. Le pays est uni, et la route assez bonne. En deux heures nous sommes arrivés au piquet de Lissagorski, poste de Cosaques à dix-sept werstes de Gheorghiewsk, sur l'escarpement de la rive gauche du Podkoumok, que les Tcherkesses appellent *Goum,* tandis que la Kouma porte chez eux le nom de *Goum-ych* ou vieille Kouma. Les fortifications de ces piquets, et généralement de toutes les *stanitza* ou postes militaires de la ligne, consistent en une double enceinte de claies, quelquefois remplies de terre, mais le plus souvent transparentes. Au-dessus de l'entrée principale il y a une espèce de cabane dans laquelle un Cosaque est continuellement en faction pour examiner ce qui se passe dans les environs. Lorsqu'il aperçoit des ennemis ou des gens suspects en petit nombre, on fait sortir une troupe suffisante de cavaliers pour les observer : on s'approche d'eux, on leur demande ce qu'ils font, ou bien on leur enjoint de montrer leurs papiers. Quelquefois on en vient aux mains, et alors ce sont presque toujours les pauvres Cosaques, mal montés et mal armés, qui ont le dessous. Si les ennemis sont trop nombreux, on ferme le poste et on les tient éloignés par une fusillade qui, le plus souvent, se termine à l'avantage des Cosaques. Le poste de Lissagorski était occupé depuis trois ans par la même garnison de quarante Cosaques du Don, sous les ordres d'un enseigne [хорупджїй] : on devrait les relever tous les deux ans; mais le manque de troupes en empêche. Toute la ligne du Caucase est en général trop faible en troupes contre la quantité de combattans que pourraient leur opposer les montagnards, et sur-tout dans ce moment où la plupart des garnisons ont été envoyées en Géorgie. Il est heureux pour la Russie que les habitans du Caucase ne soient jamais animés par un intérêt commun ; autrement il leur serait très-facile de vaincre en peu de temps toutes les forces russes qui se trouvent de ce côté.

Le Podkoumok fait ici un coude considérable du sud-est au nord-ouest : à sa droite et au nord-est du piquet des Cosaques est le Baralyk, montagne calcaire, que les Russes nomment Лисья Гора, ou Montagne des Renards.

Après avoir changé de chevaux à Lissagorski, nous nous sommes mis en route pour les eaux thermales, qui sont à dix-huit werstes au sud-ouest du mont Machouka : cette source se nomme, en tcherkesse, *Ps'khwaba*, ou l'Eau chaude. Nous y sommes arrivés en une heure et demie, ayant à gauche le Podkoumok, qui est ici très-rapide, et le mont Baralyk. A peu de distance du Machouka, nous avons quitté le bord de la rivière, et nous avons tourné au sud-ouest en passant devant le lac de sel amer, nommé *Djamgata,* qui est à sec pendant l'été. *Djamgata* signifie, en tcherkesse, *la Vache morte.* Ce lac est au pied du Machouka. — A droite, et presque au nord, nous avions le bras droit du Ghemoukh, qui, au-delà d'Alexandrowsk, se jette dans la Kouma à gauche. Le terrain, jusque-là presque uni, et s'élevant seulement un peu vers le Bech-taw, change alors : le chemin devient de plus en plus pierreux, et va sans cesse en montant à travers des collines et des vallons. Nous avons ainsi fait le tour du Machouka par l'ouest et le sud jusqu'à l'est, où la source chaude se trouve sur un point un peu élevé. A une werste de distance on sent déjà l'odeur de l'hydrogène sulfureux ; et plus on approche, plus elle devient forte.

La maison des bains, qui est un méchant bâtiment en bois, renouvelé l'année dernière, est sur une hauteur assez escarpée, presque entièrement composée d'un calcaire formé par le dépôt successif des eaux thermales ; ce qui en prouve l'antiquité. Le bain, taillé dans une roche semblable, est si petit, que six personnes ont de la peine à s'y tenir ensemble. Des rigoles y conduisent l'eau du haut du rocher ; elle s'écoule par d'autres tuyaux. Près de la source, l'odeur du soufre est extrêmement forte. Dans les tuyaux, ainsi que dans la source même, il se dépose beaucoup de soufre, qui, d'après l'essai que j'en ai fait, contient une quantité considérable d'*hydrothion*, et qui, étant nouveau, forme un véritable lait de soufre. Une pièce d'argent neuve est devenue, dans l'espace de quelques secondes, entièrement bleue et chatoyante.

Vis-à-vis du bain, une masse de pierres de tuf, formées par le dépôt calcaire, s'étend du nord au sud : cette petite chaine contient aussi plusieurs traces de pareilles sources, dont la nature change presque tous les ans. Environ à une werste de la source principale, il y en a une autre qui est regardée avec raison comme la principale : on en eut la preuve l'année dernière ; la source du bain se boucha, l'autre se gonfla jusqu'en haut. L'eau de toutes ces sources, dont la température ordinaire est au-dessus de cinquante degrés de Réaumur, dépose souvent ses parties terreuses en forme de mortier blanchâtre. Les Tcherkesses et les Abazes des environs s'en servent pour blanchir leurs appartemens et leurs maisons. Cette masse se durcit peu à peu, et forme enfin un tuf poreux, qui a une cassure rayonnante : il se dissout entièrement dans l'acide nitrique.

Il est inconcevable que l'on mette si peu de soin à conserver et à bien arranger ces sources salutaires, qui seraient de la plus grande utilité si elles étaient mieux connues et si l'on pouvait s'en servir plus commodément. Le bain, ainsi que je l'ai observé plus haut, peut à peine contenir six personnes, tandis que la masse d'eau qui en jaillit suffirait pour quarante. Tout le monde se baigne en commun ; désagrément que l'on pourrait éviter en établissant plusieurs réservoirs. Les étrangers ne peuvent pas trouver de logemens près de la source, où il n'y a d'autres maisons que de misérables cabanes de branches d'arbres [балаганъ], sous lesquelles habitent les Cosaques des environs : on est obligé d'aller demeurer dans le fort de Konstantinogorsk, qui est à cinq werstes de distance. On conçoit combien cet éloignement est gênant pour les personnes qui prennent les bains ; il est même nuisible à leur santé, puisque, dans ce trajet, les malades peuvent aisément se refroidir en sortant de l'eau chaude.

Après avoir vu tout ce qu'il y avait de remarquable dans ce lieu, nous avons quitté le mont Machouka, qui est couvert de bois, et dont le pied avance très-loin dans la plaine voisine. Nous avons voyagé alors au sud-ouest, et ensuite au nord-ouest, et nous sommes arrivés à la mission anglaise, fondée, il y a cinq ans, au pied de la plus haute montagne du Bech-taw, dans le voisinage de Karas, village abaze, qui fut brûlé parce que la peste y faisait des ravages. Dix-sept familles s'y étaient d'abord établies; mais l'insalubrité du climat les a réduites à huit. Il y a deux ans, les Nogaïs et les Abazes leur ont brûlé plusieurs maisons. Le chef de cette mission est Henri Brunton, digne vieillard, qui a été missionnaire en Afrique, chez les Sousous ou Mandingues, près de Sierra-Leone : il a publié une grammaire, un dictionnaire et plusieurs livres de piété, dans leur langue.

Ces missionnaires sont soutenus par la société écossaise fondée pour la propagation de l'évangile. L'empereur Alexandre leur a accordé de grands priviléges, grâce aux bons offices de M. Nikolaï Nikolaewitch Nowossiltsow, alors secrétaire d'état. Le but principal de leur établissement est la traduction de la Bible en tatare, et la conversion des peuples du Caucase, et sur-tout des Tatares, au christianisme, d'après les dogmes de l'église anglicane. Tous ces missionnaires s'appliquent avec beaucoup de zèle à l'étude de la langue tatare, et la plupart y ont fait de très-grands progrès ; car, ayant auprès d'eux, pour les servir, des Tatares de naissance qui se sont fait baptiser, ils ont constamment l'occasion de s'exercer dans cette langue. M. Henri Brunton connait bien la langue écrite ; il a traduit plusieurs petits livres de dévotion, les quatre Évangiles et le nouveau Testament. Tous ces ouvrages sont imprimés, et, d'après ce que m'ont dit plusieurs Tatares que j'ai consultés à ce sujet, très-correctement écrits.

La mission a un atelier complet d'imprimerie pour l'arabe et pour le tatare : il leur a été envoyé de Londres, avec le papier nécessaire pour imprimer trois mille exemplaires du nouveau Testament. Cette imprimerie, pour la beauté des caractères, peut rivaliser avec les meilleures de l'Europe. Il y a deux sortes de caractères : le gros provient des poinçons qui ont fourni les lettres avec lesquelles on a imprimé en Angleterre *Withe's Institutes of Timur* et plusieurs autres ouvrages ; le petit vient des poinçons qui ont servi à former les lettres du nouveau

Testament arabe et des Psaumes, édition de Londres, 1720 et 1730, ainsi que les caractères arabes de Gœttingue.

Ces missionnaires ayant le droit d'acheter des hommes aux habitans des montagnes, ils ont déjà fait l'acquisition de plusieurs Tcherkesses et Tatares; ils les ont instruits dans le christianisme et baptisés, et ils les affranchiront dans la suite. Quoique cette mission soit très-bien dirigée, il est douteux qu'elle puisse remplir les intentions de ses fondateurs; car il est extrêmement difficile de persuader aux peuples de l'Asie d'embrasser une religion dépourvue de cérémonies extérieures : quant à la morale, elle est la même dans toutes les croyances. Les missionnaires ont, en outre, encouru la haine des Tatares Nogaïs voisins, pour avoir converti un personnage tenant à une de leurs premières familles : il est à craindre qu'à la première occasion ils ne deviennent la proie de ces brigands, que ne pourraient arrêter les six Cosaques postés à la colonie anglaise. Leurs maisons sont très-mal bâties et trop étroites : ils ont commencé à en construire une plus grande, dans laquelle ils se proposent de vivre en commun.

Au retour de mon voyage du Caucase, j'ai appris que plusieurs colonies de Frères moraves sont, depuis cette époque, allées de Sarepta à Karas, pour coopérer aux travaux des missionnaires anglais; ce qui a beaucoup augmenté la colonie : mais, avec le temps, elle perdra peut-être ce zèle pur qui distinguait ses fondateurs. Il est à craindre même qu'elle ne soit bientôt qu'une manufacture de toile; car on sait que tous les établissemens des Frères moraves, en Russie, n'ont pour motif que l'amour du gain, qui serait d'autant plus satisfait ici, que la toile et les chemises sont les objets qui, dans tout le Caucase, tiennent lieu d'argent comptant.

Nous avons couché à Karas. Le lendemain matin le temps était très-beau; aucun nuage ne couvrait le Bech-taw : je résolus d'y monter. En quittant la mission, nous nous sommes dirigés, d'abord au nord-ouest, et ensuite tout-à-fait à l'ouest, en gravissant la pente de la montagne du milieu, qui est aussi la plus élevée : les Tcherkesses lui donnent le nom de *Bech-taw-Ichgwa.* Elle est, ainsi que toutes les hauteurs entre la Kouma et la Podkoumka, composée de calcaire primitif, qui ne fait que peu d'effervescence avec les acides. Le pied de la montagne est couvert d'un bois, qui, vers le milieu, s'éclaircit, diminue de hauteur, et finit par disparaître tout-à-fait. Bientôt après on commence à découvrir la roche principale de ce sommet; c'est un porphyre de syénit dont la masse paraît être de feldspath compacte, mêlé de cristaux de feldspath vitreux, d'amphibole et de grains de quartz. La masse de feldspath est grisâtre : dans d'autres endroits, je l'ai trouvée de couleur de chair et jaune de paille; quelques parties étaient traversées par des dendrites fines, semblables à de la mousse.

Le milieu de cette montagne offre seul une masse de rochers. Les flancs de la partie supérieure sont unis et couverts de plantes alpines. La cime a tout au plus deux toises et demie de diamètre ; ce qui donne à l'ensemble de la montagne une forme conique très-prononcée. On avait élevé autrefois une pyramide en pierre de taille sur cette cime; on n'en voit plus que les débris. Les Abazes racontent que la foudre la détruisit il y a six ans. La vue dont on jouit du haut du Bech-taw-Ichgwa, et que le beau temps nous permit de contempler à notre aise, est vraiment magnifique. On apercevait très-distinctement, au sud, l'Elbrouz majestueux, avec son double sommet qui a la forme d'une selle. Les montagnes de neige à cimes dentelées, près des sources de l'Arre-don et du Tcherek, se distinguaient mieux que de la plaine voisine de Gheorghiewsk. Le Mqinwari et le mont Kho-khi, où est la source du Terek, étaient les seuls qui, cachés derrière les montagnes de neige, ne laissaient voir que leurs cimes. La chaîne de ces monts de neige, qui, de l'Elbrouz, se dirige à l'ouest vers la mer Noire, était plus basse que la branche orientale, et commençait plutôt à s'aplanir. Les montagnes voisines du Bech-taw paraissaient très-petites ; on n'y voyait que peu de neige : les monts Cheptsikaï, Ojhafa, Chakhoupsa et Bech-taw-Didako, qui s'élèvent aux extrémités nord et nord-ouest de tout ce noyau montagneux, paraissaient nus et peu considérables. Derrière le Machouka, nous aperçûmes les trois montagnes appelées *Temir-Kou-bechek*, ou la Forge, qui sont situées sur la droite du Podkoumok. Mais le grand froid que nous éprouvions sur le sommet du Bech-taw, et les vents perçans qui soufflaient de tous côtés, nous en firent bientôt descendre pour retourner à Karas.

J'entrepris ensuite, à cheval, le voyage aux sources minérales acidules. Le but principal de cette excursion était d'examiner avec attention les montagnes et leurs pentes, à la gauche du Podkoumok, pour reconnaître si elles ne contenaient pas le même porphyre qui forme la masse principale du Bech-taw; mais je n'y trouvai que du calcaire primitif avec des tufisoles. En partant de Karas, nous avons passé de nouveau devant le pied du mont Machouka, en nous dirigeant vers le Podkoumok, sur un terrain assez uni ; puis nous sommes entrés dans la vallée arrosée par cette rivière, et nous avons passé la nuit dans le petit fort de Konstantinogorsk, situé à sa gauche. Il peut être regardé comme le poste avancé de Gheorghiewsk de ce côté : il en est de même de la redoute de Koumskoï ou Klioutchewoï, située à quinze werstes de distance au sud-est, au sud des montagnes Temir-Koubechek; aussi les garnisons y sont-elles assez fortes.

Le lendemain, de très-grand matin, nous nous sommes remis en route pour les eaux minérales,

qui ne sont éloignées que de trente-deux werstes.
On suit d'abord la gauche du Podkoumok, en
traversant un pays uni et cultivé par les Tcherkesses et les Abazes. On passe le *Psipcha* [Eau
noire], le Gourmik, et l'Essentsouk, ou le petit
Essen, qui se jettent dans le Podkoumok. Depuis l'Essentsouk à gauche, le pays commence
à devenir montagneux. Au lieu de prendre le
chemin ordinaire, qui suit, pendant quelques
werstes, la pente pierreuse à une certaine distance de la rivière, nous ne nous sommes pas
écartés de ses bords. Environ à vingt werstes de
Konstantinogorsk, nous avons traversé à cheval
le Podkoumok, qui coule avec beaucoup de rapidité sur des fragmens de pierre calcaire, mais
qui est peu profond. On ne compte que douze
werstes de ce passage aux eaux minérales, sur
la Nartsana, ou *Vin des dieux*. Nous avions
déjà parcouru la moitié de cette distance, quand
tout-à-coup nous avons aperçu, à quelques centaines de pas en avant, une troupe de quarante
à cinquante Tcherkesses armés qui firent feu sur
nous. Notre troupe n'étant que de dix personnes,
y compris les Cosaques qu'on nous avait donnés
comme escorte, nous n'eûmes pas envie de nous

mesurer avec une bande de Tcherkesses et d'Abazes bien armés et quatre fois plus nombreux, nous jugeâmes que le meilleur parti à prendre était de rebrousser chemin. L'ennemi ne nous opposa aucun obstacle, et s'arrêta pour observer notre retraite. Je proposai à l'enseigne des Cosaques de prendre une autre route un peu plus longue, en côtoyant le Podkoumok jusqu'au confluent de la Nartsana, et en remontant ce ruisseau jusqu'aux eaux thermales ; mais, comme il n'en avait pas trop envie, et qu'il regardait la tentative comme trop hasardeuse, je me vis forcé de renoncer à mon voyage, et de retourner à Konstantinogorsk. On y apprit le lendemain que les ennemis que nous avions rencontrés avaient tenté d'attaquer les eaux minérales et de les détruire, mais que leur plan avait échoué.

Indépendamment de ces eaux minérales des environs de Konstantinogorsk, il y en a beaucoup d'autres dans les parties septentrionales et méridionales du Caucase, composées de calcaire et de schiste; quelques-unes sont fréquentées par les habitans, pour eux-mêmes et pour les bestiaux malades : on ne tire aucun parti des autres. A la source de la Kouma et du Podkoumok s'élève le mont Mara, qui n'est que médiocrement haut. Un habitant de Karatchaï, qui chassait, y découvrit, il y a quelques années, une source minérale beaucoup plus acide que les précédentes. Ayant tué un chevreuil, il en fit rôtir et en mangea une partie; puis, cherchant une source pour se désaltérer, il en trouva une qui jaillissait à gros bouillons, et dont l'eau gazeuse et acidule l'enivra et le plongea dans un profond sommeil. A son réveil, il se sentit très-bien; il remplit son outre de l'eau de cette source, et se mit en route avec son cheval et le reste de son chevreuil. Arrêté en chemin par deux ouzdens abazes, il communiqua sa découverte. Ils le forcèrent à promettre sous serment de garder le secret, parce qu'ils craignaient que les Russes, instruits de la chose, ne s'emparassent de ce lieu; ce qui resserrerait les droits de propriété des habitans des montagnes. Depuis cette époque, les Abazes qui vivent dans les environs, font usage de ces eaux. Quoique transportées au loin, elles conservent encore un peu de leur qualité enivrante.

La Kouma, appelée par les Tcherkesses

Goum-ych, prend sa source, comme on l'a déjà vu, au mont Mara; à quelques werstes, elle reçoit plusieurs ruisseaux assez forts qui coulent de la montagne : hors de la ligne russe, sa direction est presque constamment du sud au nord; en entrant sur le territoire russe, elle prend à sa gauche le Tanlyk. Un peu à l'ouest des sources de cette dernière sont deux lacs salés, qui ont été enclavés en-deçà de la ligne. Vis-à-vis la redoute de *Pechtchanoï-brod* [le Gué sablonneux], l'Andar, sorti des montagnes calcaires, se réunit à la Kouma, à droite ; un mille plus bas, le Kerkel s'y jette du même côté. Près de Prokoriwcheï, au pied de l'Otchek-Kouï, la Kouma reçoit à gauche le Barsouklé koumien. Le Podkoumok, en tcherkesse *Goum* ou *Goumé*, tombe dans la Kouma, à droite, près d'Obilnoï : cette rivière, presque aussi considérable que la Kouma, se forme de deux ruisseaux au pied des montagnes Ketchergan et Baramout, situées au-delà du Kouban, entre les sources de la Malka et le pont de pierre. C'est dans ce canton que les Tcherkesses font paître leurs troupeaux et leurs chevaux, pendant la grande chaleur des mois de juillet et d'août : ils y restent quarante jours, afin d'être à l'abri des mouches et des autres insectes qui tourmentent les bestiaux dans la steppe. Les autres rivières considérables qui se réunissent au Podkoumok, à droite, sont d'abord, dans les hautes montagnes calcaires, le Keberdek, qui reçoit l'Echkalon ; puis la Nartsana et la Stoka.

Au-dessous du confluent du Podkoumok, la Kouma reçoit, à droite, la Salouka, petite rivière de la steppe : dans tout son cours à travers la steppe, elle prend, à gauche, le Karamyklé, la Bywala, et la Soukhaya-Bywala, ou Bywala sèche. Au-dessous de Borgon-Madjar et de Wlodimirowka, village voisin, la Kouma ralentit son cours, et forme plusieurs petits lacs qui communiquent entre eux et laissent des marques de trois embouchures, par lesquelles ils se jetaient autrefois dans le golfe de la mer Caspienne, nommé *Koumskoï-Koultouk*. Les Kalmouks et les Tatares appellent *Kuduk* la plus septentrionale de ces bouches ; elle forme plusieurs petites baies qui communiquent entre elles : pendant l'été elle est à sec, n'arrive pas à la mer Caspienne, et se perd dans de petits étangs, entre des monticules de sable. A peu de distance au sud, on rencontre une autre trace d'une ancienne bouche de la Kouma ; les Russes l'appellent premier *Podkoumok*, ou *Malaya-Kouma*, c'est-à-dire, petite Kouma ; les Tatares et les Kalmouks la désignent simplement sous le nom de *Kouma*. Elle forme aussi des chaînes de petits étangs, et se perd dans le sable, assez loin de la mer. La troisième bouche, qui est la plus méridionale, est le second Podkoumok, ou *Srednaya-Kouma* [moyenne Kouma] ; elle ne parvient pas non plus jusqu'à la mer. Ainsi les eaux de ce fleuve, dont la trace principale se prolonge encore au-delà de ce troisième bras par des chaînes de grands étangs et de petites baies, se perdent au milieu des sables, en formant, à peu de distance de la mer, de petites lagunes. Cependant, lorsque les vents du large enflent la mer le long de cette côte, et poussent ses eaux dans la baie nommée, par les Russes, *Koumskoï-Koultouk*, et par les Tatares et les Kalmouks, *Kouskaï*, et qui est située vis-à-vis de l'embouchure invisible de la Kouma, les eaux remontent jusqu'aux lagunes, et le fleuve semble alors avoir une véritable embouchure dans la mer (1).

Pallas, qui a examiné avec une attention particulière la steppe située entre la mer Caspienne et la mer Noire, présente une conjecture extrêmement probable; c'est que les bas-fonds d'Oulagan-Terni, d'Alabouga et de Bieloe-Ozero, par lesquels la mer Caspienne, gonflée par les ouragans, s'épanche fort loin dans les terres, et la plaine basse, entourée de collines, dans laquelle le Manytch coule avec tant de lenteur, sont l'ancien lit du détroit qui unissait jadis la mer Caspienne à la mer d'Azow. Les collines sablonneuses qui séparent aujourd'hui ces bas-fonds des plaines basses du Manytch, doivent visiblement leur existence aux dunes formées par le sable volant déposé par la mer Caspienne, et transporté par les vents dans l'intérieur des terres : peut-être aussi sont-elles formées des bancs de sable amoncelés dans le détroit même, entre les deux bas-fonds qu'elles interceptent par une langue de terre assez étroite.

―――――

(1) Pallas, *Voyage dans les gouvernemens méridionaux de la Russie*, part. I.", pag. 310.

Ces sables ont également obstrué l'embouchure de la Kouma, fleuve assez considérable, qui coulait sans obstacle, avant cette époque, par le golfe du même nom, dans la mer Caspienne.

La Kouma est sans doute l'Oudon de Ptolémée : ce fleuve, selon cet auteur, prend sa source dans les montagnes kérauniennes, et se jette dans la mer Hyrcane, entre l'Alonta et le Rha [Wolga]. Le nom d'*Oudon* paraît être d'origine *ossète* [sarmate], puisque *don* signifie *fleuve* et *eau* dans la langue de ce peuple, et qu'il termine presque tous les noms des rivières de leur pays.

CHAPITRE XI.

Tribus tatares des montagnes schisteuses et calcaires du Caucase, soumises aux Tcherkesses de la Kabardah. — Karatchaï. — — Leur langage. — Leur religion. — Cimetière des Francs chez eux. — Leur état intérieur. — Physionomie. — Mariages. — Mœurs. — Habillement et armes. — Sermens et divination. — Caractère. — Industrie et commerce. — Chemin qui conduit en Imeréthi par les montagnes de neige, probablement la Porta Cumana *de Pline. — Fable sur les richesses minérales de ces pays.—Familles des Karatchaï.—Districts tatares sur les rivières Bakzan et Tcheghem. —Balkar. — Souanes au nord du Caucase, dans le village de Khoulam.*

LES tribus tatares établies dans les montagnes schisteuses et calcaires, à la source du Kouban, du Bakzan, du Tcheghem, du Naltchik, du Tcherek et de l'Argoudan, ne sont pas les habitans du Caucase les moins dignes d'attention. Les Tcherkesses les désignent sous le nom de *Tatar-Kouch'ha*, et les Géorgiens sous celui de *Bassiani* [ბასიანი]. Guldenstædt se trompe, en supposant que ces derniers les appellent *Djiki*; c'était le nom des Tcherkesses habitant les bords de la mer, qui, en géorgien, se nomment *Djiki* [ჯიქი], et leurs habitations, *Djikethi* [ჯიქეთი]. Ils s'étendaient depuis Bitchwinta, le *Pityus* des anciens et la *Pezonda* des cartes italiennes du moyen âge, jusqu'à l'embouchure du Kouban, le long des bords de la mer Noire. Ce sont les *Zykhi* des anciens et des Byzantins; car *Zykhi* est, comme le dit positivement George Interiano, le nom grec des Tcherkesses.

Le nom de *Bassiani*, sous lequel les Karatchaï ne sont point compris, leur vient de leur famille la plus illustre, à laquelle une géographie géorgienne donne une origine ossète (1).

---

(1) აწერი აწინდელისა ქართლისა სამზღვრითა მთით მდინარითდ გვიმლითა ჭ მას მინა შურებულითა ⹁

Suivant une ancienne tradition conservée parmi eux, ils habitaient depuis long-temps la steppe de la Kouma jusque vers le Don; mais ils ne peuvent indiquer l'époque. Leur capitale, qui était, dit-on, magnifique, s'appelait قرق مجار *[Kirk-Madjar]* : ce qui, dans leur langue, signifie *les quarante bâtimens en pierre*, ou *les quarante chars à quatre roues;* car le mot *Madjar* peut être pris dans l'une ou l'autre acception (1). Ils prétendent que les ruines de Madjar sont les restes de cette même capitale. Plusieurs de leurs princes y ont vécu. Au commencement du second siècle de l'hégire, ils firent une guerre continuelle à leurs voisins, qui ont fini par les chasser : alors ils se retirèrent dans la grande Kabardah, d'où ils furent ensuite expulsés par les Tcherkesses. Partagés en plu-

---

c'est-à-dire, *Description du Karthli moderne, de ses frontières, montagnes, rivières et lieux habités, ainsi que des édifices que l'on y trouve.* — Cet ouvrage intéressant, dont j'ai fait traduire une partie, a été rédigé vers le milieu du dernier siècle. — On y trouve le passage suivant : « Plusieurs *Ossi* sont issus de familles nobles; et la branche de cette nation, appelée *Sidamoni*, est composée des familles suivantes : Chtchakhilitsé, Thagaouri, Kourthaouli, Badelitsé, Tcherkesitsé et Bassiani.

(1) *Voyez* ci-dessus, pag. 167 et 168.

sieurs troupes, ils furent forcés de s'établir sur les plus hautes montagnes (1). Quelques-uns d'eux restèrent près de la Malka, et n'allèrent que plus tard aux sources du Tcherek; ce qui les a fait nommer *Malkar* ou *Balkar*. Ils furent pendant quelque temps tranquilles dans leurs nouvelles demeures; mais, en 1207, Thamar, reine de Géorgie, ayant soumis les Ossètes et d'autres peuples du Caucase, fit subir le même sort aux *Bassiani*. Elle introduisit par-tout le christianisme, dont ces Tatares ont conservé encore quelques vestiges, ainsi que d'anciennes églises dans les montagnes. Ils observent un jeûne de sept semaines au printemps, et un autre de neuf semaines à la fin de l'été : ils s'abstiennent alors de toute espèce de viande, de beurre et de lait.

Il paraît qu'après la conquête de la Géorgie par les Mongols, les *Bassiani* recouvrèrent leur liberté; mais ensuite ils tombèrent sous la domination des Kabardiens, et y sont encore. Ils relèvent plus particulièrement des deux mai-

---

(1) D'après quelques autres notices, cette émigration ne date que de 450 ans.

sons des princes Kourgok et Kaïtouk, auxquels chaque famille est obligée de payer un tribut annuel d'une brebis : ils acquittent cette redevance lorsqu'ils vont dans la Kabardah chercher du millet (1), du poisson salé, de la toile de coton et de lin, du maroquin et d'autres objets, pour lesquels ils donnent en échange de la laine, du drap ordinaire, du seigle, des couvertures de feutre, des peaux de renard et de martre, du soufre, ainsi que de la poudre à canon, qu'ils fabriquent. En hiver, ils conduisent leurs bestiaux dans la Kabardah ; ce qui les met aussi sous la dépendance des Tcherkesses. Lorsqu'ils ont une bonne récolte, et que leurs pâturages sont gras, ils préfèrent acheter le sel en Iméréthi et en Géorgie, ou bien ils le tirent des sources salées des montagnes : dans ce cas, ils gardent leurs troupeaux chez eux, même en hiver, et ne vont pas chez les Kabardiens, auxquels ils défendent de venir chez eux ; ce qui fait

---

(1) On trouve dans Guldenstædt (part. 1.", pag. 462), *Hirsche*, cerfs, au lieu de *Hirse*, millet; ce qui, probablement, est une faute d'impression.—Je dois encore remarquer que tout ce que l'on vient de dire regarde les *Bassiani*, et non pas les *Karatchaï*. Ces derniers sont, comme on le verra plus bas, beaucoup moins soumis à la domination des Kabardiens, et ils ont déjà embrassé l'islamisme.

naître des disputes fréquentes et des guerres continuelles.

La masse du peuple n'a, à proprement parler, aucune religion déterminée ; ils adorent Dieu sous le nom de *Tagri*, et non pas d'*Allah*, comme le dispensateur de tous les biens, ainsi que le prophète Élie [نبى ايليا]. Ils disent qu'Élie se montre souvent sur le sommet des plus hautes montagnes. Ils lui offrent des agneaux, du lait, du beurre, du fromage, et de la bière *[sra]*, au milieu des chants et des danses. Ils mangent du porc. Ils ont des sources sacrées, et ne touchent jamais à aucun arbre du voisinage. Je n'ai pu me procurer d'autres renseignemens sur leur manière de prédire l'avenir et l'issue de leurs entreprises, sinon qu'à l'instar de plusieurs peuplades tatares, ils jettent dans le feu l'omoplate d'une brebis, et tirent leurs pronostics des fêlures et des crevasses qui s'y montrent. — Leurs personnages de distinction ont été forcés par les Tcherkesses d'embrasser l'islamisme ; cependant les Karatchaï ont seuls des mosquées et des moullahs.

Le langage de ces Tatares, qui est le même

chez toutes les tribus, a une très-grande affinité avec celui des Tatares-Nogaïs. On peut en juger par l'oraison dominicale, qui se trouve ici en note (1), et par le petit vocabulaire que l'on trouvera à la fin du second volume.

Ces Tatares, auxquels les Tcherkesses donnent le nom de *Tatar-Kouch'ha* [Tatares montagnards, ou habitant les alpes], et les Ossètes celui d'*Assi,* se composent de plusieurs tribus qui vivent isolées sur les bords de différentes rivières. Les renseignemens que j'ai obtenus sur eux m'ayant été donnés par Sakhar-Iwanowitch-Tcherghilow, Arménien catholique de Mozdok, qui a passé plusieurs années chez les Kara-

---

(1) *Baba miz olan koklerdu, olsoun khass aden, kelsoun*
Père notre étant cieux en, soit saint nom tien, que vienne
chakhleghen, olsoun aradeten erdu ky oldyghi kok
royaume tien, soit volonté tienne terre sur comme elle est ciel
du, bougoun wir bizu hergunghi etmekmiz, wa bizu
du, aujourd'hui donne-nous journalier pain notre, et nous
baghechla afouilu borudjlar mizi, nemuku biz borudjlar
accorde rémission avec dettes notres, comme nous aux débiteurs
mizu afou ilires, wa bizi ketunnu imtekhzon, amma
notre pardon donnons, et nous ne conduise tentation en, mais
bochat cherirdem, sira sulthanlek senunkider wa assim wa istekhar
délivre mal de, car royauté tienne est et force et gloire
daim.
toujours.

tchaï, ils sont beaucoup plus détaillés pour ce qui concerne cette tribu ; cependant ils peuvent, à quelques exceptions près, s'appliquer à toutes les autres peuplades tatares voisines.

I. Les [قراچای] *Karatchaï* [Ruisseau noir], et non pas *Kara-outzi*, sont nommés par les Tcherkesses *Karchaga-Kouch'ha;* par les Mingréliens et par les Iméréthiens, *Karatchioli;* par les Tatares, *Kara-Tcherkess* [قرا چرکس] ou Tcherkesses noirs, parce qu'ils sont sujets des Tcherkesses. Les Géorgiens du moyen âge les ont également désignés sous le nom de ყარა ჯიქი *[Qara-Djiki],* et leur pays sous celui de *Qara-Djakhethi*, puisque *Djiki* et *Zykhi* sont synonymes et signifient *Tcherkesses* (1). Ils prétendent avoir quitté Madjar pour occuper

---

(1) Reineggs (part. 1.'', pag. 271) dit : « La horde sauvage de la tribu » Karaghaï, composée de cent trente familles, est établie près du » petit Kouban, ainsi que les tribus Kilitoh et Kech, qui forment » trois cents familles. » — Il comprend ici le Kouban supérieur sous la dénomination de *petit Kouban*, qui est tout-à-fait inusitée : on trouve les Karatchaï sur la Подробная карта, où ils sont désignés sous le nom de Карачаги.

leur pays actuel, avant que les Tcherkesses fussent venus dans la Kabardah. Ils font dériver leur nom de *Karatchaï,* de celui du chef sous lequel ils se fixèrent sur les bords du Kouban. Pallas (1) étend trop leur pays à l'ouest, en les faisant confiner sur l'Ouroup avec les Bechilbaï. Ils vivent dispersés sur les bords du Khourzouk, du Kouban et du Teberde, au pied septentrional de l'Elbrouz, qu'ils appellent *Minghi-taw.* Ils sont séparés des Tcherkesses par les monts Kandjal, Tchalpak et Ourdi; et au nord, par les monts Awarsetch, Ketchergan, Baramout et Mara : à l'ouest, ils confinent avec les tribus abazes de Tramkt, de Lôou et de Klitch. Leurs deux villages principaux sont Karatchaï, situé à la jonction du Khourzouk au Kouban, à gauche, et composé d'environ deux cent cinquante maisons, et un autre de cinquante maisons sur le Teberde, à l'ouest du Kouban supérieur : ce dernier a été bâti récemment par les Karatchaï fugitifs, qui ont quitté le village principal pour n'être pas exposés aux incursions des Kabardiens. Le chemin qui conduit chez eux est très-incom-

---

(1) *Voyage dans les gouvernemens méridionaux,* part. 1.", pag. 407.

mode ; l'on ne peut y aller qu'à cheval : il suit les bords du Kouban et du Bakzan.

On compte dix-sept werstes de Karatchaï au pont de pierre sur le Kouban, appelé par les Tcherkesses *Miwwe't'lemich;* et par les Tatares, *Tach-Kopir.* La route suit la rive droite du Kouban ; elle est impraticable pour les voitures. Pour aller de Karatchaï à la grande Kabardah, éloignée de soixante à soixante-dix werstes, on remonte d'abord le Khourzouk jusqu'à sa source, et l'on traverse ensuite le mont Tchalpak , en laissant à droite le mont Kandjal (1). Ce chemin est très-incommode. Il n'y a ensuite, jusqu'au pied du Minghi-taw ou Elbrouz, que quinze werstes, que l'on peut parcourir dans une demi-journée ; mais le sommet de cette montagne est inaccessible.

Tous les Karatchaï étaient autrefois païens, de même que les Balkar et les Tcheghem ; tous aujourd'hui sont mahométans : ils abhorrent la chair de porc, dont ils faisaient un grand usage. Ce n'est que depuis trente ans (1782) qu'ils ont

---

(1) Ce mont tire son nom de sa forme aiguë : خنجر *[khandjar]*, qui signifie *poignard* en langue tatare, est prononcé, près du Caucase, *kandjal*, et en russe книжалъ.

été convertis à l'islamisme par Isaak-effendi, moullah kabardien, qui était aux gages de la Porte. Leur effendi actuel s'appelle aussi *Isaak;* leur moullah, *Othman;* et leur muezzin, *Gouotchaï.*

Ils n'ont pas la moindre notion du christianisme, et n'observent que les jeûnes prescrits par le Koran. Cependant, hors du village Karatchaï, près d'un cimetière destiné aux étrangers, et qu'ils appellent *Ghetmichbach* (1), on voit beaucoup de tombeaux, qu'ils regardent comme ceux des catholiques *[Frenghi]*. Les Karatchaï appellent leurs princes *by*. Les familles les plus illustres chez eux sont Krym-Chochali, Ourouzby et Moudari. Le peuple ne leur paie aucun impôt, non plus qu'aux ouzdens ou nobles : cependant les princes ont le droit de prendre à chaque habitant les chevaux dont ils ont besoin pour leur usage; ils les rendent au propriétaire au bout de quelque temps. Les Karatchaï sont d'ailleurs tenus de payer certaines redevances aux princes kabardiens, qu'ils appellent *bek*, et que tous, sans exception, regardent comme leurs

---

(1) *Ghetmichbach* signifie *embouchure du Ghetmich*, ruisseau

suzerains. Ces beks reçoivent ordinairement cinq brebis de chaque famille; mais les possesseurs de terres leur donnent de plus un joli cheval, un bœuf, des manteaux de feutre *[yamatché]*, des pelleteries, des chaudrons de cuivre et d'autres objets.

Quoique les Karatchaï ne doivent à leurs princes aucune distinction particulière, les ouzdens sont cependant tenus d'accompagner à cheval le by dans ses expéditions. Lorsque le by achète quelque chose, il en donne ordinairement une partie à sa suite, qui, en revanche, est obligée de le bien nourrir et de le servir à table, en lui présentant des mets convenables à son rang.

Comme ils font un très-grand cas de l'amitié des princes de la Kabardah, chaque famille cherche à rendre service à l'un des plus puissans, pour avoir un patron et un protecteur dans des malheurs imprévus ou en cas de quelque attaque. Alors personne n'ose offenser, ni publiquement, ni secrètement, un de ces protégés; souvent même des familles obscures obtiennent du crédit et de la considération par l'effet de l'amitié contractée avec un prince kabardien. Ainsi, ni les

Abazes ni les Nogaïs n'osent commettre aucune espèce de brigandage chez les Karatchaï, de peur d'être châtiés par les Kabardiens, avec lesquels ils cherchent, au contraire, à se maintenir constamment dans la meilleure intelligence.

Les Karatchaï appartiennent aux plus belles races d'hommes du Caucase ; ils ressemblent plutôt aux Géorgiens qu'aux Tatares nomades de la steppe : ils sont bien faits, et ils ont de très-beaux traits, relevés encore davantage par de grands yeux noirs et par la blancheur du teint (1). On ne voit pas chez eux, comme chez les Nogaïs, ces visages larges et plats, ni ces yeux enfoncés et obliques, qui seraient un indice de mélange avec des tribus mongoles.

Ordinairement ils n'épousent qu'une seule femme; quelques-uns en ont cependant deux ou

---

(1) Le P. Arch. Lamberti, qui visita la Mingrélie vers le milieu du XVII.ᵉ siècle, a fait la même réflexion sur les Karatchaï. « Les *Caratcholis*, dit-il, habitent aussi vers le nord du Caucase. Il y en a qui les appellent *Caraquirques*, c'est-à-dire, Circassiens noirs : ils sont fort blancs de visage, et ce nom leur a peut-être été donné à cause que l'air de leur pays est toujours sombre et couvert de nuages. Ils parlent turc, mais si vite, qu'on a de la peine à les entendre. J'ai fait quelquefois réflexion sur ce qu'ils ont conservé, au milieu de tant de nations différentes, la pureté de la langue turque, &c. »

trois, avec lesquelles ils vivent très-paisiblement : bien différens des autres peuples montagnards, ils ont pour leurs femmes beaucoup d'affection et d'humanité; de sorte qu'elles sont, comme chez nous, les compagnes et non les esclaves de leurs maris. Les épouses des princes occupent un appartement particulier : elles ne peuvent se montrer aux étrangers ni leur parler. Pendant le jour, il n'est pas permis à un mari d'aller chez sa femme; il n'y va que la nuit : cet usage tcherkesse est aussi observé chez les ouzdens riches; mais les gens du peuple demeurent auprès de leurs femmes, et permettent aux étrangers de les voir et de leur parler. Leurs filles sortent peu : elles s'occupent à filer de l'or et de l'argent, et à coudre les habits de leurs pères et de leurs frères. Lorsqu'une fille se marie, les parens, selon l'usage des autres Tatares, reçoivent un *kalim*, qui s'appelle ici *prix du sang*. Lorsque l'époux est riche, il envoie à sa future un habillement complet, qu'elle doit porter lorsqu'on la conduit chez lui; ce qui ne peut avoir lieu que la nuit. Le jour de la noce, l'époux invite chez lui tous ses amis, et leur donne un grand repas : on en fait autant chez la fiancée, mais elle n'y invite que des femmes. Vers le soir, les jeunes gens sortent et se rendent chez la fiancée pour l'accompagner chez son époux. Les fêtes durent trois jours : on danse, on mange et l'on boit. Les jeunes gens font connaissance avec les filles du village, d'où il résulte des liaisons qui donnent lieu à d'autres mariages. Il est d'usage, à la noce, d'exécuter une danse en rond d'un caractère particulier, à laquelle prennent part les jeunes gens des deux sexes.

Lorsqu'un jeune homme a le projet de se marier, il n'en dit pas un mot à ses parens, de crainte qu'ils ne désapprouvent son choix et ne lui suscitent des obstacles ; ce sont ordinairement les parens qui se chargent de lui trouver une épouse sortable à sa condition et à sa fortune. Les fiançailles sont célébrées sans délai ; mais la noce est remise à une époque plus éloignée, de manière que les fiancés sont obligés souvent d'attendre quatre mois, six mois, et même un an. Tant que le mariage n'est pas célébré, il est défendu au prétendu de voir sa future, ou de lui parler ; elle ne le voit pas non plus. Le futur ne peut s'asseoir en présence des parens de sa fiancée; s'il est assis au moment où ils entrent dans l'appartement, il est obligé de se lever : il ne peut même lier une conversation avec eux avant d'être marié définitivement avec leur fille.

Si quelqu'un porte atteinte à la pudeur d'une fille ou d'une femme mariée, et si la chose est connue dans le village, tous les habitans se rassemblent près de la mosquée, où l'on conduit aussi le coupable. Le jugement est rendu par les anciens; il porte ordinairement la peine du bannissement, avec défense de jamais reparaître dans les environs de Karatchaï, sous peine de la vie. Le père chasse sa fille, et le mari sa femme coupable : ni l'un ni l'autre ne consentent jamais à les rappeler. Souvent le séducteur est tué, et la partie outragée quitte volontairement le pays pour cacher sa honte dans un endroit éloigné de ses anciens compatriotes. Cependant ces cas sont très-rares.

Lorsqu'un prince ou un noble n'a point d'enfans de sa femme légitime, et en a d'une de ses esclaves, ces derniers s'appellent *thouma* ou *tchankoua*. Les garçons sont remis, à l'instant même de leur naissance, à un homme sans fortune, qui les élève avec soin jusqu'à la mort de leur père : alors les *thouma* succèdent de plein droit, et se mettent en possession des biens de leur père, comme s'ils étaient légitimes. Mais, si le défunt laisse des enfans de sa femme, et que ces derniers refusent de reconnaître le bâtard comme leur frère, de le recevoir dans leur maison et de lui céder une partie de la succession paternelle, ils le tuent, parce qu'il n'a pas de parens pour venger son sang. Cependant les enfans légitimes, par égard pour le sang de leur père, épargnent souvent le bâtard, le reconnaissent comme leur frère et le laissent participer à la succession. Ordinairement le bâtard prend son père nourricier dans sa maison, et, par reconnaissance, se charge de le nourrir le reste de sa vie.

Plusieurs Karatchaï confient l'éducation de leurs fils à leur moullah, qui leur enseigne à lire et à écrire. Lorsque les élèves sont suffisamment instruits, ils obtiennent le titre de *Tokhta*, et sont obligés de chanter le Koran dans la mosquée durant le service divin : quand ils ont rempli quelque temps cette fonction, ils deviennent moullahs, à moins qu'ils ne préfèrent une autre profession.

Tom. I.   T

Les Karatchaï ne sont pas si adonnés au brigandage que leurs voisins les Tcherkesses et les Abazes ; on entend même rarement chez eux les mots de vol et de tromperie. Ils sont laborieux et s'occupent principalement d'agriculture. Toute leur peuplade n'étant composée que de deux cent cinquante familles, ils sont trop faibles pour faire le métier de guerriers, à l'imitation des Kabardiens, leurs maîtres et leurs protecteurs.

Le sol de leur pays est fertile et produit du froment, بوداى *[budaï]*, de l'orge, اربة *[arpa]*, du millet, تارى *[tari]*, et de l'herbe en quantité pour la nourriture des bestiaux. Cependant ce pays n'a que huit werstes de largeur, et tout ce qui l'entoure est couvert de bois dans lesquels on trouve des poiriers sauvages ; on y rencontre aussi beaucoup de cornouilles, que l'on confit avec du miel et que l'on vend aux Turcs et aux Kabardiens. Les forêts contiennent beaucoup d'animaux, tels que des ours, des loups, des chèvres sauvages de deux espèces différentes, des lièvres, des chats sauvages dont la fourrure est très-estimée, et des martres. Les Karatchaï vendent aux marchands étrangers les peaux d'ours, de lièvre, de chat et de martre, et gardent pour eux les peaux de chèvre sauvage pour en faire des tapis qu'ils étendent dans l'endroit où ils se mettent à genoux pour prier. Ils en font aussi des tiges de botte et de bottine à la tatare, ou bien ils les coupent en bandes très-minces dont ils se servent pour coudre. Ils nourrissent beaucoup de brebis, d'ânes, de mulets, قتر *[kadra]*, et de chevaux : ces derniers sont petits, mais forts, vifs, et très-propres aux courses dans les montagnes. Ils font du beurre, ainsi que du fromage, بيشليك *[bichlik]*, qui est excellent. Leur nourriture habituelle est le *kefir*, ou mouton cuit à l'eau, et le *chislik*, ou la viande rôtie au bout de brochettes, et des gâteaux remplis de hachis et d'autres choses. Leur bière صرى *[sra]* est, comme celle des Ossètes, la meilleure de tout le Caucase ; elle égale le *porter* anglais. Ils distillent de l'eau-de-vie d'orge et de blé, et font ordinairement cuire leur pain sous la cendre. Ils aiment beaucoup à fumer, et ils cultivent le tabac : ils en ont de plusieurs qualités, qui sont très-recherchées; ils en vendent aux Nogaïs, aux Souanes et aux Juifs : ces derniers le portent dans la Kabardah et la Russie.

Lorsque leurs chevaux sont vieux et hors d'état de servir, ils leur coupent la queue et la crinière, et les laissent paître dans le bois, où ces animaux engraissent beaucoup; ensuite on les tue et l'on en fait sécher la chair, que l'on conserve pour l'hiver, ou bien on la coupe en petits morceaux pour faire des saucissons, qui sont regardés comme des morceaux très-friands et dont on régale ses amis : on mange dans le ménage la panse, le foie et les autres morceaux de ce genre. Ils ne font jamais de *kumis*, ou eau-de-vie de lait.

Les hommes portent, comme les Tcherkesses, des habits de drap qui ressemblent à un surtout étroit et se nomment *tchimek*. Ils fabriquent eux-mêmes leur drap, qui est recherché dans tout le Caucase. Les femmes portent aussi des habits de drap, et des pelisses lorsqu'elles se montrent en public; mais, pendant les grandes chaleurs de l'été, elles n'ont qu'une robe légère en toile de coton blanche. Les plus jeunes se coiffent avec un bonnet de paillettes d'argent, et se tressent les cheveux, qui, liés avec un ruban blanc à la manière des Tcherkesses, leur tombent sur les épaules. Les femmes d'un certain âge se couvrent la tête avec un drap blanc.

Leurs maisons sont très-propres : elles sont construites en bois de pin et n'ont pas de poêles ; les fenêtres en sont assez petites. Leurs principaux ustensiles consistent en différens chaudrons de cuivre, qui pendent par un crochet au-dessus du feu : ils viennent d'Anatolie par Sokhoum-kalah. Les lits sont en bois, un peu élevés au-dessus du plancher, et garnis de coussins et de tapis.

Leurs armes sont le fusil, le pistolet, le sabre et le poignard ; autrefois ils avaient aussi des boucliers, فالقان *[kalkan]*, et deux sortes différentes de pieux *[sounghé* et *moudjoura]*. Ils n'ont pas de voitures, à cause de leurs chemins raboteux ; ils transportent tout à dos de cheval.

Si quelqu'un est assassiné, ses parens font tous leurs efforts pour venger son sang par la mort du meurtrier; ce qui, dans leur opinion, est le seul moyen de tranquilliser l'ame du défunt et leur propre conscience. Quelquefois cependant un prince cherche à réconcilier les deux parties ; il invite tous les parens de l'un et de l'autre côté :

on tue un bœuf ou un mouton, et on le mange en buvant beaucoup de bière; alors la réconciliation s'effectue presque toujours. Mais, si celui qui doit venger la mort d'un parent est pauvre ou lâche, ou si le défunt ne laisse aucun parent en état de punir le meurtrier, la réconciliation se fait au moyen de toute sorte de présens, dont la valeur va souvent au-delà de 600 roubles d'argent. C'est ce que les Karatchaï appellent *kanbahazé*.

Si le meurtre n'a pas été commis à dessein, on le regarde, à la vérité, comme un crime; mais la réconciliation n'en est que plus facile, et l'on parvient presque toujours à l'effectuer.

Les princes des Karatchaï épousent les filles des ouzdens kabardiens, et ceux-ci à leur tour prennent pour femmes les filles de ces princes: chez ces derniers, la dot *[kalim]* excède la valeur de mille roubles d'argent en armes et en bestiaux.

L'éducation de leurs enfans est digne d'éloge et très-sévère: un fils qui désobéit à son père et qui ne se corrige pas, malgré les exhortations réitérées, est placé près de la porte de la mosquée, en présence de tous les habitans du village, et on l'invite sérieusement à changer de conduite. Si ce moyen ne réussit pas, les parens le chassent de la maison. On lui donne les objets de première nécessité, et il ne peut plus remettre le pied dans la maison paternelle : si sa conduite est trop scandaleuse, on le bannit même du village, et on lui défend d'y jamais reparaître.

Si quelqu'un se rend coupable de trahison, ou si quelque étranger vient les espionner chez eux, tous les habitans prennent les armes pour l'arrêter, et il paie de sa tête le crime qu'il a commis. Ordinairement ceux qui le poursuivent ne s'arrêtent qu'après l'avoir mis en pièces. Cela prouve que la civilisation n'a pas fait des progrès chez ces *barbares*, et que les droits de l'homme n'y sont pas respectés.

Toutes les fois que les habitans de Karatchaï veulent délibérer sur un objet important, les anciens se rassemblent près de la mosquée. Si ce sont des transactions à conclure, les deux parties sont obligées d'en jurer l'observation : quiconque viole son serment paie cinq ou dix brebis au village ; en cas de récidive, le coupable, après avoir acquitté l'amende, est obligé de prêter un nouveau serment. On n'a pas d'exemple de la violation d'un serment renouvelé. Voici comment on procède à sa prestation : on se rassemble dans le vestibule de la mosquée, où le moullah tient le Koran levé; celui qui prête le serment met sa main sur le livre, et prend Dieu à témoin de la vérité de ce qu'il va prononcer; la cérémonie est terminée, et le serment regardé comme inviolable.

A la mort d'un homme, les femmes poussent des cris épouvantables, se frappent le sein et s'arrachent les cheveux; les hommes qui accompagnent le convoi, se donnent sur le front de grands coups de fouet, et ils se percent le bout de l'oreille avec un couteau : mais au retour du cimetière on s'enivre avec de la bière pour calmer la douleur. Les Karatchaï ont recours à la divination, sur-tout avant de monter à cheval ou d'aller à la chasse. Ils prennent quarante-un petits cailloux, pois, haricots, féves, ou grains d'orge; ils en font de petits tas rangés d'après certaines règles, et, d'après leur position respective, ils prédisent la bonne ou la mauvaise issue de leur entreprise. Ils sont tellement convaincus de l'infaillibilité de ces pronostics, que, lorsque les signes se trouvent favorables, ils s'empressent d'exécuter leur dessein; mais, s'ils sont contraires, rien ne saurait les déterminer à l'entamer. Cependant il en est beaucoup qui n'ajoutent foi à aucune de ces jongleries.

Du reste, ils sont superstitieux, comme tous les montagnards, et racontent un nombre incroyable d'histoires de démons, de lutins et d'esprits qui hantent les montagnes. Voici un de ces contes : Un mauvais esprit, nommé *Salmasti*, habite une forêt; il est du sexe féminin et a de longs cheveux. Il y a environ vingt-cinq ans qu'un habitant du village s'empara de lui, le conduisit dans sa maison, et lui arracha un cheveu qu'il cacha soigneusement : cette opération rendit le lutin soumis aux ordres du villageois. Un jour, celui-ci lui ordonna de lui préparer de la *boza*. L'esprit mit le chaudron sur le feu, et fit cuire le millet : lorsque la boisson fut prête, les maîtres de la maison en sortirent; ils y laissèrent deux petits enfans, qui prièrent le farfadet de leur donner quelque chose à manger : il le promit, mais à condition qu'ils lui diraient où son cheveu était caché. A peine les enfans le lui eurent montré, qu'il s'en empara aussitôt, et fut par-là affranchi de sa sujétion envers son maître. Il jeta les deux enfans dans le chaudron, et se sauva dans les bois, où l'on prétend qu'il est toujours.

Le précepte de jeûner les jours fixés par le Koran est scrupuleusement observé par les Karatchaï, et sa violation est regardée comme un grand crime : il en est de même des prières journalières. Ils sont sunnites, comme tous les habitans du Caucase, et ils ont une grande haine pour les sectateurs d'Ali. — Autrefois ils mangeaient beaucoup de chair de porc et de sanglier; mais aujourd'hui ils l'ont en une telle horreur, qu'ils regardent comme impur quiconque touche un de ces animaux.

Ils sont d'un caractère emporté; la moindre chose qui les choque les met dans une colère excessive : mais ils s'apaisent aussi promptement, et ne tardent pas à reconnaître leur tort. En général, on peut dire avec beaucoup de raison qu'ils sont le peuple le plus civilisé du Caucase, et que, pour la douceur des mœurs, ils l'emportent sur tous leurs voisins. Ils montrent une soumission et un respect extrêmes pour leurs supérieurs, les princes de la Kabardah : ils en exécutent les ordres avec exactitude et célérité. Ils soulagent les pauvres de tous leurs moyens. Les riches leur prêtent des bœufs, leur donnent du travail et les paient bien, afin de leur procurer une existence aisée et honnête.

Les Karatchaï ne se livrent à aucun autre travail qui exige beaucoup de peine et de patience ; ils tirent même leurs fusils, leurs sabres et leurs poignards, de leurs voisins les Tcherkesses, de Sokhoum-kalah et des Abazes. On ne trouve dans leur pays ni sel ni fer. Ils achètent des Tcherkesses et des Nogaïs le plomb, les autres métaux, et en général toutes les choses dont ils ont besoin. Pour saler les viandes qu'ils gardent pour l'hiver, ils se servent de l'eau d'une source qui est près du Khourzouk; ils l'emploient aussi dans leur cuisine.

Ils n'ont guère d'autre boisson que la bière et la boza. Ils font avec le froment et l'orge de l'eau-de-vie très-forte; mais ils n'en boivent que rarement, parce que ces boissons enivrantes sont défendues par le Koran. Ils font leurs provisions de bière et de boza pour l'hiver. Ils n'ont pas de miel, parce que le climat est trop rude pour que les abeilles puissent le supporter en hiver : au reste, ils ne connaissent pas la manière de les soigner. Le miel dont ils ont besoin leur est fourni par les Kabardiens; il n'est employé que pour confire les cormes et les autres fruits semblables.

Leurs montagnes fournissent du salpêtre et du soufre; ils n'ont pas besoin, comme les Tcherkesses, de lessiver le pavé des étables et le fond des parcs pour en extraire le salpêtre: leur poudre à canon est fine et très-forte.

Ils vendent les produits de leur industrie, tels que le drap شال *[schâl]*, le feutre كيس *[kiis]* pour couvrir le pavé, les fourrures, les capuchons باشلق *[bachlik]*, &c. aux Iméréthiens, ou bien à Sokhoum-kalah, qui est un fort turc, situé sur la mer Noire; il s'y fait un commerce considérable avec le Caucase occidental : les Karatchaï y achètent de la toile de coton, des soieries, des pipes très-estimées, du tabac turc, des aiguilles, des dés à coudre et des peaux de loutre. Leur commerce avec les Kabardiens, auxquels ils achètent du sel et d'autres productions de la Russie, est beaucoup moins considérable. Les Turcs peuvent leur fournir tous les objets qui leur sont nécessaires, de meilleure qualité et à plus bas prix, parce que les marchandises arrivent de Constantinople par eau. Les Souanes, que les *Bassiani* nomment *Ebzé*, commercent aussi avec les Karatchaï, auxquels ils fournissent principalement du plomb et du soufre.

A peu près à six milles d'Allemagne, au sud-ouest du village de Karatchaï, est le mont Djouman-taw, près duquel commence le pays habité par les Souanes. Entre cette montagne et l'Elbrouz, à l'est, est la vallée étroite arrosée par le Teberde, et qui se prolonge jusqu'aux montagnes de neige. La route qui traverse le Caucase et conduit aux sources du ცხენის წყალი [*Tskhenis-tzqali*], puis jusqu'en Iméréthi et chez les Mingréliens, passe par cette vallée ; elle est entourée de rochers escarpés. Au sud, à sa sortie vers l'Iméréthi, elle a environ huit cents toises de largeur. On trouve à l'ouest le village de Kemmé, qui fait encore partie de la province iméréthienne de Letchkoum, et renferme quarante huttes en pierre. On dit que la sortie de cette vallée, au nord, était autrefois couverte de maisons et fortifiée;

les habitans des environs prétendent même y avoir vu des restes de murailles : ils disent enfin que le fort était bâti sur des barres de fer et des poutres fort épaisses, et que, par cette raison et à cause de la clôture du chemin, elle avait été appelée *la Porte de fer*.

De semblables fortifications dans les gorges des montagnes sont très-fréquentes dans le pays des Souanes. Le P. Lamberti assure que, depuis cent cinquante ans, une muraille longue de soixante lieues avait mis la Mingrélie à l'abri des incursions des peuples qui habitaient le nord du Caucase. Reineggs (1) prétend que la

---

(1) Vol. II, pag. 20 et 21. — Dans un autre passage (pag. 140 de la deuxième partie), il donne une notice encore plus inexacte de ce canton : « Il paraît indubitable, dit-il, que toute la *Porta Cumana* a été ouverte du côté sud par la main des hommes, et que la grande vallée que l'on voit aujourd'hui a été percée dans le roc. Les murailles sont maintenant couvertes de terre et méconnaissables : mais, dans les endroits où les pierres sont un peu à découvert, le schiste corné change toujours de nature, et s'enfonce vers le nord-est, après que l'on a parcouru un tiers du chemin, qui alors est coupé et fermé du côté du nord par de grandes masses de rocher; il faut franchir des défilés impraticables entre les hautes montagnes de granit, avant de parvenir à l'ouverture septentrionale de la *Porta Cumana*. Si, recourant aux notices anciennes, on voulait, d'après les revenus journaliers en or et en argent, calculer la quantité de métal que l'on retirait chaque jour, il en résulterait qu'outre les moyens ordinaires, l'emploi d'un grand nombre d'ouvriers était

vallée dont on vient de parler, située entre
l'Elbrouz et le Djouman-taw, pourrait bien

---

indispensable pour cette exploitation. Or, comme ce grand nombre
d'ouvriers n'aurait pu agir sur un terrain si étroit sans se gêner réciproquement, on doit en conclure que *le métal y était si abondant,
si productif et si facile à exploiter, qu'un poids déterminé d'or et d'argent pouvait être retiré avec un petit nombre d'ouvriers.* » — Il n'existe
cependant pas le moindre vestige de ces mines si riches en or et en
argent, et aucun auteur n'en parle, excepté Strabon. Le récit de ce
géographe a d'ailleurs l'air fabuleux, puisqu'en parlant des Souanes
il dit : *Chez eux les ruisseaux, à ce qu'on prétend, charient de l'or et
de l'argent,* que ces barbares recueillent *avec des planches trouées et
sur des peaux garnies de poils ; ce qui a donné lieu à la fable de la
toison d'or.* — Selon toute apparence, ce que l'on prend pour un
récit n'est qu'une hypothèse pour expliquer la fable de *la toison d'or.*
Cependant on a cherché dans les derniers temps, mais sans succès,
à retrouver ces mines si riches. Jean Fischer, qui dans la suite
prouva qu'il avait l'esprit aliéné, présenta un projet à l'empereur
Paul pour découvrir les riches mines dont il est question dans
Strabon ; mais on ne lui fit aucune réponse. A l'époque de la prise
de possession de la Géorgie, il renouvela sa proposition, qui fut
acceptée : on lui fournit les moyens d'aller dans le Caucase ; et le
comte Moussin Pouchkin, qui y était comme inspecteur des mines,
reçut ordre de donner à Fischer deux officiers et quatre ouvriers
des mines pour l'assister dans ses travaux. Fischer chercha les lieux
habités par les *Lychou*, peuple indiqué par Reineggs ; mais personne
ne put lui en rien apprendre, puisque Reineggs voulut parler de
la province de *Letchkoum*. Enfin, après de longues et inutiles recherches, Fischer entendit parler d'un village appellé *Lytchou*,
situé près de la frontière géorgienne et dans la province de Wakhan,
appartenant aux Iméréthiens : il y courut aussitôt ; mais il n'en
remporta que des pierres qui ne contenaient pas un atome du
métal qu'il cherchait. — Il n'y a pas long-temps qu'un autre minéralogiste s'est mis en route pour aller chercher la toison d'or.

être la *Porta Cumana* de Pline ; mais cet auteur ancien ne connaît pas cette porte : il dit, à la vérité, que, près des portes Caspiennes, il y a un château nommé *Cumania*, bâti sur un rocher ; ce qui ne peut nullement être appelé une *Porte cumanienne*. Je ferai connaître plus tard ce que Pline a voulu désigner par l'expression de *Porte caucasienne* : ici je me bornerai à faire observer que la *Porta Cumana* est une des méprises dont fourmille l'ouvrage de Reineggs, et qu'il n'en est question dans aucun écrivain de l'antiquité (1).

---

(1) Je vais indiquer les familles des princes les plus distingués chez les Karatchaï, et les noms de leurs membres qui sont actuellement vivans.

1. *Famille de Krym-Chochali.*

Ghilakhzan, fils de Binagor ;   Kazi, fils de Kutchuk ;
Aslan-beg, fils de Ghilakhzan ;   Ismaïl, fils de Kutchuk ;
Kara, fils de Ghilakhzan ;   Binagor, fils de Moudara ;
Islam, fils d'Achagmat ;   Missost, fils de Moudara ;
Missots ou Missaost, fils de Kutchuk ;   Achagmat, fils de Moudara.

2. *Famille Hassan* [Hassan-Oullou].

Musa,   Binagor,
Othman,   Doudarouk,
Ismaïl,   Missost.

3. *Famille Koumouk* [Koumouk-Oullou].

Omar,   Djenaï.   Othman.

II. A l'est de Karatchaï est situé le district tatare de Bakzan, dans les montagnes schisteuses, à la partie supérieure de la grande rivière nommée aussi *Bakzan*, et près de la source du Koulkoudjin, ruisseau qui se jette dans un lac salé, où l'on ramasse le sel en hiver.

---

4. *Famille Chaban* [Chaban-Oullou].

Makhmat, Hassana,
Tchopal, Goudenet.
Taw-sulthan,

5. *Ire Famille Dotta* [Dotta-Oullou].

Omar, Othman, Krym-Chokhal.

6. *Famille Kotchkar* [Kotchkar-Oullou].

Mourtassa, Omar,
Othman, Kerim.

7. *Ire Famille Tchotch'kha* [Tchotch'chalar].

Mahhmout, Othman,
Hassana, Moustafa.

8. *Famille Kaissin* [Kaissin-Oullou].

Kaissin, Mirza,
Bekir, Othman.

9. *Famille Mirza-beg* [Mirza-beg-Oullou].

Mirza-beg, Djenaï,
Hassana, Kotchanaï.

10. *IIe Famille Tchotch'kha* [Tchotch'kha-Oullou].

Kochenaï, Hassana.

Tom. I.   v

Les habitans de ces villages et ceux du village suivant sont appelés *Tcheriga* par les Tcherkesses.

III. Les *Tcheghem* ou *Tcherigai*, en tcherkesse *Tcheghem-Kouch'ha*, forment quatre cents familles, et habitent les plus hautes montagnes schisteuses et couvertes de neige, sur les bords du Tcheghem et du Chawdan jusqu'au Bakzan, à l'ouest. Ils ont leurs princes *[by]*, leurs nobles *[ouzden]* et des paysans *[tchagor]* : mais ces

---

11. *Famille Korkhmas* [Korkhmaslarin].

Korkhmas,	Hodji-beg,
Hassana,	Haghim.

12. II.ᵉ *Famille Dotta* [Dotta-Oullou].

Mirza-beg,	Djenaï,
Kaissin,	Djamboulat.
Mirzaï,	

13. *Famille Botech* [Botech-Oullou].

Othman,	Hassana,
Moustafa,	Ismaïl.

La tribu d'Ourouz-by, composée de cent cinquante familles, appartient aussi aux Karatchaï; elle habite au nord-est de ce village, sur la montagne Tchalpak, qui la sépare de Bakzan, et se trouve sous la dépendance des princes Missaost de la Kabardah. Outre les habitans originaires de la tribu de Karatchaï, il y a encore dans leur village une famille originaire de Derbent, et deux ou trois Kumuk, qui viennent des environs d'Endery.

derniers ne sont nullement soumis aux premiers ; ils dépendent tous des princes de la Kabardah : ceux-ci leur demandent de temps en temps le paiement de l'ancien tribut, qui souvent leur est refusé les armes à la main. Les Tcheghem cultivent le froment, le millet et l'orge ; ils font de l'excellente bière : leurs troupeaux sont considérables. Ils ont aussi beaucoup de chevaux, qui sont petits et incapables de porter de gros fardeaux, mais excellens pour voyager dans les montagnes ; c'est pourquoi l'on en vend une grande quantité en Iméréthi et en Mingrélie. Ils ont aussi une espèce de petits mulets, appelés *karakatir*, et qui naissent du mélange du cheval avec une petite espèce d'âne qui est commune aussi en Géorgie. Leur miel est d'une excellente qualité ; mais il est enivrant lorsque les abeilles ont sucé les fleurs du *rhododendron* et de *l'azalea pontica*. Ils sont obligés de payer un impôt aux Tcherkesses pour pouvoir faire paître leurs bestiaux dans les basses vallées : ils s'efforcent depuis long-temps de secouer ce joug et de se soumettre à la Russie, et n'ont pu encore y réussir. Les habitations des Tcheghem et des Balkar leurs voisins sont appelées par les Géorgiens

Bassiana [ბასიანნ], et non pas *Djikethi*, comme l'ont prétendu Guldenstædt et Pallas ; ce que j'ai remarqué plus haut. Au reste, il paraît que ces lieux étaient autrefois mieux peuplés, et l'on trouve encore aujourd'hui beaucoup d'anciennes mines et des églises en pierre dans les montagnes.

Voici les noms de leurs villages :

1. *Oulou-Elt*, dans les hautes montagnes près du Tcheghem. On y voit, à très-peu de distance, une ancienne église de trois toises de longueur sur un rocher dans lequel on a percé un passage tortueux, qui était muni d'une rampe de fer de chaque côté. On y conserve encore ce qui reste des volumes dont Pallas a fait mention. Je demandai à les voir, et ce ne fut pas sans peine qu'on m'en apporta plusieurs feuilles. Quelques-unes appartenaient à un Évangile grec ; et les autres, à un rituel de l'église grecque-orientale : celles-ci faisaient partie des offices du mois de novembre (1). Les femmes enceintes font des

---

(1) Je possède encore sept de ces feuilles. La première présente le texte de la passion des deux martyrs *Galaktion* et *Epistème*, dont la mémoire est honorée le 5 novembre ; le texte de l'office de *S. Dominus*, avec les *hirmes* et les *tropares*, et celui de l'office de

vœux dans cette église pour leur heureuse délivrance : la cérémonie consiste ordinairement à tuer un animal dont on mange la chair avec une grande solennité.

2. *Tcheghem*, vis-à-vis du précédent, sur la droite du Tcheghem.

3. *Tabenindjik.*

4. *Berdebi*, un peu plus bas, aussi à droite du Tcheghem.

5. *Oursoundag.*

6. *Mimoula*, encore plus bas sur la droite du Tcheghem, à une très-petite distance du confluent du Chawdan, et à sa rive gauche.

7. *Adjaga*, sur la rive gauche du Tcheghem, un peu au sud-est de Berdebi.

S. *Paul le confesseur*, dont la fête est célébrée le 6 novembre. La seconde et la troisième feuilles contiennent le *demissorium* de la même fête, et un nouvel *odarium* composé en l'honneur des *trente martyrs de Mélitène*, pour le 7 novembre. Les quatre autres feuilles sont relatives aux offices du même jour et des deux suivans. Le 8 novembre, on fait la fête de S. *Michel*, et le 9, celle de la Ste *Matrone de Thessalonique*. Tous ces morceaux se trouvent déjà imprimés, mais dans un ordre différent, dans l'*Akolouthion* (Venise, 1639, douze volumes *in-folio*). L'écriture de ces sept feuilles, qui est de la seconde moitié du XVe siècle, fourmille de fautes : ainsi, par exemple, le copiste écrit χαιρσυν pour χερσιν, πολλεις pour πολὺς, &c.; très-souvent il omet des phrases entières, ou bien il abrége considérablement celles qu'il conserve.

8. *Tcherlikh*, sur les deux rives du Chawdan, près de ses sources et au pied des montagnes de neige.

9. *Bulungou*, à la droite du Chawdan, environ dix werstes plus bas.

10. *Ouzdouchird*.

11. *Kam*, aussi sur les deux bords du Chawdan, tout près de son embouchure, à la gauche du Tcheghem.

Dans la vallée que parcourt le Chawdan, on trouve de la mine de fer [*temirbach*], que les habitans exploitent. Ils tirent du plomb du mont *Kargacheï-taw* [montagne des mines de plomb], et en coulent des balles. Ils préparent aussi du salpêtre, et ils vendent de la poudre à tirer.

IV. Les *Balkar*, que les Tcherkesses appellent *Balkar-Kouch'ha*, sont nommés *Bassiani* en géorgien : eux-mêmes se donnent le nom de *Malkar-aoül*, ou villages de Malkar : leur nombre est de douze cents familles et plus ; ils vivent isolés, ou réunis en villages dans les parties supérieures des hautes montagnes schisteuses, sur les bords du Tcherek, du Psigon-sou et de l'Arwan ou Argoudan ; ils ont aussi le territoire de Bissinga sur le Michdjik supérieur, qui se jette à la gauche du Tcheghem. Ils vont commercer jusqu'à Ratcha et Oni sur le Rioni, en Iméréthi, lieux éloignés, dit-on, de cinquante-cinq werstes de leur village principal, appelé *Oulou-Malkar* : on n'y parvient qu'après avoir traversé des abîmes épouvantables au milieu des neiges, où les voyageurs sont ensevelis sous les avalanches. Les marchandises qu'ils exportent sont principalement des manteaux de feutre *[yamatché]*, du drap *[schâl]* jaune-clair et brun. qui passe pour être très-bon, du feutre, des capuchons et des fourrures : ils obtiennent en échange des étoffes de coton et de soie, des aiguilles à coudre, des paillettes d'or et d'argent, du tabac, des pipes et de la menue mercerie. Ils achètent principalement à Oni beaucoup de sel fossile en morceaux oblongs et de cinq à six pieds, que l'on retire des mines de Kokhp ou Kolpi, près d'Ériwan en Arménie, et qu'on envoie dans toute la Géorgie et dans les pays du Caucase. Le sel qu'ils tirent de la ligne russe, ainsi que du pays des Cosaques de la mer Noire, leur est apporté par les Juifs et par les Kabardiens. Ils vont aussi prendre à Ratcha d'autres objets non moins importans, qui sont les chaudrons et autres vaisseaux de cuivre que l'on y transporte d'Erzeroum par Bathoumi et par Pothi. On prétend que les Balkar et les Tcheghem achètent beaucoup de monnaie russe en cuivre, et qu'ils la fondent pour en faire des plats et des assiettes. Sur le chemin de Dougor, chez les Balkar, près du Khassria-don, est le mont *Izdikhong*, ou montagne de plomb, ainsi nommé parce qu'il contient beaucoup de mines de ce métal; les Dougor y vont chercher de la galène, qu'ils fondent chez eux. Du village des Dougor nommé *Maskouawa*, on peut y aller aisément en voiture. Suivant les traditions des Géorgiens, la famille de leurs princes Bassiat, qui vient immédiatement après les nobles de la Kabardah, est d'origine ossète ; mais cette supposition aurait besoin d'être étayée de quelque preuve.

Leurs villages sont les suivans :

1. *Oulou-Malkar*, ou grand Malkar, sur le Psigon-sou, qui se jette à la droite du Tcherek ; c'est le principal village et la résidence de Bassiat : on y compte environ cent quatre-vingts maisons.

2. *Gobsarta*, sur la même rivière.

3. *Khourdaira*.

4. *Chawarda*, sur la rive gauche du Tcherek.

5. *Youlou*, sur la même rive, mais plus au-dessous.

6. *Iskanta*.

7. *Adjalga*.

8. *Mokhaoula*, au confluent du Psigon-sou et du Tcherek.

9. *Bissinga*, village qui a son territoire à part, entre le Tcherek-khakho ou Tcherek rapide, et le Michdjik, qui prend sa source dans les hautes montagnes et tombe dans le Tcherek, au-dessous du précédent. Le Kara-sou, ou eau noire, se jette à gauche du Tcherek-khakho, au-dessous de Bissinga.

10. *Khoulam*, sur la rive occidentale du Tcherek-khakho, grande rivière dont les eaux sont limpides ; elle sort des hautes montagnes, et va se joindre à la rive occidentale du Tcherek : au-dessous de ce confluent on trouve, près du Tcherek, une caverne profonde, remplie d'eau très-limpide, mais salée et amère. Les Tcherkesses l'appellent *Tcherek-yana*, ou mère du Tcherek. Les bords escarpés et rocailleux de cette rivière se rapprochent tant en ce lieu, que l'on peut y jeter un pont pour aller de la

Kabardah au pays des Balkar. Le village de Khoulam est habité par des familles souanes, qui sont encore vêtues entièrement à l'iméréthienne, et portent le nom de *Soni*. On rencontre encore de ces Souanes dans les montagnes voisines appelées *Kachka-taw*; ils sont soumis aux Kabardiens, dont ils reçoivent du sel et du blé en échange de leurs denrées, et des esclaves des deux sexes qu'ils leur amènent.

CHAPITRE XII.

Préparatifs pour voyager à cheval. — Escorte. — Peu de sûreté pour les voyageurs le long de la ligne. — Départ de Gheorghiewsk pour Mozdok. — Mariinskaya. — Pawlowskaya. — Vallée que parcourt la Koura. — Cours de cette rivière. — Chapelle funéraire des Tatares. — Soldatskaya-Malka. — Prokhladnoï. — Iekaterinograd, ancienne capitale du gouvernement du Caucase. — Mozdok. — Ses habitans. — Jésuites arméniens. — Cérémonies de noces. — Terek. — Ses poissons. — Soie cultivée près du Terek. — Vin. — Eau-de-vie de Kizlar. — Melons et melons d'eau. — Badlejan. — Départ d'un transport de vivres pour la Géorgie.

PENDANT mon absence de Gheorghiewsk, mes gens avaient fait les préparatifs nécessaires pour le voyage aux montagnes. C'est à Mozdok qu'on laisse ordinairement les voitures pour continuer la route à cheval : on pourrait, il est vrai, aller en voiture jusqu'à Wladikawkas, sur le Terek, et au pied même du mont Caucase ; mais bien peu de voyageurs osent l'essayer, parce que, si quelque accident arrivait à la voiture dans la steppe de la Kabardah, il ne serait pas facile d'y faire faire les réparations nécessaires. D'ailleurs, si l'on est attaqué par les brigands, on se tire plus aisément d'affaire, lorsqu'on est à cheval. Je fis mettre mon bagage et ma bibliothèque de voyage dans des caisses et des porte-manteaux (1) : on les attacha deux à deux avec des cordes, et on les plaça ainsi sur les bâts des chevaux. Ces paquets doubles s'appellent en russe вьюкъ, et servent au transport des effets dans tout le Caucase; on emploie aussi la même méthode pour la plus grande partie des munitions de guerre et de bouche qu'on envoie à l'armée russe en Géorgie. Un cheval ne porte que six *poud*, ou deux cent quarante livres pesant de Russie, que l'on a soin de partager également pour maintenir l'équilibre. J'eus besoin de trois chevaux de selle et de cinq chevaux de bât, parce que j'avais laissé mon domestique russe à la ligne, et qu'une personne de plus augmente

---

(1) En russe шамаданъ, mot qui vient du tatare شمادان *[chamadán.]*

beaucoup les frais du voyage, et parce qu'en arrivant dans la Géorgie il me fallait un homme du pays pour m'y servir d'interprète.

Apprenant qu'un transport considérable d'effets appartenant au maréchal comte Goudowitch devait partir dans quelques jours et sous bonne escorte de Mozdok pour Tiflis, je résolus de profiter de l'occasion, et d'arriver à Mozdok avant son départ. Je priai M. Kartwelinow, gouverneur, et le général Serghéï-Alexewitch Boulghakow, commandant en chef sur la ligne, de me faire délivrer les papiers nécessaires pour obtenir les chevaux et l'escorte : ils me furent remis le 16 décembre après midi, et rien ne s'opposait à notre départ; mais le gouverneur ne me permit pas de me mettre en route, parce que dans ce moment on était exposé à beaucoup de dangers de la part des brigands : on ne peut pas se fier aux Cosaques d'escorte, qui, à la vue de l'ennemi, prennent la fuite pour se mettre en sûreté eux et leurs chevaux, sans se soucier des voyageurs confiés à leur garde ; on voyage avec plus de sûreté avec une escorte d'infanterie. Les fantassins sont plus redoutés des montagnards, qui chargent toujours à cheval; ce qui donne à l'infanterie beaucoup d'avantage pour ajuster. Au reste, on laisse, pour ainsi dire, aux Kabardiens toute la liberté possible de voler et de piller les Russes sur le territoire de ces derniers, puisqu'il est défendu, sous les peines les plus sévères, aux Cosaques et aux autres troupes de tuer un Kabardien : ils sont obligés de l'amener vivant; ce qui est presque impossible, puisque les Kabardiens sont mieux montés et mieux armés que les Russes. — Si l'on comptait tous les individus qui, depuis vingt-cinq ans, ont été pris sur la ligne par les Tcherkesses et les Tchetchentses, on trouverait que leur nombre surpasse celui des hommes que la dernière peste a enlevés dans le gouvernement du Caucase. Puisqu'on prend tant de précautions contre cette maladie, pourquoi n'en emploie-t-on pas d'aussi rigoureuses contre un fléau plus terrible et plus déshonorant, qui étend ses ravages sur une ligne de cent cinquante werstes le long de la frontière de la Russie? En effet, les Kabardiens vont souvent au-delà de Madjar, jusqu'aux frontières d'autres gouvernemens. Cependant il ne faut pas s'étonner de l'inimitié de cette nation pour les Russes, puisque ceux-ci, sous l'apparence de la protection et de l'amitié qu'ils leur ont promises, les ont chassés continuellement des lieux qu'ils habitaient; de sorte que maintenant ils sont réduits à la quatrième partie de leurs anciens pâturages. Puisque l'on a commis la faute politique d'empiéter de toutes les manières sur les droits de cette brave et excellente nation, on devrait au moins travailler avec énergie à empêcher les suites fâcheuses et désastreuses de cette mesure, et réparer le mal que l'on a fait.

Le 17, à huit heures du matin, nous avons quitté Gheorghiewsk, et, descendant la pente rapide de la steppe, nous avons passé le Podkoumok, qui, dans cet endroit, est impétueux. Au lieu de sept Cosaques qu'on avait ordonné de m'accorder, je n'en obtins que deux, tous les autres ayant accompagné le général Boulghakow à la chasse. Nous sommes arrivés vers midi à la stanitza Mariinskaya, sur le bord élevé du ravin profond de la steppe, où coule la Zalouka, petite rivière qui se jette dans la Kouma. En descendant le côté escarpé de l'ouest du défilé, les chevaux, ne pouvant plus retenir la voiture, coururent au grand galop jusqu'en bas, traversèrent la rivière, et furent arrêtés par les halliers épais qui se trouvaient à l'autre bord : la voiture faillit de se briser ; heureusement le dommage ne fut pas considérable. La stanitza suivante est à vingt-sept werstes de Gheorghiewsk, et sur la rive gauche de la Koura, qui prend sa source dans une chaîne de collines boisées située dans la steppe, et nommée en tatare *Tchapchaklé,* et en tcherkesse, *Ochapchak.* A proprement parler, cette petite rivière a deux sources : celle de l'est porte, chez les Tcherkesses, le nom de *Koura-Youg,* ou Koura Sèche ; la source de l'ouest, celui de *Koura-Ichgwa,* ou la Grande Koura : elle coule à l'est en déviant un peu au nord, et se perd dans plusieurs petits lacs marécageux de la steppe, avant les sables d'Anketeri.

La vallée profonde de la Koura, dont le fond est entièrement composé de cailloux roulés, a sans doute été percée par un courant d'eau beaucoup plus considérable que le petit ruisseau qui s'y perd aujourd'hui. Comme cette vallée continue à être aussi large en remontant vers l'ouest et le sud-ouest jusqu'à la Malka, dans les environs de Bieloï-Mesdjet, il est très-probable que cette dernière rivière, qui charie des cailloux semblables à ceux que l'on voit dans la vallée, y coulait autrefois avant de se jeter dans la mer Caspienne, qui s'avançait jusqu'à ce point vers l'ouest. Peut-être même alors un bras de la Malka, passant dans la vallée transversale de Bicloï-Mesdjet à la Zalouka ou Zolka, et qui est couvert de galets de la même espèce, allait joindre la Kouma et n'avait avec ce fleuve qu'une embouchure commune. On voit encore aujourd'hui, entre Solenoï-Brod et Prokhladnoï, d'anciennes traces du changement postérieur du lit de la Malka. — Le Bakzan, le Terek et d'autres rivières peuvent de même avoir eu leur embouchure dans la mer Caspienne plus directement au nord, à leur sortie des montagnes; et vraisemblablement les amas de sable mouvant qui couvrent aujourd'hui la steppe entre la Kouma et le Terek, proviennent des sables quartzeux que ces rivières avaient chariés (1).

En supposant qu'autrefois la Malka, appelée aussi *Balkh* par les Tatares, se jetât séparément et directement dans la mer Caspienne, il est aussi très-probable que son changement de lit n'est

---

(1) Pallas, *Voyage dans les gouvernemens méridionaux de la Russie*, part. I.", pag. 408.

pas très-ancien. Ptolémée ne connaît au nord du Caucase, jusqu'au Wolga, que deux fleuves qui se jettent dans la mer Caspienne, savoir, l'*Alonta* et l'*Oudon* [Kouma]; mais il n'est guère possible que ces fleuves aient changé aussi tard leur lit dans la steppe.—La vallée profonde de la Koura, qui s'étend jusqu'à la Malka, a probablement donné lieu à une erreur grave qui s'est glissée dans la Подробная карта; la Koura y a sa source à l'est, coule à l'ouest et se jette au sud dans la Malka, tandis que c'est tout le contraire. La Koura prend sa source à quelques lieues au nord de la Malka, coule d'abord au nord-est, et ensuite presque entièrement à l'est jusqu'à ce qu'elle se perde dans les sables de la steppe. Il est inconcevable que l'on ait laissé subsister cette erreur quand on a revu cette carte, puisque celle qui est jointe aux Voyages de Guldenstædt, et celle de Zannoni pour les limites de l'empire ottoman, indiquent avec beaucoup d'exactitude le cours de la Koura.

En montant la vallée de la Koura depuis Pawlowskaya jusqu'aux rives de la Malka, qui est éloignée de ce poste d'environ deux milles d'Allemagne, on entre dans une jolie vallée ronde qui se prolonge à l'ouest et qui porte le nom tcherkesse de *Kouch-bchapa.* On y voit sur une montagne le tombeau du prince Missaost, fils de Kara-mourza, et père d'Arslan-beg, connu, sous le nom de *Sokour-Hhadji,* par sa bravoure et son brigandage; il était prince des Nogaïs du Kouban, et de la horde Kassaï-aoûl, qui, il y a environ quatre-vingts ans, errait plus bas sur les bords de la Malka, et de l'autre côté du Terek, dans les environs de Djoulat. Ce monument est une chapelle à sept angles, d'environ quinze pieds de haut : vis-à-vis est une pierre avec une inscription tatare, et près de l'ouverture de la fenêtre on voit dans le mortier l'empreinte d'une grande main. Les Russes nomment cette chapelle *Bieloï-Mesdjet* [Mosquée blanche]. De l'autre côté de la Malka il y a deux villages tcherkesses, à la famille Tchajoukin. Deux milles à l'est de ce monument est le pays qui, à cause d'un passage sur la Malka, s'appelle chez les Tcherkesses *Chegouka-yikego;* chez les Tatares, *Tousketchou;* et chez les Russes, *Solenoï-brod.* Tous ces noms signifient *gue du sel.* On y a placé un double poste de Cosaques, afin d'empêcher les Tcherkesses de passer la Malka.

x*

Nous avons quitté Pawlowskaya dans l'après-midi ; et, après avoir mis une bonne heure à parcourir dix-huit werstes, nous sommes arrivés à Soldatskaya-Malka, village assez important : dix werstes au-delà, nous avons trouvé la redoute de Soliman-brod, qui tire son nom d'un ancien gué de la Malka, fréquenté par les Tcherkesses ; et cinq werstes plus loin nous sommes entrés dans Prokhladnoï, village et relais à un mille du confluent du Bakzan et de la Malka : c'était jadis la résidence du général-major Del Pozzo, inspecteur des Kabardiens [Кабардинскій приставъ]. Nous avons ensuite traversé Priblijnie, village ; et, après avoir parcouru dix-sept werstes, nous sommes arrivés vers minuit à Iekaterinograd, ville forte sur la rive gauche de la Malka. Les Cosaques qu'on nous donnait à chaque relais, nous quittaient presque tous à moitié chemin, et nous arrivions ordinairement au poste sans escorte ; nouvelle preuve du peu d'ordre qui règne sur la ligne, même dans ce qui concerne le militaire. On ne nous laissa pas entrer dans la ville à cause de la quarantaine : il fallut coucher à la belle étoile ; ce qui me fut d'autant plus désagréable, que ma tente de feutre se trouvait parmi les effets que j'avais envoyés en avant à Mozdok, et que le froid de la nuit, en décembre, est sensible, même dans les pays méridionaux. Enfin, pour comble d'infortune, nous n'eûmes pas, dans le premier moment, du bois pour faire du feu. Cette aventure m'a fourni de nouveau l'occasion d'observer que les Russes sont très-peu capables d'endurer le froid : car mon secrétaire était sur le point de verser des larmes; et des voituriers russes, qui avaient aussi été obligés de s'arrêter au même endroit, ne trouvaient pas assez de pelisses pour se couvrir. En général, les étrangers supportent le froid de la Russie beaucoup mieux que les gens du pays, qui, dès l'automne, commencent à porter leur pelisse et ne la quittent qu'à la moitié du printemps ; en outre, la chaleur de leurs appartemens est insupportable. Les étrangers qui, dès les premières années de leur arrivée en Russie, ne se font pas une habitude de la pelisse, n'en ont plus besoin dans la suite. J'ai toujours préféré une redingote ou un manteau ouaté à une pelisse lourde et échauffante; et je ne me suis servi de celle-ci qu'en voyageant en traîneau dans le plus grand froid de l'hiver.

Iekaterinograd est située, comme Gheorghiewsk, sur une pente de la steppe très-escarpée vers la Malka. Cette ville est un pentagone; elle fut bâtie en 1776: c'est la place la plus forte de toute la ligne du Caucase. Les deux côtés vers l'escarpement n'ont pas de fortifications, parce que la nature y a suffisamment pourvu.

Les trois autres côtés sont munis de murs, de fossés et de trois batteries. Depuis 1785, Iekaterinograd était la capitale de la province du Caucase, qui faisait partie du gouvernement d'Astrakhan. Cette province a depuis été transformée en gouvernement, et Gheorghiewsk en est devenue la capitale.

Tous les environs d'Iekaterinograd jusqu'au Terek sont très-fertiles. Ce pays est appelé par les Tatares بش تاماق *[Bech-tamak]*, ou les Cinq Embouchures, parce que la Malka, le Bakzan, le Tcheghem et le Tcherek s'y réunissent et vont se joindre au Terek. Iekaterinograd occupe l'emplacement où était autrefois le passage principal des Tcherkesses, lorsqu'ils menaient paître leurs bestiaux de l'autre côté de la Malka.

Après avoir parcouru douze werstes, nous sommes arrivés, le 18 décembre, au confluent de la Malka et du Terek, qui nous restait à droite, à une werste de distance. Les postes des Cosaques étaient doublés par-tout à cause de la quarantaine, et dans certains endroits il y en avait même de l'autre côté de la Malka et du Terek; ces deux rivières forment la limite entre le territoire des Russes et celui des Tcherkesses. Nous avons ensuite traversé les villages d'Alexandria, de Podpolnoï et de Pawlodolsk, dernier relais sur la route de Mozdok, éloignée de vingt-deux werstes de Iekaterinograd; nous avons fait encore treize werstes, et nous sommes arrivés dans la matinée à Mozdok.

M. Kartwelinow m'ayant donné une lettre particulière de recommandation pour le lieutenant-colonel Dianow, commandant de cette place, j'allai prier cet officier de me faire assigner un logement commode; je n'eus qu'à me louer de celui qu'il me procura dans la maison d'Étienne Tantissow, Arménien catholique.

Mozdok, dont la distance à Gheorghiewsk est évaluée à cent quinze werstes, est située près du Terek, sur le haut de la pente de la steppe, qui borde toute la rive gauche de cette rivière, et s'élève ici à six toises. Le nom de cette ville est d'origine tcherkesse, et se compose du mot *mess* [forêt] et *dok* [sourd]; le mot composé signifie *Bois épais*. Jadis, en effet, il y avait un bois où les Kabardiens faisaient paître leurs troupeaux et leurs chevaux dans certains temps de l'année. Mozdok fut bâtie en 1763, deux ans après que le propriétaire de ce territoire, **Mourza-Kourgok-Kantchokin**, prince de la petite Kabardah, qui s'était fait baptiser à Saint-Pétersbourg, l'eut cédé à perpétuité à la Russie. Il y a environ trente ans qu'on voyait encore dans le bois qui est à sept werstes de ce lieu, et que l'on nomme *Vieux Mozdok*, les restes de bâtimens en pierre et un caveau entouré de murailles, dont la construction était, dit-on, semblable à celle des ruines de Madjar.

Le fort n'est accessible qu'au nord et à l'est: on pourrait le considérer comme un excellent rempart contre les habitans des montagnes, s'il était occupé par une garnison plus nombreuse, et si l'artillerie était en meilleur état; mais cette dernière ne consiste généralement qu'en canons de fer très-lourds, qui ne pourraient servir que comme artillerie de siége.

La ville de Mozdok est habitée par des Russes, des Arméniens, des Arméniens catholiques, des Géorgiens, des Tatares et des Ossètes; on y trouve aussi des Tcherkesses baptisés. Le concours de tant de nations différentes fait que la plupart des habitans qui commercent parlent, outre le russe, l'arménien, le tatare, le géorgien, le tcherkesse et l'ossète, et que le génie des langues est très-développé parmi eux. C'est en fréquentant le marché public que l'on peut juger de la prospérité des habitans d'une ville russe, d'après la quantité et la variété des marchandises que l'on y étale. Le marché de Mozdok est actuellement très-mesquin : on n'y trouve des marchandises d'Europe que dans une boutique d'Arméniens de Nakhtchiwan; la plupart des autres boutiques sont fermées; le reste est occupé par des marchands arméniens et ossètes, qui vendent des comestibles en détail. On dit qu'autrefois le commerce y était bien plus florissant; mais le peu de sûreté qu'offre la ligne de frontière, les quarantaines qu'il faut subir en arrivant chez les Russes, et la peste qui règne parmi les habitans des montagnes, ont singulièrement contribué à faire déchoir cette ville : l'occupation de la Géorgie y entre aussi pour beaucoup, le débit des marchandises russes et européennes chez les peuples voisins ayant attiré le commerce à Tiflis.

Les maisons de Mozdok sont les unes en bois, les autres en claies recrépies d'argile; les fenêtres donnent ordinairement sur la cour, de sorte que le devant sur la rue ne présente qu'une muraille nue enduite de terre ou peinte en blanc. Il y a au-dessous de la ville quelques moulins mal construits sur des pontons au milieu du Terek; le frottement des meules est si fort, que souvent le pain fait avec la farine qui en provient est tellement rempli de sable, qu'il est impossible de le manger.

Indépendamment des églises russes, Mozdok renferme aussi deux églises arméniennes et une catholique : celle-ci fut fondée, il y a environ quarante ans, par les missionnaires capucins; ils sont tous morts, et l'église est maintenant entre les mains des Jésuites : la communauté se compose d'un supérieur, d'un père et d'un frère. Je croyais pouvoir tirer d'eux des renseignemens sur les habitans des montagnes; mais ces religieux, n'ayant pas fait un long séjour à Mozdok, n'ont pas encore trouvé l'occasion de faire connaissance ni d'établir des liaisons avec ces peuples. Le P. Gilles Henry, né dans les Pays-Bas, et qui a étudié en Angleterre, a fait en peu de temps de très-grands progrès dans la langue arménienne. Lorsque je vins à Mozdok pour la première fois, il n'avait commencé l'étude de cette langue que depuis neuf mois, et cependant il était déjà en état de prêcher en public. A l'exception de la messe, tout le service divin se célèbre en arménien.

Ce Jésuite, homme adroit, conçut, il y a quelques années, le projet d'employer des membres de son ordre à civiliser les habitans du Caucase, qui ne sont pas encore soumis entièrement à la domination russe, et à les amener au même point où étaient arrivés les sauvages du Paraguay. Le Gouvernement aurait dû laisser toute la latitude possible à ces religieux : il se serait ainsi débarrassé d'un soin pénible et dispendieux. Ce projet, qui avait été approuvé et appuyé par les agens russes employés sur la ligne, a été envoyé à Saint-Pétersbourg par le P. Henry ; il paraît qu'il n'y a pas été goûté, et qu'il est totalement oublié.

J'eus occasion, durant mon séjour à Mozdok, d'assister à une noce arménienne. La veille de la noce au soir, le prétendu invite tous ses amis du sexe masculin, et leur donne un grand repas; ensuite il envoie chercher un barbier qui rase la tête et la barbe de tous les convives, et chacun va au bain : le lendemain, de grand matin, le futur, accompagné de sa suite, va chez son beau-père prendre sa prétendue ; celui-ci unit les mains des deux époux, et, suivi de toute la compagnie, les conduit à l'église, où le prêtre bénit le mariage. Au sortir de l'église commencent les fêtes, qui durent trois jours; ce n'est que le soir du troisième jour qu'il est permis aux nouveaux époux de consommer le mariage. Un usage particulier et commun à plusieurs peuples de l'Asie se conserve aussi chez les Arméniens ;. c'est que, pendant la première année du mariage, et quelquefois même long-temps après, la nouvelle mariée ne peut parler au père ni à la mère de son mari.

Le Terck est très-rapide près de Mozdok; ce qui vient de la position élevée de ses sources dans les montagnes de neige du Caucase. Depuis Stephan-tzminda, dans la partie haute, jusqu'à

Lars, dans la partie calcaire, sa pente est, dit-on, de quatre-vingt-quinze pieds anglais. Lorsque, dans les mois de juillet et d'août, la fonte des neiges le fait hausser de huit à dix pieds au-dessus de son niveau ordinaire, il devient impétueux, déborde en plusieurs endroits, ronge une partie de ses rives, les mine par-dessous, se fait ailleurs un nouveau lit et remplit de sable l'ancien, où s'arrêtent les arbres déracinés, et souvent même des tas de bois qu'il enlève des hautes montagnes. Ce fleuve ne gèle pas tous les ans; mais pendant l'hiver il charie des glaces. Dans cette saison, son eau est assez limpide; pendant tout le reste de l'année, elle est trouble depuis le point où il sort des montagnes pour entrer dans la plaine de la Kabardah : quand on en puise, elle ne tarde pas à déposer son limon; elle devient limpide et d'un goût agréable. Au-dessous de Kizlar, la chute du Terek est moins forte; il se divise en plusieurs bras, qui, coulant lentement et déposant les particules terreuses, s'obstruent chaque jour davantage : tantôt l'un, tantôt l'autre de ces bras, représente la branche principale.

Le Terek et tous ses affluens sont peu poissonneux : aucun ne nourrit des espèces de poissons qui lui soient propres; ils sont tous de la mer Caspienne : ils remontent dans l'eau douce pour frayer; ensuite ils redescendent à la mer : à certaines époques de l'année, on en prend une très-grande quantité, mais toujours des espèces déterminées. La rareté du poisson provient du peu de profondeur des bras du fleuve; les esturgeons et les autres poissons de cette grandeur y pourraient à peine nager. Cette eau est en outre presque stagnante, chaude et mauvaise en été; tandis que le haut Terek et ses affluens les plus considérables, tels que la Malka et la Soundja, sont trop rapides et trop froids pour les poissons.

Ceux que l'on rencontre le plus souvent dans le Terek sont les carpes, les barbillons, les esturgeons et la sewronga; le saumon s'y rencontre dans les mois de janvier et de février en si grande quantité, et il est d'un goût si exquis, qu'on trouve du profit à le fumer pour en faire des envois dans l'empire russe. La жирная рыба de la mer Caspienne, *Cyprinus chalcoïdes,* que les Persans appellent, à cause de son goût exquis, شاه ماهی

[*Chah mahi*], poisson du Roi, et qui est aussi connue sous le nom de *hareng de Kizlar*, est si commune dans le Terek pendant tout l'hiver, que l'on n'en pêche pas d'autre. Ce poisson gras et savoureux, que l'on a coutume de fumer, peut remplacer aisément les harengs de la Hollande; il coûte moins cher, il est plus grand et il a meilleur goût : il y en a de quarante-cinq pouces de longueur, qui pèsent près de dix-huit livres. On prend rarement dans le Terek des brochets, des sandarts, des perches, des brèmes; près de la mer on trouve des loutres et des tortues. Le pays situé à gauche du Terek, entre Mozdok et Bech-tamak, s'appelait autrefois *Yerochta* (1) en tcherkesse. Du côté opposé, lorsque les eaux du fleuve sont très-hautes, il se forme deux îles longues qui portent le nom d'*îles de l'Aigle* [*Ostrowa-Orlow*] : celle du sud est séparée de la petite Kabardah par un bras appelé *Demir*. A six werstes à l'est de Mozdok, il y avait un petit bois auquel les Tatares donnaient le nom de *Youz-Terek*, ou les Cent Peupliers blancs; maintenant on y voit

---

(1) Actuellement il y a deux villages qui s'appellent *Grand* et *Petit Yerochta* (Pawlodolsk).

le village de *Sto-Derew*, ou les Cent Arbres. Autrefois on trouvait à moitié chemin des ruines anciennes.

Depuis quarante ans et plus, on élève des vers à soie dans les stanitzes des Cosaques, entre Mozdok et Kizlar : cette branche d'industrie s'est beaucoup améliorée dans les derniers temps, sur-tout par les soins du maréchal de Biberstein; et ce pays fournit, ainsi que la Géorgie, une quantité considérable de soie écrue aux fabriques de Moscou et d'autres villes de la Russie. On ne peut pas en dire autant de la culture de la vigne : quelque étendue qu'elle soit, elle n'a pas encore pu se perfectionner, parce qu'on n'a ni les connaissances ni la patience nécessaires; voilà pourquoi le vin de Kizlar est plutôt mauvais que médiocre et se gâte facilement. Cependant plusieurs propriétaires se donnent beaucoup de peine pour bien cultiver leurs vignes, et préfèrent la qualité du vin à la quantité : je puis citer l'exemple d'un vin excellent que j'ai bu chez M. Kartwelinow à Gheorghiewsk ; il était en bouteilles depuis quelques années, et approchait beaucoup du vin de l'Ermitage. La vente de l'eau-de-vie est plus lucrative que

celle du vin pour les habitans de la ligne de
Mozdok. L'eau-de-vie de Kizlar est excellente;
on en fait des envois considérables dans toute
la Russie, et elle est aussi connue que recher-
chée pour entrer dans la composition du punch
russe.

La steppe au nord du Caucase est, pour
ainsi dire, la patrie des potirons, concombres,
melons, et melons d'eau ou pastèques; ces deux
derniers fruits sur-tout sont excellens dans les
environs de Mozdok. Les Tatares appellent les
melons *káoun :* il y en a de plusieurs espèces,
toutes plus délicates les unes que les autres; les
meilleurs sont les gros oblongs dont la chair est
verdâtre. Les meilleures pastèques, appelées en
tatare *karbouz,* sont celles qui ont la chair d'un
rouge foncé, avec des graines aussi petites que
les pepins des poires. Depuis quelques années
on a commencé à faire de l'eau-de-vie de pastèques, qui n'est pas mauvaise. Malgré la beauté
des fruits qu'on voit sur la ligne, il faut que les
étrangers se gardent d'en manger, parce qu'ils
donnent la fièvre. Les Arméniens établis à Mozdok prétendent qu'au nord du Caucase ce sont
les pastèques qui sont très-malsaines, et au sud

Tom. I. Y

les melons. Une des meilleures plantes potagères est la mélongène, qui, chez les Asiatiques, porte le nom de *badlejan :* on la cultive dans les jardins ; on la fait rôtir avec la viande, ou bien on la fait cuire à part au beurre ou à l'huile, avec beaucoup de poivre.

Le 21 décembre, nous vîmes un grand convoi de provisions passer le Terek sur trois points ; il était composé de voitures tatares à deux roues, et allait par Tatartoup et Wladikawkas en Géorgie : cent chasseurs et quatre-vingts Cosaques l'escortaient avec deux pièces de canon, parce que les Tchetchentses infestent la route jusqu'à Wladikawkas. Il n'y a pas long-temps qu'ils ont attaqué un convoi et en ont pris la plus grande partie. J'aurais voulu profiter de celui-ci pour aller examiner les mines de Tatartoup ; mais Iwan, le commandant de Mozdok, ne voulut pas y consentir, par des motifs que je ne pus savoir.

CHAPITRE XIII.

Des Tcherkesses. — Nom et origine de ce peuple. — Son ancienne demeure. — Kabardah. — Princes, nobles, paysans. — Propagation de l'islamisme parmi eux. — Ils ne sont vassaux de la Russie que de nom. — Mœurs et usages. — Population. — Extérieur. — Armes. — Occupations. — Bestiaux. — Agriculture. — Langage. — Leur langue secrète. — Noms d'hommes et de femmes. — Noms qu'ils donnent à leurs voisins.

LES Tcherkesses, que les Russes nomment Черкесы, et les Européens, mais à tort, *Circassiens*, s'appellent eux-mêmes *Adighé* (1). Ce peuple remarquable habite maintenant la grande et la petite Kabardah, ainsi que les

---

(1) Quelques écrivains ont prétendu que ce nom dérivait du tatare-turc ﺍﺩﺍ *[ada]*, île; cette étymologie est inconnue aux Tcherkesses, qui n'ont aucun mot pour *île*. Procope, Strabon, Pline et Étienne de Byzance, désignent les Tcherkesses, habitant près de la mer Noire, sous le nom de *Zyches* [Ζύχοι], et George Interiano, Génois, qui écrivait en 1502, commence son Traité des mœurs et

bords de plusieurs rivières qui se jettent dans la gauche du Kouban, et dans la mer Noire, à l'ouest. On prétend que le nom de *Tcherkess* est d'origine tatare, et composé, dit-on, des mots چر *[tcher]*, chemin, et كسمك *[kesmek]*, couper. De cette manière, چركسان *[Tcherkessan]*, ou چركسيجى *[Tcherkes-sidji]*, serait synonyme de يول كسيجى *[Yol-kessidji]*, mot encore usité en turc, et qui signifie *homme qui coupe le chemin*, ou *brigand*. **Kesekh** ou **Kazakh** est le nom que les Ossètes donnent aux Tcherkesses, leurs voisins; et, comme le *Kazakhia* des historiens byzantins doit être cherché dans le pays au-delà du Kouban, habité par les Tcherkesses, les Ossètes pourraient avoir raison en disant qu'avant l'arrivée des princes kabardiens, venus de la Crimée, la nation des Tcherkesses s'appelait elle-même

---

usages des Zykhes par les mots : *Zychi, in lingua volgare, greca et latina cosi chiamati, et da Tartari et Turchi dimandati* Circassi, *et in loro proprio linguaggio appellati* Adige, *habitano dal fiume della Tana su Lasia tutta quell' ora maritima verso il Bosphoro cimmerio.* Ramusio, Viagg. II, p. 196.

Kazakh (1). Encore aujourd'hui, les princes tcherkesses sont appelés *Kachakh-mep'hé* par les Mingréliens; ce qui veut dire *roi des Kachakh*.

Autrefois les Tcherkesses s'étendaient beaucoup plus au nord; ils avaient des pâturages au-delà de la Kouma. Il n'y a qu'environ quarante ans que les Nogaïs, les Koumouks, les Tcherkesses et les Abazes allaient tous les ans chercher du sel dans le lac salé de Djanseït, au nord de l'embouchure de la Kouma, ainsi que dans un autre plus petit, qui est près de la source du Manytch; ils le portaient dans toute la montagne : mais, depuis les progrès des Russes, et sûr-tout depuis l'établissement de la ligne du Caucase, en 1777, les Tcherkesses ont été repoussés au-delà du Terck, de la Malka et du Kouban. Leur gué principal sur la Malka était dans les environs du lieu où l'on a bâti Iekaterinograd, et près de la plaine fertile que les Tatares appellent *Bech-tamak*,

---

(1) Massoudi, géographe arabe, qui écrivait en 947 de J. C., dit : « C'est à Trébizonde, située sur la mer de Constantinople, que » viennent tous les ans les marchands mahométans de Roum, d'Ar- » ménie et du pays des Kachcks. »

c'est-à-dire, les cinq embouchures; et c'est encore là qu'on traverse le fleuve pour aller dans la grande Kabardah.

L'origine du nom de *Kabardah* est difficile à connaître : Reineggs en donne une étymologie bien bizarre et bien hasardée, en disant qu'il vient de *Kabar*, rivière de la Crimée, et de *dah*, village (1). Encore aujourd'hui, plusieurs Tcherkesses portent le nom de *Kabardah*. *Kabardiech* (2) signifie aussi, dans leur langue, un Tcherkess de la Kabardah. Reineggs et Pallas pensent que cette nation habitait autrefois la Crimée, d'où elle est venue s'établir dans le pays qu'elle occupe maintenant : en effet, on trouve encore en Crimée les ruines d'un château, que les Tatares appellent چرکس کرمان *[Tcherkess-Kerman]* ; et le territoire entre la Katcha et Belbik, dont la moitié supérieure porte encore le nom de *Kabardah*, a, chez eux, celui de چرکس توز *[Tcherkess-tuz]*,

---

(1) Je ne sais pas dans quelle langue. En tcherkess, *village* s'appelle *kwadjé*.

(2) Les Tcherkesses sont aussi appelés *Ghabartié* par les Tchetchentses.

ou plaine des Tcherkesses. Cependant je ne vois pas pourquoi l'on veut faire venir les Tcherkesses de la Crimée; il est, au contraire, très-probable qu'ils ont habité en même temps et la plaine au nord du Caucase, et la presqu'île, dont ils auront été chassés par les Tatares que commandait Batou-khan. Josaphat Barbaro, envoyé de la république de Venise en Perse, en 1474, donne à la Kabardah le nom qu'elle porte encore; et Strabon connaissait des Kerkètes dans ce pays.

Voici les renseignemens que j'ai reçus de la bouche des anciens de la nation sur leur origine, ou, pour mieux dire, sur la généalogie de leurs princes. Leur premier fondateur s'appelait *Arab-khan;* c'était un prince de l'Arabie, qui en sortit, il y a long-temps, avec un petit nombre d'adhérens, et vint à Chantchir, ville maintenant détruite, qui était située près d'Anapa, dans le pays des Netchkwadja, et d'où les princes de Temirgoï et tous les Tcherkesses prétendent être issus. En effet, on y voit encore des murs et des fossés qui ont environ un demi-mille d'Allemagne de diamètre, et sont ceux de cette ancienne ville : ils s'étendent, à l'est, jusqu'au Psif, et, à l'ouest, jusqu'au Nefil. Au nord, du côté des marais du Kouban, on voit plusieurs tertres qui semblent avoir été des redoutes. Arab-khan eut pour successeur son fils Khourpataïa, qui eut un fils nommé *Inal*, surnommé *Nef*, c'est-à-dire, *le Louche*, que les princes des deux Kabardes regardèrent comme la souche de leur race : il laissa cinq fils, Taw-sulthan, Akhlaw, Moudar, Bezlen et Komoukwa, qui se séparèrent après sa mort et partagèrent le peuple entre eux. Taw-sulthan (1), l'aîné, eut la plus forte partie : c'est de lui que descend la maison des princes du même nom ; elle possède encore la partie occidentale de la petite Kabardah, qui porte, en conséquence, le nom de *Taltostanié*. Akhlaw et Moudar vécurent toujours en bonne intelligence ; ils sont les fondateurs des deux familles qui possèdent la partie orientale nommée *Ghilakhsanié*. Bezleu et Komoukwa se séparèrent de leurs frères, mais ils restèrent unis entre eux : c'est d'eux que descendent les princes

---

(1) Le mot تاوسلطان est tatare, et signifie *Seigneur de la montagne*.

de la Kabardah proprement dite, ou grande Kabardah, qui, par ce motif, s'appelle aussi *Bezlankeh*. Telle est la seule généalogie exacte de ces princes, qui ne remonte pas au-delà du XVI.ᵉ siècle. Il n'est pas vraisemblable qu'ils soient venus de l'Arabie, quoique le chef de leur maison se nommât *Arab-khan*; mais il est dans le génie des Asiatiques de faire dériver d'un événement quelconque les noms des personnes ou des lieux, comme on en voit de fréquens exemples dans l'ancien Testament. C'est ainsi qu'un vieux moullah tatare me racontait un jour, très-sérieusement, que le mot *Tcherkess* était composé des mots چهار [*tchehar*], *quatre* en persan, et کس [*kess*], *homme* en tatare, parce que la nation descendait de quatre frères ou fondateurs. L'histoire nous apprend que les Tcherkesses ont habité ces contrées bien long-temps avant l'époque indiquée plus haut. Des mamlouks tcherkesses fondèrent une dynastie particulière en Égypte vers 1382; elle s'y maintint jusqu'en 1517; et, dès 1453, on trouve, dans la suite de ces mamlouks, un Inal, qui est, par conséquent, plus ancien que le troisième chef des princes kabardiens.

Suivant Pallas (1), les princes kabardiens tirent leur origine d'Inal; et il donne ainsi leur tableau généalogique, dans lequel on regrette que les dates ne soient pas indiquées :

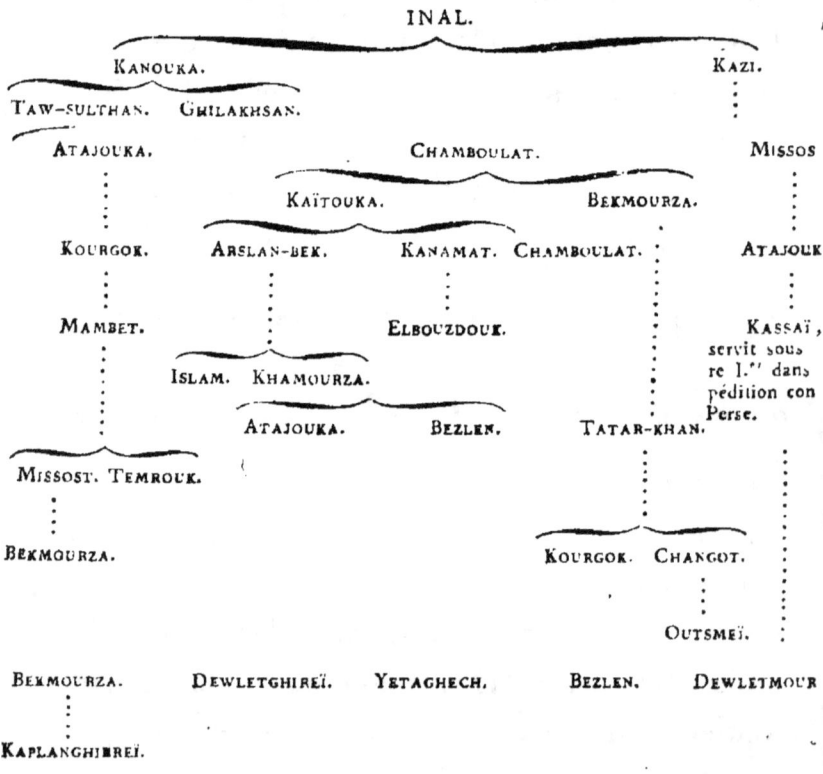

___

(1) *Voyage dans les gouvernemens méridionaux*, part. 1.", pag. 428.

Je crois devoir rapporter une tradition singulière répandue parmi les Tcherkesses : c'est qu'autrefois leur pays était habité par des *Frenghi,* c'est-à-dire, des Européens, auxquels ils étaient, en quelque sorte, soumis. Un de leurs princes, disent-ils, avait une très-jolie femme, dont le souverain des Frenghi devint si épris, qu'il la demanda pour lui-même. Le Tcherkess chercha à différer la chose, et délibéra avec sa famille sur ce qu'il devait faire; enfin il consentit à céder sa femme, si le prince frenghi lui promettait à son tour de lui accorder une demande. Il amena donc sa femme, et le Frenghi jura de le satisfaire : alors le Tcherkess exigea la cession du pays qu'occupaient les Frenghi. Je n'ai pas voulu passer sous silence cette histoire, quoiqu'elle ait bien l'air d'une fable, parce que les Kabardiens ont encore un proverbe qui semble faire allusion à cet événement : « Nous avons donné nos femmes » pour ce pays. » Ils prétendent aussi que des Frenghi ont habité autrefois dans le Tatartoup.

La nation tcherkesse est, à proprement parler, divisée en cinq castes : la première comprend les princes appelés, en tcherkess, *pcheh* et *pchi*, et en tatare, *bek* ou *by*, qui ne se nommaient autrefois, dans les actes russes, que Владельцы, c'est-à-dire, seigneurs, mais qui ont obtenu le titre de князь, ou princes; la seconde se compose des *work* ou des anciens nobles, que les Tatares et les Russes appellent Уздены *[ouzdeny]*: la troisième renferme les affranchis des princes et des ouzdens, qui, par-là, sont aussi devenus ouzdens; mais, pour le service militaire, ils restent toujours sous l'obéissance de leurs anciens maîtres : à la quatrième appartiennent les affranchis de ces nouveaux nobles, et à la cinquième les serfs *tcho'khotl*, que les Russes appellent Халопы; ceux-ci se partagent encore en laboureurs et en domestiques des classes supérieures.

Le nombre des princes était autrefois beaucoup plus considérable qu'il n'est à présent, parce que la dernière peste a fait de grands ravages parmi ce peuple. A chaque branche des maisons de princes appartiennent différentes familles d'ouzdens, qui regardent les paysans comme une propriété dont l'héritage leur est transmis par leurs ancêtres, parce que ces paysans ne peuvent passer d'un ouzden à un autre. Le prince est donc le seigneur suzerain de ses nobles; ceux-ci sont, à leur tour, les seigneurs de leurs serfs : mais, comme des familles nobles passent souvent d'un prince à l'autre, il en résulte l'accroissement rapide de la grande Kabardah. Les paysans ne sont point tenus de payer aux ouzdens des redevances fixes. A la vérité, ils doivent fournir tout ce dont ceux-ci ont besoin : mais cela n'a lieu que pour les choses de première nécessité; car lorsqu'un ouzden pressure trop le paysan, il finit par le perdre entièrement. Il en est de même entre les princes et les nobles : les premiers exigent de ceux-ci les objets qui leur sont nécessaires, mais rien au-delà de ce qui est absolument indispensable. Si l'on veut donner le nom de constitution à cet ordre de choses, on peut l'appeler aristocratico-républicaine; mais, à dire vrai, il n'y a aucune constitution, puisque maintenant chacun fait ce que bon lui semble. Autrefois la puissance des princes tcherkesses s'étendait aussi sur les Ossètes, les Tchetchentses, les Abazes et les tribus tatares des hautes montagnes, près des sources du Tcheghem, du Bakzan, de la Malka et du Kouban; mais leur puissance a diminué par les progrès successifs des Russes : cependant ces princes se regardent toujours comme les maîtres de ces peuples.

C'est l'âge qui, chez eux, donne le plus de considération : aussi, lorsqu'il s'agit de décider une affaire, les anciens des princes, des ouzdens, et même des plus riches paysans, s'assemblent et prononcent; c'est toujours avec grand bruit et beaucoup de paroles. On ne trouve chez eux ni tribunaux fixes, ni sentences ou lois écrites. Des peines, dont je parlerai bientôt, sont établies par les anciens usages pour punir le vol et le meurtre.

L'usage veut que le prince fasse de temps en temps à ses nobles des présens, qui, ainsi que le récit des circonstances et des motifs qui y ont donné lieu, passent de père en fils, tant dans la famille de celui qui a reçu, que dans la famille de celui qui a donné. Lorsqu'un noble refuse, sans motif suffisant, d'obéir à son prince, il est obligé de lui rendre tous les présens que lui et ses ancêtres en ont reçus. Les ouzdens doivent suivre le prince à la guerre toutes les fois qu'il l'exige, et fournir autant de leurs sujets, comme troupes auxiliaires, que le prince en a besoin, et qu'ils peuvent en donner. Lorsque le prince, par de trop grandes dépenses ou par des accidens, contracte des dettes, ses nobles sont tenus de les payer pour lui. Le prince, ainsi que le noble, a le droit de vie et de mort sur ses serfs, et peut même vendre, à son gré, ceux qui sont attachés au service de sa maison : ceux-ci recouvrent souvent la liberté; ils sont alors appelés *bégáoulia*, et doivent exécuter les ordres de leur maître contre les nobles et contre les serfs. On ne peut pas vendre séparément les serfs qui exercent l'agriculture : ils sont obligés de payer les dettes et les vols de leur ouzden. Le prince commande l'armée en temps de guerre, et, avec ses chevaliers et ses serviteurs, fait des incursions sur le territoire russe ou contre les Ossètes, les Ingouches, les Karaboulak, et souvent contre les peuples qui habitent près du Kouban.

Avant que l'islamisme fût introduit chez les Tcherkesses, chaque prince ou fils de prince avait le droit de prendre une des brebis composant chaque troupeau, lorsqu'au printemps on les menait paître sur les montagnes, ainsi qu'à leur retour au commencement de l'automne. On devait aussi donner une brebis au prince toutes les fois que, dans ses tournées, il passait la nuit près d'un parc. S'il approchait d'un troupeau de chevaux [табун en russe, et اویور [*ouyour*] en tatare], il avait le droit de choisir le cheval qui lui plaisait, de le monter et de s'en servir aussi long-temps qu'il en avait besoin. S'il passait la nuit près d'un de ces troupeaux, il pouvait faire tuer un poulain et le manger avec sa suite; car ces peuples ont encore l'usage de manger de la chair de cheval : mais ils choisissent pour cela les chevaux qu'on tue ; car ils s'abstiennent de ceux qui meurent de maladie. La peau du cheval et celle de la brebis appartenaient à celui qui avait préparé le repas.

Tels étaient les droits des princes dès les temps les plus reculés; ils leur étaient aussi chers qu'ils étaient conformes à leur manière de vivre : cependant ils y ont renoncé en embrassant la religion mahométane. Depuis cette époque, le peuple a changé aussi ses habitudes sous beaucoup de rapports. Les Tcherkesses, comme toutes les nations non civilisées, faisaient un usage excessif de l'eau-de-vie; ils fumaient du tabac, en prenaient en poudre, mangeaient de la viande de porc, et sur-tout de celle de sanglier : cet animal, qui est très-commun dans leur pays, était le principal but de leurs chasses. A présent ils s'abstiennent de boire de l'eau-de-vie, de fumer du tabac, de manger du porc : un grand nombre d'entre eux, au lieu de porter simplement des moustaches comme autrefois, laissent croître leur barbe.

Il y a environ quarante ans, les Tcherkesses, quoique se disant musulmans, vivaient presque sans religion, n'étaient pas circoncis, et n'avaient ni mosquées, ni prêtres, à l'exception de quelques moullahs ignorans qui venaient d'Aksaï et d'Endery. Ils n'observaient de la religion de Mahomet que l'abstinence du porc et du vin. Ils enterraient aussi les morts et célébraient les mariages d'après le rit mahométan. La polygamie était permise, mais peu en usage. Les princes et les plus illustres ouzdens faisaient, aux heures fixées, leurs prières journalières en arabe, quoiqu'ils n'y entendissent rien. Les gens du peuple vivaient sans aucune pratique religieuse,

Tom. I. z

et chez eux tous les jours étaient égaux. On ne trouve chez cette nation aucune trace de la religion chrétienne grecque, qui fut portée dans la Kabardah du temps du tzar Iwan-Wassiliewitch. Néanmoins on rencontre encore dans ce pays de vieilles églises et des tombeaux avec des croix.

Depuis la paix de Kutchuk-Kaïnardji, en 1774, la Porte a envoyé prêcher l'islamisme dans le Caucase, et notamment chez les Tcherkesses, et a réussi dans ses vues, au moins chez ceux-ci. Leurs moullahs ou prêtres sont ordinairement des affranchis des princes ou des ouzdens; ils vont apprendre un peu à lire et à écrire chez les Tatares de Thabasseran ou à Endery, reçoivent le titre d'effendi, et retournent dans leur patrie pour travailler à maintenir le peuple dans la foi mahométane, et à le détourner de l'alliance de la Russie. Les Kabardiens sont, depuis soixante ans, déclarés vassaux de cet empire : mais ils ne le sont que de nom, puisqu'ils ne paient aucun impôt, et ne rendent aucun compte de leur conduite dans leur pays; bien plus, ils font, tous les ans, des incursions fréquentes sur le territoire russe, et y enlèvent des hommes et des bestiaux. Ils étaient autrefois sous le commandement de Kizlar; mais ils sont à présent sous un Кабардинскій приставъ, c'est-à-dire, *inspecteur des Kabardiens*: c'était le major général Del Pozzo qui remplissait ce poste pendant mon séjour dans le Caucase. Il ne serait pas très-difficile de maintenir l'ordre chez cette nation ; mais il paraît que le commandant des frontières russes ne s'en inquiète guère. On a généralement adopté un système de conduite très-défectueux envers les peuples de ces montagnes : on emploie la douceur et l'humanité; moyens qui ne réussiront pas, car ils les regardent comme des marques de faiblesse et de crainte. Lorsque Paul Serghéïtch - Potemkin commandait la ligne, il chercha à tenir en bride les princes kabardiens en leur donnant des titres et des présens; il fit déclarer à Saint - Pétersbourg ces princes, les nobles et les paysans, égaux aux princes, à la noblesse et aux paysans russes : mesure aussi impolitique qu'inutile ; car comment peut-on donner à un peuple qui, depuis des siècles, ne vit que de brigandages, les mêmes droits qu'à celui qu'ils pillent continuellement? Les

Tcherkesses prirent cette égalité à la manière asiatique, comme une reconnaissance de leur extrême supériorité, et se crurent dès-lors beaucoup plus habiles et plus vaillans que les Russes. Du temps du lieutenant général Goudowitche, on augmenta même les pensions que les princes tcherkesses recevaient du Gouvernement russe; et néanmoins on ne gagna rien, car ils ne discontinuèrent pas leurs brigandages. Il règne maintenant si peu de sûreté sur la ligne, que, le soir, on ne peut guère s'éloigner de Gheorghiewsk à la distance de quelques werstes sans courir le risque d'être attaqué. Si, dans ces occasions, on prend un voleur, il reste pendant quelques jours en prison, et l'affaire s'arrange par l'intercession, c'est-à-dire, par un présent en argent, de quelque prince nogaï ou kabardien habitant le territoire russe : le coupable est secrètement mis en liberté, et on lui signifie de ne plus se montrer sur la ligne.

Du temps du comte Markow et du prince Tsitsianow, on traitait les Kabardiens avec la plus grande sévérité, et l'on ne payait pas à leurs princes la pension fixée. Ceux-ci cherchèrent d'abord à se dédommager en pillant le territoire russe ; mais, grâce à la vigilance des commandans, ils furent souvent pris en flagrant délit : sans égard pour la qualité de la personne, on attachait le délinquant sur un canon, et on lui appliquait une sévère correction ; ce qui ne tarda pas à refroidir leur ardeur guerrière.

Les occupations des principaux personnages sont la chasse et les exercices militaires : ils entreprennent souvent des expéditions de plusieurs journées dans les bois et dans les montagnes, où leur seule nourriture est un peu de millet, qu'ils portent avec eux. Ce genre de vie a tant d'attraits pour eux, qu'ils ne veulent pas le changer, et qu'ils renonceraient volontiers à tout pour pouvoir revenir à cet état de liberté et d'indépendance. Le colonel Atajouka-Khamourzin, qui, dans la dernière guerre contre les Turcs, servait comme volontaire dans l'armée russe, ayant fait naître des soupçons sur son compte, fut envoyé à Iekaterinoslaw ; bientôt il retourna dans sa patrie, et, quittant les usages du pays qu'il abandonnait, il vécut entièrement à la manière de ses compatriotes, qui regardent le service militaire comme honteux, et leur vie libre et vagabonde comme le suprême bonheur. Le colonel Ismaël-Atajouka, chevalier de l'ordre de Saint-George, qui servait aussi dans l'armée russe, fut également envoyé à Iekaterinoslaw ; il avait auparavant demeuré long-temps à Saint-Pétersbourg : il parle le russe et le français, jouit d'une pension de 3000 roubles, et vit comblé de bienfaits par la Russie. Quoiqu'il réside à Gheorghiewsk, il laisse sa femme dans un village de la Kabardah, et fait élever son fils par un ouzden de ce pays, au lieu de l'envoyer en Russie, où l'enfant recevrait, à coup sûr, une bien meilleure éducation : ce colonel a des intelligences secrètes avec tous les chefs de brigands de son pays. Enfin Temir-Boulat-Atajouka fut envoyé, dès son enfance, à Saint-Pétersbourg, et élevé dans le corps des cadets des mines ; il servit dans un régiment de dragons, devint capitaine, et retourna dans son pays, ne sachant pas un seul mot de sa langue maternelle : néanmoins il vit aujourd'hui entièrement en Tcherkess avec ses compatriotes, et a oublié tout ce qu'il tenait de son éducation. Il n'a jamais voulu permettre que ses deux fils fussent élevés en Russie.

Les Kabardiens ont l'air martial et fier; ils sont ordinairement robustes, grands; leurs traits sont pleins d'expression; ils observent avec la plus scrupuleuse exactitude les lois de l'hospitalité. Si un Kabardien prend quelqu'un sous sa protection, ou s'il l'accueille comme son hôte, celui-ci peut compter sur lui en toute sûreté, et même lui confier sa vie; le Kabardien ne le trahira jamais et ne le livrera pas à ses ennemis : si ceux-ci veulent emmener l'étranger de vive force, la femme du Kabardien lui fait sucer le lait de son sein, et reconnaît ainsi l'hôte pour son fils légitime ; ses nouveaux frères sont alors obligés de le défendre contre ses ennemis au péril de leurs jours, et de venger son sang. Ce sentiment de vengeance, le même qui anime les Arabes, s'appelle, chez les Tcherkesses, *tli'l-ouassa,* c'est-à-dire, prix du sang, et chez les Tatares, *kangleh* (du mot *kan*, sang) : il est commun à tous les peuples du Caucase; c'est la cause ordinaire de leurs guerres entre eux. Leur haine implacable contre les Russes est en partie produite par le même motif; car la vengeance du sang passe de père en fils, et s'étend à la famille de celui qui l'a provoquée en commettant le premier un meurtre.

Comme l'orgueil de la noblesse n'est poussé chez aucune nation aussi loin que chez les Tcherkesses, on ne voit jamais chez eux aucun exemple de mésalliance. Le prince épouse toujours la fille d'un prince, et ses bâtards ne peuvent jamais hériter du titre ni des prérogatives de leur père, à moins qu'ils n'épousent une princesse légitime ; alors ils deviennent princes de troisième classe. Comme les Abazes étaient autrefois soumis aux Tcherkesses, leurs princes ne sont considérés que comme Kabardiens ; ils ne peuvent épouser que des filles de ceux-ci, qui, à leur tour, s'allient aux princes abazes.

La dot, en tatare *kalim,* s'élève, chez les princes, à 2000 roubles en argent. L'ouzden qui a élevé un jeune prince le marie aussi, et donne, conjointement avec les autres ouzdens, le kalim en fusils, en sabres, en chevaux, en bœufs et en brebis : de son côté, le père de la future fait présent de quelques serfs à son nouveau gendre.

Si un nouveau marié reconnaît que son

épouse n'a pas sa virginité, il la renvoie aussitôt à sa famille, et garde le kalim ; mais la fille est vendue ou tuée par les siens. Si une femme commet un adultère, son mari lui fait raser les cheveux, lui fend les oreilles, lui coupe les manches de ses habits, et la renvoie à cheval à ses parens, qui la vendent ou la tuent : le mari offensé ou ses amis menacent sans cesse l'homme complice de l'adultère. Ils ont deux espèces de divorces : quelquefois le mari se sépare de sa femme en présence de témoins, et laisse le kalim aux parens ; alors elle peut se remarier : mais s'il lui dit seulement de s'éloigner de lui, il a encore le droit de la reprendre après l'année révolue : s'il ne la reprend pas avant deux ans, le père ou les parens de la femme vont chez le mari, et terminent le divorce réel ; la femme peut ensuite prendre un autre mari.

Le mari ne peut jamais aller publiquement chez sa femme pendant le jour sans blesser les bonnes mœurs. Les gens du commun vivent avec leurs femmes, quand elles sont vieilles.

Dès qu'il est né un enfant à un prince,

celui-ci donne de grandes fêtes : si c'est un garçon, il le remet, le troisième jour après la naissance, à un de ses ouzdens, qui est chargé de l'élever; on conçoit que les ouzdens se disputent cet honneur. On confie ensuite l'enfant à une nourrice, qui lui impose un nom; il est circoncis à l'âge de trois à quatre ans, et, à cette occasion, le moullah reçoit un cheval. Le père ne voit jamais son fils avant que celui-ci se marie ; ce qui occasionne une très-grande froideur entre les parens les plus proches. Un prince rougit de colère, si l'on s'informe de la santé de sa femme et de ses enfans ; il ne répond pas, et tourne le dos avec mépris.

Les fils des ouzdens restent dans la maison paternelle jusqu'à l'âge de trois à quatre ans; on leur donne alors un gouverneur, qui n'a pas besoin d'être précisément du même rang : les parens ne lui paient ni sa peine, ni l'entretien de l'enfant ; mais, lorsque l'élève est parvenu à l'adolescence, il donne à son instituteur, tant qu'il reste chez lui, la meilleure partie du butin qu'il fait dans les pillages ou à la guerre.

Autrefois les Kabardiens se mettaient en ménage à l'âge de trente à quarante ans ; à présent ils se marient de quinze à vingt ans, et les femmes entre douze et seize ans : une fille qui a plus de dix-sept ans trouve rarement à se marier.

Le gouverneur d'un jeune prince lui choisit une femme et la fait enlever, à moins qu'elle n'ait une autre inclination, ou qu'un autre ne l'ait déjà retenue. Si deux rivaux se présentent, ils se battent, ou bien leurs amis se battent pour eux, pour décider à qui restera la jeune fille ; on cherche à tuer le rival.

Quand un père meurt, la mère a la gestion du bien, qui ne se partage pas. A la mort de celle-ci, c'est ordinairement la femme de l'aîné des fils qui la remplace. Si les frères veulent diviser l'héritage, elle fait les parts de manière que l'aîné reçoive la plus forte, et le plus jeune la moindre. Les enfans naturels n'ont aucun droit à la succession ; ils sont ordinairement nourris par la famille.

On place les morts dans un tombeau revêtu de planches ; le visage est tourné vers la Mecque. A la mort d'un Tcherkess, les femmes poussent des hurlemens horribles. Autrefois les parens du défunt se frappaient la tête avec des fouets pour manifester leur douleur. Autrefois aussi l'on mettait dans le tombeau tout ce que le défunt possédait; maintenant l'on n'y dépose plus que ses vêtemens habituels. Les Tcherkesses portent le deuil en noir un an entier : on ne prend pas le deuil pour ceux qui meurent en combattant les Russes, parce que l'on croit qu'ils vont tout droit en paradis. A l'enterrement, le moullah lit quelques passages du Koran; il en est richement récompensé, et reçoit ordinairement un des meilleurs chevaux du défunt.

D'après les lois actuelles des Tcherkesses, le vol chez un prince est puni par la restitution de neuf fois la valeur de l'objet volé, et, de plus, un esclave : ainsi, pour un cheval, on donne neuf chevaux et un serf. Pour le vol chez un ouzden, on doit rendre l'objet volé, et, de plus, trente bœufs en sus. Le lieutenant général Goudowitche avait ordonné que les vols commis chez les Russes seraient punis de la même manière; mais ce réglement n'a jamais été exécuté.

La langue tcherkesse diffère entièrement de toutes les autres : on la parle très-purement dans la petite et la grande Kabardah et dans la tribu de Bezlen', qui habite près de la Laba ; les autres peuplades tcherkesses, au-delà du Kouban, jusqu'à la mer Noire, parlent un dialecte qui s'écarte plus ou moins de la langue mère.

Il y a dans ces dialectes un grand nombre de lettres labiales et palatales, qu'on articule avec des sifflemens et des claquemens ; ce qui en rend la prononciation presque impossible aux étrangers.

Ils n'ont ni livres ni écrits dans leur langue ; ils emploient, pour l'écriture, la langue tatare, qui est répandue dans tout le Caucase.

Les Tcherkesses sont généralement une belle nation ; les hommes se distinguent sur-tout par leur taille élancée et bien prise, et ils mettent tout en usage pour la conserver svelte. Ils sont de stature moyenne, très-nerveux et rarement gras. Ils ont les épaules et la poitrine larges ; mais la partie inférieure de leur corps est très-mince. Ils ont les yeux et les cheveux bruns, la tête alongée, le nez mince et droit.

Leurs femmes sont les plus belles de tout le Caucase : mais je dois faire observer que c'est sans fondement que l'on croit communément qu'elles peuplent en grande partie les harems des Turcs ; car les Tcherkesses vendent très-rarement des individus de leur nation aux Turcs, si ce n'est des esclaves volés. Le plus grand nombre des belles femmes qui arrivent en Turquie, vient de l'Imeréthi et de la Mingrélie. Les Tcherkesses ne vendent guère que des esclaves du sexe masculin. Les jeunes filles tcherkesses rétrécissent tellement leur gorge avec une camisole de peau très-étroite, qu'on l'aperçoit à peine ; et les femmes la laissent tellement s'étendre quand elles allaitent, qu'elle ne tarde pas à devenir pendante. Du reste, les femmes ne sont pas aussi renfermées chez les Tcherkesses que chez les autres peuples de l'Asie.

L'habillement des hommes ressemble à celui des Tatares-Koumouks ; mais il est plus léger, fait de meilleures étoffes, et ordinairement plus riche. Leur chemise [*yana*] est boutonnée sur la poitrine ; elle est de toile blanche ou de taffetas léger rouge, à la mode géorgienne. Ils portent sur la chemise une veste de soie ordinairement brodée, et sur celle-ci une espèce de surtout très-court, appelé, en tcherkess, *tsieh,* et en tatare, *tchekmen,* qui arrive à peine à la moitié des reins ; ils le boutonnent très-étroitement sur le ventre : il a de chaque côté de petites poches brodées, et divisées en plusieurs séparations pour contenir des cartouches. Les hommes coupent leurs cheveux très-court, et n'en laissent qu'une mèche de la longueur du doigt au sommet de la tête : on appelle ces cheveux *haïdar.* Les Tatares et les Kistes se rasent entièrement la tête. Autrefois les Tcherkesses ne portaient que des moustaches ; aujourd'hui beaucoup d'entre eux laissent pousser leur barbe. Les deux sexes s'épilent les parties, soit en coupant les poils, soit en les arrachant, soit enfin en employant un caustique de chaux vive et d'orpiment. Ils portent sur la tête un petit bonnet ouaté et brodé, dont la forme ressemble à une moitié de melon. Ils ont ordinairement les pieds petits : ils portent des bottes rouges très-élégantes et à talon très-haut ; ce qui les fait paraître beaucoup plus grands. Jamais un Tcherkess ne sort sans armes, ou, du moins, sans un sabre, sans un poignard à sa ceinture, et sans un manteau de feutre velu sur les épaules : ce manteau s'appelle, en tcherkesse, *djako*; en tatare, *yamatché;* en arménien, *yapindji*. Pour compléter leur armure, il leur faut, outre le fusil et les pistolets, une cotte de mailles *[affeh]*, un petit casque *[kip'ha]*, ou un grand casque *[tach]*, des gantelets de fer *[achteld]*, et des brassards *[abkhoumboukh]*. Lorsqu'ils sortent à cheval en pompe, ou pour faire des visites, ils prennent aussi leur arc, leur carquois et leurs flèches; ils ne connaissent pas l'usage du bouclier. Leurs cottes de mailles sont ordinairement d'un grand prix; et il y en a, dit-on, de si bien travaillées, que, pour les essayer, on les met sur un veau et on tire dessus avec un pistolet chargé à balle, qui ne produit d'autre effet que d'ébranler un peu l'animal. En guerre, ils portent sous cette cotte de mailles un habit ouaté, dont l'élasticité fait rebondir la balle encore davantage. Ils tirent les meilleures cottes de mailles des Koubitchi dans le Daghestan; mais on prétend qu'on en fait de très-bonnes dans le pays des Abkhass, sur la mer Noire. Cependant les Cosaques ont à présent l'adresse de soulever avec la pointe de leur lance la cotte de mailles, et de transpercer les Tcherkesses en courant au galop. Leurs armes sont, en général, excellentes, mais très-chères; car l'armure complète d'un prince est évaluée à 2000 roubles d'argent. Une de leurs principales occupations consiste à les nettoyer et à les mettre en ordre : aussi sont-elles toujours propres et luisantes. Dès le grand matin ils s'arment de leur sabre et de leur poignard, et s'assurent que les autres pièces de leur armure n'ont pas souffert de l'humidité de la nuit. Dans leurs excursions, leur petite selle leur sert d'oreiller; la pièce de feutre qui est par-dessous forme leur lit, et ils se couvrent de leur manteau. Lorsque le temps est mauvais, ils se font une petite tente de feutre qui est soutenue par des branches d'arbre. Ils tirent le reste de leurs armes de la Turquie et de la Géorgie; cependant on trouve chez eux beaucoup de vieux sabres et pistolets vénitiens et génois, auxquels ils attachent un grand prix. Les pierres à fusil sont rares chez eux; les Russes leur en fournissent la plus grande partie. De même que la plupart des peuples du Caucase, ils font eux-mêmes la poudre à tirer *[ghin]*.

On trouve le salpêtre [*ghin-khouch* ou *ghin-choukh*, c'est-à-dire, sel à poudre] naturellement dans les montagnes; ils en font aussi en lessivant le fond des parcs de leurs brebis. Un très-petit nombre de Tcherkesses exercent des métiers, qui se bornent à la fabrication des poignards, des faucilles, des mors pour les chevaux, et des armes. Les femmes font les habits de la famille; les hommes façonnent les meubles et outils dans lesquels il n'entre aucune espèce de métal. On fait venir de la Géorgie de grands chaudrons de cuivre, qui servent à faire la cuisine.

Leurs maisons sont semblables à celles des Koumouks; elles sont en claies d'osier enduites d'argile en dehors et en dedans : elles en diffèrent par le toit, qui est en paille, l'argile du pays des Tcherkesses n'étant pas durable. Quarante à cinquante maisons, disposées en cercle, forment un village (en tcherkess, *koudjé,* ou *kwadjé;* en tatare, *kabak*). Pendant la nuit, les bestiaux sont placés au milieu de ce cercle; et, en cas d'attaque, on y met aussi les femmes, les enfans, les vieillards, et tout ce qui est hors d'état de porter les armes. Au milieu du cercle, et à une distance d'environ vingt-cinq pas, sont les cabanes qui servent de lieux d'aisance. Leurs palissades sont aussi faites en claies d'osier. En hiver ils élèvent des huttes *[khouter* ou *koutan]* près des rivières et des prairies, pour y renfermer les brebis. Ils sont extrêmement propres dans leurs demeures, leur habillement, et la manière de préparer leurs alimens.

Leurs animaux domestiques sont les chevaux, les bœufs, les buffles, les moutons, les chèvres, les chiens et les chats. Leurs chevaux errent en liberté dans les champs, et n'entrent jamais dans l'écurie. Ils en vendent aux Russes, aux Géorgiens. Leurs chevaux sont d'une taille moyenne, et la plupart ont le poil bai ou gris pommelé : je n'ai vu chez eux aucun cheval noir. La meilleure race, qui a le nom de *chaloch*, est distinguée par une marque particulière de feu sur la cuisse. La famille Taw-sulthan est propriétaire de cette race, qui n'a pas actuellement beaucoup au-delà de deux cents bêtes. Ces chevaux sont pour la plupart bais; les blancs sont très-rares. Ils sont toujours au pâturage : durant les chaleurs, dans les montagnes, entre le Fiag, l'Arre-don et l'Ours-don (*Psekhouch* en tcherkess); le reste de l'année, sur les bords du Terek, entre Tatartoup et Djoulât. Un poulain de cette race donné en présent est estimé autant qu'un esclave; mais le vol d'un de ces chevaux n'est puni que comme celui de tout autre objet appartenant au prince. Au reste, les très-beaux chevaux ne sont pas aussi communs chez les Tcherkesses qu'on se l'imagine communément : les meilleurs se paient 100 roubles en argent; les autres, 15 à 25.

Les Tcherkesses ont des troupeaux peu nombreux; ils n'en élèvent que pour leur seul besoin. Ils attellent les bœufs à leurs chariots et à la charrue. Ils ne font usage du lait de vache que lorsqu'il est aigre; ils fabriquent de mauvais fromages et du beurre qui est toujours fondu et n'est pas salé. Ils tuent très-rarement des bœufs pour leur propre usage, et en vendent quelquefois à Mozdok. Les buffles sont rares; on les paie 12 à 18 roubles la pièce : un buffle travaille plus que deux bœufs; son lait donne plus de beurre que celui des vaches communes. Les moutons font presque toute la richesse des Tcherkesses, et l'objet le plus important de leur économie rurale; ils en mangent la chair sans sel et sans pain. Les femmes font avec la laine le drap commun pour l'habillement des hommes, des couvertures et des manteaux de feutre, et des pelisses avec les peaux entières. Ils troquent leurs moutons, leurs peaux, leur laine et leur drap contre du sel, de la toile, des cuirs, du soufre, du fer, des vases de cuivre et des étoffes de coton et de soie que leur apportent les Russes et les Géorgiens.

Les moutons tcherkesses sont plus petits que ceux des Kalmouks; leurs toisons sont beaucoup moins belles, et leurs queues moins fortes, car elles pèsent rarement plus de quatre livres. Les moutons ont quelquefois quatre et même six cornes, et la chair plus savoureuse que ceux de nos pays; son usage fréquent n'engendre pas de dégoût. Un mouton vaut six archins de toile grosse, qui coûtent environ 6 kopeks. On trait les brebis, et avec leur lait on fait des fromages; on renferme quelques-uns de ces fromages dans des sacs, et on les fume; ce qui les rend plus compactes et les conserve mieux. Pendant l'été, l'on envoie les moutons dans les montagnes des Ossètes et des Dougours; en janvier et en février, on les tient dans les *khouter* métairies.

où on les nourrit avec du foin; pendant les autres mois de l'année, on les fait paître dans la plaine et dans les montagnes moins hautes. Les chèvres sont peu nombreuses, ordinairement brunes, et on les tient près des villages. Les Tcherkesses ont dans leurs maisons des chiens et des chats; ils ont une belle race de lévriers. On trouve des chats sauvages dans les bois de la Kabardah. Leur religion les empêche d'avoir des cochons. Une grande quantité de cerfs, de chevreuils, de sangliers et de lièvres, peuplent les forêts; mais on n'y rencontre ni daims, ni élans.

Leur agriculture est très-simple, car ils ne fument pas leurs terres. Au printemps, on brûle les herbes qui couvrent les champs qui doivent être ensemencés, les prairies, les pâturages; c'est le seul engrais qu'ils donnent à la terre: ensuite on laboure, on sème, et l'on herse avec des arbres garnis de leur feuillage. On cultive la même pièce de terre pendant deux ou trois ans de suite; et lorsque le terrain est épuisé ou détérioré, on en laboure un autre. Lorsqu'ils ont, de cette manière, fait le tour de leur village à la distance de quelques verstes, ils emportent tous leurs effets et vont s'établir sur un terrain à défricher.

Ils ne cultivent que du millet et un peu d'épeautre. Ils donnent le millet à leurs chevaux, et en mangent eux-mêmes, en cas de besoin, au lieu de pain; ils en font aussi une boisson à moitié fermentée, qu'ils appellent *fada* ou *fada-khouch*, c'est-à-dire, fada blanche, et que les Tatares nomment *braga*. Ils distillent aussi de l'eau-de-vie [*arka*, ou *fada-fitza*, fada noire]; enfin ils font de l'hydromel [*fada-plich*, fada rouge]. La braga est d'un usage commun; mais ils boivent peu d'eau-de-vie. Ils n'ont pas de pain fermenté : ils le remplacent par du millet non mondé et cuit à l'eau; puis ils coupent cette pâte en tranches épaisses *[pasta]*. Le *hatlama* se fait de la même manière, mais avec du millet mondé. Rarement on mout le millet; alors on le pétrit sans levain, et on en fait des gâteaux de l'épaisseur d'un doigt *[medjaga]*. La première de ces trois manières de préparer le millet est la plus usitée chez eux, parce qu'ils n'ont pas de moulins à eau. Ils égrugent le grain avec des billots de bois de chêne taillés en forme de meule : on les fait tourner à la main, après que le grain a été légèrement broyé avec un pilon que l'on soulève avec les pieds. Enfin, pour réduire le grain en farine, ils emploient de petits moulins à main avec une meule de pierre : ces derniers ne se trouvent que dans un petit nombre de maisons.

Ils ne cultivent que la quantité de millet nécessaire pour leur consommation ; cependant ils en échangent avec les Russes et les Géorgiens, qui leur donnent deux mesures de sel pour une de millet. Les gens du peuple font peu d'usage du sel : ils trempent leur viande dans du lait aigre pour la manger. Leur nourriture consiste principalement en millet, lait, fromage, et viande de mouton ; ils ne boivent que de l'eau et de la braga. Ils assaisonnent leurs mets avec du poivre long (1), des oignons et de l'ail : ils aiment aussi les œufs durs, sur-tout dans un mets appelé *khinkal,* qui consiste en lait aigre avec un peu de beurre, du fromage frais, des morceaux de pâte d'épeautre cuits à l'eau et semblables à nos macaronis, des œufs durs coupés en quatre, de l'oignon et de l'ail ; c'est un mets recherché, qui se sert dans les grands

---

(1) *Capsicum.*

festins. La *chiraldama* est une galette plate, faite avec de la farine de froment, des œufs, du lait et du beurre. Les *haliva* sont de petites tourtes de la même pâte, farcies de fromage frais et d'oignons. Tous ces mets ont un assez bon goût : on les dore avec du miel au lieu de sucre. Le miél s'emploie fréquemment avec du beurre; on nomme ce mélange *fau-tgo*, et l'on y trempe la viande. Le *fau-ous* est de l'eau avec du miel mélangé, qui sert de boisson.

Les Tcherkesses s'occupent beaucoup de l'éducation des abeilles. Les ruches sont faites de branches d'osier, enduites au-dehors avec un mélange de bouse de vache et d'argile; elles sont ovales, hautes d'un pied et demi, et ont en bas environ un pied de diamètre : le fond n'y tient pas; c'est un morceau de bois rond et plat, sur lequel on pose la ruche. On enlève celle-ci pour en retirer les abeilles mortes ou les ordures, et pour couper les gâteaux; l'intérieur y est disposé comme dans les nôtres. A un pouce et demi au-dessus du bord inférieur, il y a un trou qui n'est pas plus large que le corps d'une abeille. La partie supérieure de la ruche est ronde, et couverte de gros paquets de paille pour empêcher la pluie d'y pénétrer. On trouve dans chaque ruche huit à dix gâteaux de cire posés verticalement. L'hiver, on met sous un toit les ruches dont on destine les abeilles à essaimer l'année suivante : on choisit ordinairement les plus fortes et les mieux remplies, et l'on n'en retire rien. Au commencement du printemps, c'est-à-dire, à la fin de mars ou dans les premiers jours d'avril, les abeilles se mettent à essaimer, et l'on partage l'essaim d'une ruche dans deux ou trois autres : pour l'attirer, on se sert d'un chapeau de forme conique fait d'écorce d'arbre, attaché à une perche longue de quatre toises, et dont on frappe continuellement le bout avec de petites baguettes de bois ; on cherche alors à attraper la reine, et on la met dans un morceau de roseau de la longueur d'un palme, qui se place au milieu de la nouvelle ruche, où l'on fait entrer le jeune essaim. Lorsqu'il y a des reines superflues, on les tue. Les Tcherkesses les nomment *pcheh,* ou prince. Les ruches restent près des villages jusqu'à la Saint-Jean ; pendant les mois de juillet et d'août, temps auquel les plantes de la steppe sont sèches, on les porte sur les montagnes basses et boisées ; à l'approche de l'automne, on les ramène au village : on les transporte sur des *arba*. Les ruches dont on veut retirer la cire et le miel sont posées sur de la paille fumante qui étouffe les abeilles. On en retire les rayons de miel, et on les fait fondre dans un chaudron ; le miel reste au-dessous, et la cire se refroidit par-dessus. Les ruches se vendent communément deux ou trois chemises la pièce ; quelques cultivateurs en ont jusqu'à trois cents. Le miel est de couleur blanche et jaune, et d'un excellent goût.

J'ai dit plus haut que les Tcherkesses allaient autrefois en caravanes nombreuses chercher du sel dans les lacs situés sur la route d'Astrakhan, entre Kizlar et cette ville : mais, depuis l'établissement de la ligne russe, il leur est défendu d'en prendre ; ils sont obligés de l'acheter des Russes, et leur en donnent la valeur en bestiaux, en drap et autres produits de leur pays. C'est principalement par leur intermédiaire que les Ossètes et les Dougours reçoivent le sel dont ils ont besoin. Une voiture chargée de sel est attelée de six à huit bœufs. Les Tcherkesses en consomment une grande quantité, parce qu'ils en donnent souvent à leurs bestiaux, à leurs chevaux et sur-tout aux moutons.

Le *broug* est une boisson indienne, peu connue parmi les Tcherkesses. Voici la manière de la préparer : on prend de la tige et de la graine de chanvre, que l'on fait sécher et que l'on réduit en poudre; on en remplit un sac; puis on le suspend dans un vase rempli d'eau, qui en absorbe la substance : cette eau, édulcorée avec du miel, est enivrante. Le *touchag-tgo* est une autre boisson composée d'eau, dans laquelle on fait fondre du moût de raisin cuit et épaissi [*touchag*] au point qu'il est dur comme du marbre. Les Tcherkesses en font moins usage que les Perses.

Les Tcherkesses s'asseyent ordinairement par terre, les jambes recourbées sous le corps. Les hommes voyagent toujours à cheval, et les femmes dans des voitures à deux roues, auxquelles sont attelés des bœufs *[gkouh]*. On sert les mets sur une petite table à trois pieds, haute à peine d'un pied, large d'un pied et demi : on y pose la viande, le fromage et la *pasta* coupés par morceaux. Les Tcherkesses ne se servent ni d'assiettes, ni de couteaux, ni de cuillers.

Les Tcherkesses n'aiment pas le travail; ils sont très-obligeans et très-gais, mais, en même temps, intéressés, rusés et fourbes. Leurs principales occupations sont la guerre, la chasse, le brigandage : ceux qui s'y distinguent, jouissent parmi eux de la plus grande réputation. Lorsqu'ils se mettent en campagne pour aller piller, ils se servent d'un langage particulier dont ils conviennent entre eux. Les deux jargons les plus usités parmi eux sont le *chakobché* (et non pas *sikowchir*, comme l'a écrit Reineggs) et le *farchipsé*. Le premier semble être original, puisqu'il n'a aucune analogie avec le tcherkess. Il m'a été impossible d'en obtenir des exemples. Je me bornerai donc à ceux que Reineggs a cités (1).

(1)

CHAKOBCHÉ.	TCHERKESS.	FRANÇAIS.
Paphle.	Nné.	Œil.
Baetuo.	Takhoumah.	Oreille.
Kaepe.	Tché.	Cheval.
Ptchakokaff.	Giem.	Vache.
Themechae.	Bjan.	Chèvre.
Naeghoune.	Mapha.	Feu.
Ouppé.	Fiss.	Femme.
Pachae.	Akhché.	Argent monnayé.
Chouwghae.	Dchako.	Manteau de feutre.
Brougg.	Chah.	Tête.
Woup.	Tpang.	Fusil.
Ptchakoentché.	Makhché.	Chameau.
Fogabbé.	Mall.	Brebis.
Cheghs.	Psé.	Eau.
Aelexsae.	Tchallah.	Enfant.
Naekouchae.	Chakoua.	Pain.

Les Tcherkesses donnent le nom de *t'ha-ma-khoua* à la semaine, et au dimanche par lequel elle commence. Voici les noms de chaque jour :

Dimanche...... *t'ha-makhoua.*
Lundi......... *blichha.*
Mardi......... *goubch.*
Mercredi....... *berejia.*
Jeudi......... *makhouk.*
Vendredi....... *meïrem.*
Samedi........ *chabat.*

Les noms des mois sont les mêmes que chez les Tatares.

Les noms d'hommes qui sont les plus en usage chez eux, sont les suivans :

Le *farchipsé* se forme du langage commun, en intercalant *ri* ou *fi* entre chaque syllabe. Exemples :

TCHERKESS.	FARCHIPSÉ.	FRANÇAIS.
Chah.	Irichkhari.	Tête.
Tdlé.	Arukkouari.	Pied.
Ia.	Iriari.	Main.
Takhoumah.	Tarikhourimari.	Oreille.
Nné.	Irinneri.	Œil.
Pch.	Iripcheri.	Nez.
Djé.	Iridjéri.	Bouche.
Bbsé.	Iribbserigneri.	Langue.
Djaké.	Djarikeri.	Barbe, &c. &c.

Baïtan, *Papaï*, *Mahomet*, *Ghilakhsan*, *Botoukouqua*, *Kelemet*, *Doudaroukoua*, *Botach*, *Hassané*, *Makhara*, *Burau*, *Khod*, *Tchekki*, *Khetek*, *Tanstanim*, *Hussein*, *Kandou*, *Ismaïl*, *Tambié*, *Anzor*, *Khemnech*, *Terol*.

Baïram Aloè.. Fils de la fête de Baïram (mot d'origine tatare).
Inal........ Nom de prince très-commun.
Meïrem-koul.. Serviteur du vendredi (tatare).
Dewletou-koua. Fils de la richesse.
Kan-djaoua... Fils du sang (racine tatare, ayant la terminaison tcherkesse).
Missost...... Moïse.
Arslan-beg... Prince lion (tatare).
Chakhmurch.. Cri de vache.
Petak........ Rameau.
Temur....... Fer (tatare).
Taw-chine.... Brebis de montagne (tatare).
Sassarou-koua. Fils de la fête Sassa.
Kham-mourza. Prince des chiens.
Temurou-koua. Fils de fer (à moitié tatare).
Goïnou-koua.. Fils de peau.
Keltchou-koua. Fils de laine.

Koitou-koua. . Fils de travers.
Meïremou-koua. Fils du vendredi.
Dol. . . . . Esclave.
Bahatyr. . . . . . Géant (d'origine tatare).
T'haha-chiné. . . Agneau de Dieu.
Hadiakoua. . . . Petit chien sans queue.
Tamassa. . . . . . Thomas.
T'ha-ghelek. . . Crainte de Dieu.
Togdjou-koua. . Fils d'un homme gras.
Hadzoug. . . . . Jeune chien.
Kaz-boulat. . . . Nom tatare qui signifie *acier d'oie*.
Ouressaï. . . . . . Mois de carême.
Koch-bach. . . . Double tête (tatare).
Sagasto-koua. . . Fils de la fête Saga.
Manedjou-koua. *Veteris penis filius*.
Babadjipa. . . . . Bec de canard.
Djantemir. . . . . Ame de fer.

Tchabas-ghiereï. *Tchabas* est un mot arabe qui signifie *faucon*.

La plupart des noms de femmes sont arabes. En voici quelques-uns :

Kenja-khan, *Dewlet-khan*; *Dchennet* (arabe), béatitude; *Tepsike*, *Fameta*, *Kista-*

man, *Gochopho-khouraya*, fille ronde de prince, &c.

Les Tcherkesses appellent

les Tatares	*Nogaïs.*
—Arméniens	*Ermellé.*
la Crimée	*Gherim.*
les Perses	*Khadjar.*
—Russes	*Ourous.*
—Lesghi	*Hhannioch* ou *Hhannoatché.*
—Ossètes	*Kouch'ha;* parce qu'ils habitent la crête des montagnes du Caucase, que les Tcherkesses appellent *Kouch'ha.*
les Dougours	*Dighor Kouch'ha.*
—Ossètes Tagaours	*Teghcï-Kouch'ha.*
—Karatchaï	*Karchaga.*
—Tatares du Tcheghem	*Tcheghem-Kouch'ha.*
—Tatares de la Malka	*Balkar Kouch'ha.*
—Géorgiens	*Kourjé.*
—Juifs	*Dchout.*

Tom. I.

La famille noble nommée *Koudenet* descend, dit-on, de Juifs.

Les annales russes nous ont conservé plusieurs noms polowtses (*voyez* page 103) qui excitent vivement la curiosité des historiens. Güldenstædt a cru en retrouver plusieurs chez les Ossètes, peuple de la race mède qui habite le Caucase : mais ni d'autres personnes ni moi n'avons pu confirmer cette prétendue découverte; et je peux même assurer que de tous ces noms aucun n'est actuellement en usage chez les Ossètes : mais j'en ai retrouvé quelques-uns chez les Tatares Bassians, et plusieurs chez les Tcherkesses; par exemple :

Noms polowtses.	Noms tcherkesses.
Abarouk.....	*Abaroko*, nom de famille chez les *Chapchikh* et chez les *Abazekh*, tribus tcherkesses au-delà du Kouban. Ce mot signifie *nouveau-venu*.
Alak.......	Nom très-commun dans tout le Caucase, et nom d'une famille des *Jani*.

Noms polowtses.	Noms tcherkesses.
Altounop....	Ce nom paraît être dérivé du mot tatare التون *altoun*, l'or. Il y a chez les *Abazekh* occidentaux une famille qui le porte.
Atourghii....	Nom d'une famille presque détruite chez la tribu tcherkesse *Bezlenié*.
Bachkrat....	Nom très-usité, qui signifie *brave*.
Bliouch.....	*Blouch*, nom très-usité dans la grande Kabardah. *Bliouch*, nom d'une famille chez les *Kemourkwähé* ou *Temirgoï*.
Boniak......	Famille des *Chapchikh*, au village *Chmitt*.
Yaroslanopa..	Nom d'une famille de la grande Kabardah. — *Saroslanopa*, nom d'homme très-commun.
Itlar........	*Eltarkh*, famille chez les *Kemourkwähé* ou *Temirgoï*.
Kobran......	Famille de paysans qui habite

Noms polowtses.	Noms tcherkesses.
	entre les *Abazekh* et les *Chapchikh*.
Kobkak......	*Kopasga*, famille chez les *Bjedoukh*, sur les rivières *Pchicha*, *Pchakhomat* et *Djokoups*.
Kourtok.....	*Kourtok*. — *Kourtchok*, nom de famille chez les *Abazekh*.
Kotchü......	*Kotchora*.
Kounam.....	*Khouram*, famille de la grande Kabardah.
Kourka......	*Kourgouaka*, famille célèbre chez les *Bezlenié*.
Ossalouk....	*Chalouk* ou *Solok*, famille célèbre des *Bezlenié*. *Chalokh*, nom très-usité. *Osarouk*, nom d'une famille tcherkesse sur la Malka.
Selouk......	*Sellouk*.
Sokal.......	*Sokwal*, nom chez les *Abazekh*. Famille koumouke, qui tire son origine des *Tcherkesses-Bezlenié*, et qui habite près d'Endery. Chez les *Kara-*

NOMS POLOWTSES.	NOMS TCHERKESSES.
	tchaï et chez d'autres Tatares, il y a la famille de *Krym-chokal.*
Sourbar.....	*Soulbar.*
Saba........	*Saba.*
Tchenegrep..	*Tcheghen-oukho,* famille de princes *Bezlenié,* chassée de la Kabardah il y a plus d'un siècle, et qui se réfugia en *Kakhéthi,* où elle embrassa le christianisme, et où le roi *Wakhtang* lui donna des possessions. Actuellement cette famille s'appelle *Tcherkessi-chwili,* et réside à *Wedjini* en *Kakhéthi.*
Tougorkhan..	*Digorkhan.* — *Tougorkhan,* nom chez les *Karatchaï.*
Ourousoba....	*Ourousby,* famille chez les *Abazes* et chez les *Karatchaï.*
Waldousa...	*Yaldous,* famille dans la partie méridionale de la grande Kabardah.

Quoiqu'on retrouve tous ces noms chez les Tcherkesses, il ne s'ensuit pas que ce peuple descende des Polowtses; je pense, au contraire, que ces derniers étaient soumis aux Tcherkesses, et que les chroniques russes ne nous ont conservé que les noms de leurs princes et de leurs chefs.

CHAPITRE XIV.

Départ de Mozdok. — Passage du Terek. — Les monts Arak. — Akhlau-kabak. — Grigoripol. — Chalkha, colonie ingouche, sur le Koumbaley. — Ingouches. — Leurs mœurs. — Grands ou anciens Ingouches. — Route qui conduit au Terek supérieur. — Galga. — Les Ingouches en sont originaires. — Rocher sacré. — Vallon des Chalkha. — Caverne avec une croix de fer. — Beauté de ce vallon. — Usages des Ingouches. — Mariage après la mort. — Femmes et leur habillement. — Danses. — Aversion pour les religions étrangères. — Croyance et cérémonies religieuses. — Les grands Ingouches. — Leurs sept tribus.

Le dimanche 22 décembre, nous quittâmes enfin Mozdok, sous l'escorte de cinquante Cosaques du Don. On passa le Terek sur un bac formé de deux arbres creusés [*kajouk*], unis ensemble par des liens de branches de saule; on les fait mouvoir par des rames. Ces radeaux, si grossièrement construits, ne périssent que trop souvent; et, lors même que les voyageurs et les chevaux parviennent à se sauver à la nage, les effets sont perdus sans ressource. A l'époque des grandes eaux, en juillet et en août, le bac est obligé de naviguer en ligne diagonale; et, comme il ne peut porter plus de trois chevaux à la fois, le passage du Terek prend un temps infini. Nous fûmes obligés d'attendre long-temps sur la rive droite, jusqu'à ce que tout notre train fût passé : il y a de ce côté une petite redoute munie de canons, pour protéger le passage.

Nous partîmes enfin sur les quatre heures, et nous gravîmes sur la haute steppe, dont la pente vers la rivière est, dans cet endroit, de dix à onze toises Le chemin traverse d'abord des forêts; ensuite nous vîmes devant nous la belle et fertile plaine de la petite Kabardah. Après avoir parcouru vingt werstes, nous atteignîmes le dos de la chaîne d'Arak, qui est couverte de bois, et, vers le nord, se termine en pente douce. Elle offre des couches de sable, d'argile et de marne. Nous étions à environ une lieue d'Akhlau-kabak, ou Ghilakhsanié, village dévasté par la peste ; c'était autrefois la résidence principale des princes de la famille Ghilakhsan de la petite Kabardah. Il est situé sur la pente nord d'une montagne entièrement semblable à la précédente, dans un pays fertile et arrosé par les trois petits ruisseaux Psedakhé. A notre gauche et à la distance d'une werste, était Kourgokwa, village tcherkess. Comme il était nuit quand nous passâmes auprès, les chiens du lieu se mirent à aboyer; nos Cosaques, effrayés, nous avertirent de nous tenir tranquilles, et de faire aller nos chevaux le plus doucement possible. Sur la pente méridionale de cette seconde chaîne, appelée *Belantcha,* se trouvait autrefois la redoute de Grigoripol, qui est maintenant abandonnée : à gauche est un ruisseau qui ne porte aucun nom. Rendus de fatigue et de soif, car nous n'avions rencontré nulle part de l'eau bonne à boire, nous arrivâmes, au milieu de la nuit, près du fort de Grigoripol, que l'on appelle aussi *Koumbaley,* du nom de la rivière sur la gauche de laquelle il est situé. L'ayant traversée dans l'obscurité, nous fûmes, ainsi que notre bagage, complétement mouillés.

On compte soixante werstes de Grigoripol

à Mozdok : ce n'est pas une partie de plaisir de parcourir cette distance au milieu de décembre, au travers d'une steppe couverte de frimas, et d'être obligé d'aller au pas. Nous avions espéré que nous pourrions, du moins, nous chauffer et nous reposer à Grigoripol jusqu'au lendemain ; nous fûmes malheureusement trompés dans notre attente. Comme il était nuit, on ne nous permit pas d'entrer dans le fort ; il fallut bivaquer en dehors. Tourmentés par la faim, la soif et le froid, nous n'eûmes pour nous restaurer que du thé, du biscuit et de l'eau-de-vie ; ensuite nous nous étendîmes sur la terre gelée, et, nous couvrant de nos excellens manteaux de feutre, nous nous endormîmes. Le temps était très-froid, et le vent impétueux ; cependant le lendemain nous nous trouvâmes plus vigoureux que nous ne l'avions pensé. Le fort, que je visitai ensuite, est bien situé ; des chasseurs et des Cosaques du Don en composent la garnison, et les remparts sont garnis de douze canons. Au reste, la place n'a d'autres habitans que la garnison et quelques vivandiers, qui tous vivent dans des *zemiliankes:* ce sont des huttes souterraines avec un toit saillant hors de terre ; elles reçoivent le jour par des lucarnes pratiquées dans le toit. Ces huttes sont très-malsaines et humides ; les vêtemens, le linge et les provisions s'y gâtent très-promptement. Il serait facile, lorsque les eaux sont hautes, de faire flotter jusqu'à Grigoripol les bois du haut Koumbaley, et de les employer à construire des maisons ; mais les Ingouches s'opposent à cette opération.

La rivière que les Tcherkesses appellent *Koumbaley,* porte chez les peuples kistes le nom de *Galoun ;* elle prend sa source dans les montagnes schisteuses, environ à trois lieues, à l'est, de Stephan-tzminda, ou Kazbek, sur le Terek supérieur, et parcourt le vallon habité par les grands Ingouches, que les Russes nomment старые Ингуши ou *vieux Ingouches.* Les montagnes baignées par le Koumbaley sont hautes et boisées : il coule d'abord au nord, puis au nord-ouest, dans une plaine de quarante werstes, qui s'étend jusqu'à la seconde chaîne Arak de la petite Kabardah, et qu'il côtoie en courant à peu près à l'ouest. Enfin il se jette à droite du Terek, à quatre lieues au-dessus de Tatartoup. Le lit du Koumbaley est uni et pierreux ; lorsque ses eaux sont basses, elles coulent lentement : ses bords sont peu boisés, comme ceux de toutes les rivières qui parcourent des plaines, puisqu'en changeant de lit elles emportent les arbres.

Il y a environ quarante ans qu'une colonie des Ingouches appelés *Chalkha* s'établit au-dessous de la chaîne secondaire, près du Koumbaley ; leur population nombreuse, resserrée dans des vallées peu fertiles, les avait obligés de descendre dans la plaine. La grande Kabardah eût été peuplée et cultivée de cette manière par les Ossètes, si l'ambition et la cruauté des Kabardiens, qui les vendaient comme esclaves, ou les livraient comme serfs à leurs paysans, n'avaient pas retenu ces montagnards dans les alpes. Peut-être seraient-ils en état de tenir tête aux Kabardiens, si des rochers inaccessibles et un esprit de liberté qui les tient divisés en petites sociétés, ne les eussent affaiblis. La colonie des Chalkha, qui, grâce à sa bravoure et au grand nombre de ses habitans, a mieux résisté aux Kabardiens, a néanmoins été obligée de quitter son nouvel établissement et de se retirer à Naziran, sur la Soundja.

Les Ingouches habitent actuellement les

rivières Koumbaley et Soundja, avant qu'elles quittent les montagnes. Ils changent souvent l'emplacement de leurs villages, qui sont toujours situés près de petits ruisseaux sur lesquels à peu près chaque famille a un petit moulin à roue horizontale, d'un mécanisme très-simple. Je ne sais pas s'il existe un autre peuple qui, avec de mauvais matériaux et moins de préparatifs, ait, comme les Ingouches, la facilité de pouvoir emporter ses moulins à eau dans ses habitations, et de les replacer quand il veut s'en servir.

Ils consistent en une meule qui est mise en mouvement par l'essieu d'une petite roue horizontale, sur laquelle l'eau tombe par un angle très-oblique, en sortant d'un arbre creux ou d'une rigole. La trémie, en forme d'entonnoir et en écorce d'arbre, est suspendue à quatre cordes, et suffisamment secouée par un bâton que la meule fait soulever. Une pierre pointue, passée dans le trou d'une autre pierre, sert de bouchon au rouet, et une poutre en forme de fourche au-dessous de l'essieu soulève et arrête la pierre du moulin par le moyen d'une autre pierre mise au-dessous. Il n'entre pas de fer dans cette machine. Ce sont les femmes qui font le service du moulin, ainsi que tous les travaux de la campagne et du ménage; elles se font aussi leurs vêtemens.

Chaque fois que les Ingouches veulent manger, ils cuisent de petites galettes de farine de millet, d'orge ou de froment; ils posent la pâte sur une pierre ronde, et, lorsqu'elle est à moitié pétrie, ils la mettent sous les cendres chaudes, jusqu'à ce qu'elle fermente. Ces galettes sont mal cuites et dures; mais les Ingouches, qui en mangent peu, les digèrent très-facilement. Ils préparent aussi, comme les Ossètes, pour leurs fêtes, de la bière excellente, qui égale le *porter*. Ils sont vêtus comme les autres habitans du Caucase, mais plus recherchés dans leurs habits et leurs armes. Les Ingouches et quelques tribus ossètes sont les seuls Caucasiens chez lesquels l'usage des boucliers se soit conservé; ces boucliers sont en bois couvert de peau, et garnis de lames de fer ovales. Non-seulement ils se servent de leur javelot court et noueux comme d'une arme de défense, mais encore, en l'enfonçant par terre, ils y appuient leur fusil pour tirer plus juste. Ils se battent plus à cheval qu'à pied; tandis que c'est le contraire chez les habitans des montagnes. Ils savent aussi tirer un grand parti de leur bouclier. Ils regardent une parole injurieuse comme l'offense la plus sensible, et souvent ils s'en vengent par la mort de celui qui l'a proférée. Lorsqu'ils se battent entre eux, on croirait que la plupart vont être pourfendus par les coups de sabre; cependant ils savent si bien s'en garantir avec leurs boucliers, qu'ordinairement ils en sont quittes pour quelques contusions. Pour une bagatelle ils mettent l'épée à la main; mais ils n'emploient les armes à feu que dans la dernière nécessité, comme pour venger la mort d'un parent ou repousser l'invasion d'un ennemi. L'union sociale est entretenue par les anciens les plus distingués par leur fortune ou leur nombreuse famille : toutefois l'influence de ceux-ci sur le peuple est plus grande dans la plaine que dans les montagnes, où la pauvreté générale maintient plus d'égalité.

Les habitations des Ingouches établis dans la plaine sont de mauvaises huttes en bois; comme elles sont dépourvues de tout, il faut les abandonner en cas d'attaque. Unis aux

Ingouches des montagnes par les liens les plus étroits de pauvreté, ils cherchent à conserver leur amitié, afin de réclamer leur secours en cas de besoin. Lorsqu'ils émigrent dans la plaine, ils afferment leurs maisons et leurs terres situées dans les montagnes à leurs parens, ou bien ils en donnent l'investiture, à titre de fief, à des pauvres, afin de gagner leur affection.

Le chemin qui conduit à la vallée des *grands Ingouches*, traverse la chaîne secondaire boisée, d'abord sur la rive droite, et, quelques werstes plus loin, sur la rive gauche du Koumbaley. Le défilé est large de quatre-vingts toises et long de six werstes, uni par-tout, et praticable en voiture; il est en partie couvert de bois. Des deux côtés s'élèvent de hautes montagnes escarpées et boisées; sur leur sommet croissent un excellent bois rouge et des ifs. A l'extrémité du défilé, on rencontre, sur un rocher, un monument en pierre, où les Ingouches font leurs prières et leurs sacrifices. C'est ici que s'ouvre la vallée des grands Ingouches : sa longueur est de six werstes dans la direction du sud-est; sa largeur, de quatre.

La plupart des villages des grands Ingouches sont situés sur le revers septentrional de la vallée, les uns sur le penchant de la montagne, les autres sur les bords de la rivière : il y en a aussi quelques-uns à l'ouest du ruisseau Gherghe. En entrant dans la vallée, on voit une tour entourée d'un mur, qui pourrait servir à défendre les défilés. La vallée est unie, et fournit des pâturages suffisans aux troupeaux des habitans; elle est arrosée par différens ruisseaux : le Koumbaley la borne à l'est et au nord; le Gherghe, au sud et à l'ouest. Ces deux rivières se réunissent l'une à l'autre après avoir reçu plusieurs petits ruisseaux. Le Gherghe prend sa source dans les hautes montagnes neigeuses, et traverse les rochers au sud de la vallée. Un sentier conduit, le long de cette rivière, à Stephantzminda, sur le Terek.

Les champs des grands Ingouches se trouvent près de la pente méridionale des montagnes situées au nord : ces peuples font paître leurs moutons dans les montagnes boisées du sud et de l'est. Au-dessous de celles de l'ouest, on voit le village de Wapi, sur une rivière que les Ossètes appellent *Makal-don,* et qui s'unit au Terck, à droite, à mi-chemin entre Baltach et Laars. Le Koumbaley sort par deux branches des montagnes de l'est ; sur sa rive droite passe le chemin qui conduit, à travers les montagnes, à la vallée de l'Assaï et jusqu'aux Ingouches de l'intérieur. Entre les montagnes de l'est et du nord, un sentier conduit chez les *Chadigö* et les *Karaboulak*.

En remontant au-dessus des sources du Koumbaley, et en franchissant la montagne qui sépare ces sources de la vallée de l'Assaï, ou Chadyir, on arrive dans le canton nommé *Galga,* qu'on regarde comme le pays originaire des Ingouches, et qui est à sept werstes, au sud, des sources de la Soundja ; un chemin difficile mène ensuite à un mauvais pont, que l'on passe pour gagner la rive droite de l'Assaï. Cette rivière, resserrée entre les montagnes, n'en est que plus impétueuse ; son lit est rempli de rochers : souvent elle mouille les flancs escarpés d'une montagne inaccessible ; de sorte qu'il faut passer d'une rive à l'autre. A peu de distance d'un rocher sacré, sur lequel les Ingouches jettent par dévotion des cornes d'animaux ou des bâtons, un second pont conduit à la rive gauche de l'Assaï. On rencontre de ces lieux de sacrifice dans beaucoup d'endroits dangereux de la montagne. Faute de ponts, on prend, sur la pente de la montagne de l'ouest, un sentier qui conduit dans les lieux escarpés, et passe par-dessus des fascines étroites et couvertes de terre; à peine peuvent-elles porter un homme, et cependant on y fait passer des ânes et des mulets chargés. A dix werstes plus au sud, on descend graduellement jusqu'à la rivière : on y voit un mur en partie ruiné, avec une tour; il s'étend, à travers un défilé qui n'a que vingt toises de largeur, entre des montagnes inaccessibles. La grande vallée des Ingouches qui portent le nom de *Chalkha*, s'étend de là au sud. A l'ouest de son entrée, au milieu d'un rocher escarpé, on voit une grotte avec une croix de fer : au mois de juin, on y vient de tous côtés en pélerinage. Près du rocher, on aperçoit encore quelques traces des anciennes habitations. La vallée est grande, inégale, et habitée le long de la pente des montagnes; le coup-d'œil en est agréable et romantique : de toutes parts, les rochers et les hauteurs sont surmontés de vieux châteaux et de tours pyramidales; des champs sont suspendus sur le penchant des montagnes les plus hautes; des torrens se précipitent de leurs sommets en cascades écumantes; enfin des prairies offrent leur belle verdure, entretenue par un nombre infini de petits canaux. Resserrée entre des montagnes dont les cimes les plus hautes sont couvertes de neiges éternelles, cette vallée présente, au milieu de l'été, la réunion des quatre saisons. Les champs et les prairies sont entourés de murs en pierre; car les Ingouches profitent tellement du plus petit morceau de terrain pour le défricher, qu'ils laissent à peine l'espace nécessaire pour les sentiers; et trop souvent la possession d'une pièce de terre d'un pied de largeur entraîne des querelles, qui finissent par la destruction de familles entières. Pour mettre leurs terres en culture, ils sont occupés, tous les ans, à enlever les pierres qui roulent du haut des montagnes, à établir de nouveaux canaux et à améliorer le sol pierreux et stérile. Malgré ces travaux pénibles, les terres suffisent à peine à la nourriture des habitans. C'est pour la même cause qu'un grand nombre d'entre eux vont s'établir dans la vallée des grands Ingouches, et même jusqu'en avant de la montagne, à Chalkha. Le blé ne s'élève jamais à plus d'un pied dans la haute vallée, et cependant les épis sont bien pleins.

Les Ingouches sont laborieux, les femmes sur-tout; non-seulement elles soignent leur ménage, elles font aussi les vêtemens de leurs maris, vont à pied chercher le bois à brûler jusqu'à huit werstes de distance, et portent les plus grands fardeaux en traversant les montagnes. Les vallées hautes étant la plupart dénuées de bois, il faut aller péniblement le ramasser à quelque distance des hautes montagnes; c'est, je crois, la cause principale de ce que leurs maisons sont bâties en pierre, et les toits plats et couverts d'argile et de gravier. Leurs maisons et leurs tours sont blanchies en dehors; mais elles ne sont guère propres dans l'intérieur. Les habitations sont réunies par famille; les villages sont parfois fortifiés avec des murailles et des tours coniques, hautes de dix à quinze archins. Les champs sont contigus aux habitations.

Les Ingouches élèvent principalement des

cochons, des moutons, des ânes, mais peu de
chevaux et de bœufs, parce qu'ils manquent de
pâturages; au reste, leurs besoins sont très-
bornés. Mal vêtus à la manière des Tatares, un
manteau de feutre les couvre en été comme en
hiver; ils ne se nourrissent souvent que de
racines crues, et sont très-sobres, même lorsque la chasse leur fournit de quoi faire un bon
repas. Les vieillards mangent d'abord; viennent
ensuite les hommes faits, à qui les premiers ont
laissé assez pour se rassasier eux et les petits
enfans qui leur succèdent à table. L'hospitalité
qu'ils exercent, la jouissance de tous leurs biens
en commun, la répartition équitable de ce que
le hasard ou la fortune leur procure, leur font
perdre, aux yeux de l'observateur, le caractère
de peuple sauvage; il les regarde comme doués
d'un esprit plus humain que les hommes avides
les plus civilisés. Ils sont très-maigres, mais
bien faits; ils sont alertes, robustes et infati-
gables. Ils ont l'air libre, farouche et sérieux.
Ils s'emportent dans leurs discours; mais ils s'a-
paisent aisément. Leurs passions se montrent à
découvert sans aucun déguisement: regardant le
mépris de la vie comme une vertu, et la moindre

apparence de crainte comme le plus grand crime, ils aiment mieux se tuer que de se rendre ; ce courage héroïque est, de même, le partage de leurs femmes. Voici un fait dont M. le comte Jean Potocki fut instruit durant son séjour sur la ligne : « Un Ingouche avait amené une jeune
» fille de son pays à Endery pour la vendre ;
» un Juif du Chirwan en offrit 240 roubles en
» étoffes de Perse, et le marché fut conclu. Le
» vendeur et l'acheteur s'étant éloignés un ins-
» tant pour examiner les étoffes, la jeune fille
» dit aux personnes qui se trouvaient près d'elle :
» *Je suis une pauvre orpheline, que chacun peut*
» *offenser impunément : mon guide m'a promis*
» *de m'épouser, et maintenant il vient de me*
» *vendre pour avoir des habits de soie ; mais*
» *jamais il ne les portera.* Aussitôt elle courut
» dans un jardin voisin, et se pendit à un
» arbre. »

Les Ingouches regardent la chasse, les courses pour piller et la guerre, comme les occupations les plus honorables pour la jeunesse ; ils pillent autant par point d'honneur que par besoin. Ils ont des chefs de famille sans autorité ; l'éloquence et la confiance ont seules du pouvoir sur eux. Les lois et l'obéissance leur sont inconnues; chez eux, tout se fait conformément aux anciens usages. Aussitôt qu'un fils est en état de se défendre, son père l'arme, et, l'abandonnant à son sort, le laisse maître d'agir au gré de sa volonté.

Les noms des Ingouches sont empruntés de ceux des animaux : l'un s'appelle Bœuf *[Oust]*; un autre, Cochon *[Kaka]*, Chien *[Poe]*, &c. Les femmes portent des noms encore plus bizarres, tels que *Assir wakhara* [qui monte un veau], *Ossiali wakhara* [qui monte une chienne], &c. Si un Ingouche a contracté, envers une personne d'une peuplade voisine, une dette qu'il refuse d'acquitter, le créancier se rend chez son *kounak*, c'est-à-dire, l'Ingouche qui lui a donné l'hospitalité; il lui expose son grief, et le somme de lui procurer son paiement, en lui adressant cette menace : « J'ai amené avec moi » mon chien; je vais le tuer sur le tombeau de » ta famille. » Il n'y a pas un Ingouche qui ne tressaille d'épouvante à cette terrible menace. Si le débiteur nie la dette, il est obligé de prêter un serment : on apporte devant le rocher sacré d'Yerda des os de chiens; on y mêle de leurs

excrémens, et celui qui jure dit à haute voix :
« Si je ne dis pas la vérité, que les morts de ma
» famille portent sur leurs épaules les morts de
» la famille de mon adversaire sur ce chemin,
» lorsqu'il a plu et que les rayons du soleil sont
» ardens. »

La même cérémonie a lieu pour les vols ;
car les Ingouches volent plus souvent qu'ils
n'empruntent. Si un Ingouche perd son fils,
un autre, qui a perdu sa fille, vient le trouver
et lui dit : « Ton fils peut avoir besoin de se
» marier dans l'autre monde ; je lui accorde ma
» fille, paie-moi la dot. » Jamais cette proposition n'est refusée, quand même la dot s'éleverait jusqu'à quarante vaches.

Ils ont cinq femmes et même plus. A la mort
d'un Ingouche, son fils aîné épouse toutes ses
femmes, à l'exception de sa propre mère, qui
peut cependant devenir la femme d'un des autres
fils. Lorsqu'on reproche cet infame usage à un
Ingouche : « Mon père, répond-il, a couché à
» côté de ma mère ; pourquoi n'en ferais-je pas
» autant à sa femme ? »

Les femmes des Kistes et des Ingouches sont
petites, fortes et assez jolies. Les jeunes filles,

dans la fleur de l'âge, ont l'humeur très-gaie ; elles sont prévenantes et folâtres : leurs cheveux sont coupés court par-devant, et couvrent la moitié du front; elles les y étendent avec grand soin, en les collant ensemble et en les rendant luisans avec de la céruse; elles font, du reste de leurs cheveux, plusieurs tresses qui leur tombent sur les épaules et sur le dos : les femmes mariées les réunissent en deux queues, enveloppées chacune d'un ruban de soie, de laine ou de coton, auquel on fait faire tant de tours, que, près du chignon, chaque queue a un pouce d'épaisseur; elle diminue graduellement jusqu'au bord de la chemise, où toutes deux sont jointes par un ruban. Les femmes ornent encore leurs têtes de boucles d'oreilles longues et épaisses, en cuivre, en laiton ou en verre; enfin elles mettent un chapeau à la tcherkesse, qui leur sied très-bien. La partie de chemise qui couvre les épaules et la gorge, a une broderie de près de cinq pouces de large, en soie, en laine ou en fil de diverses couleurs. Les femmes mettent par-dessus une robe qui leur descend jusqu'au mollet, et qu'elles attachent avec une ceinture, et, sous la chemise, elles ont des culottes longues ; ces culottes distinguent les femmes : celles qui sont mariées les ont rouges ; les veuves et les femmes âgées, bleues ; et les jeunes filles, blanches. Ces culottes sont élégamment brodées en diverses couleurs : à la cheville, elles sont garnies d'un rebord ou d'un ruban noir. Pendant l'hiver, les femmes portent des bottes ; en été, elles marchent pieds nus. Les travaux de leur ménage finis, elles font des tapis ou des couvertures de feutre ; elles préparent aussi une étoffe de laine mince, appelée *tsoka,* qui sert à l'habillement des hommes, des femmes et des enfans.

Leur danse a quelque chose de particulier : tous les spectateurs, assis en cercle, chantent, et, au son de quelques chalumeaux, d'une musette ou de quelques flûtes, excitent les jeunes danseurs à montrer leur force et leur adresse ; alors tous ceux qui en ont l'envie, viennent l'un après l'autre faire toute sorte de gestes et de sauts périlleux. Lorsque tous les danseurs ont répété les mêmes tours, aux applaudissemens bruyans de l'assemblée, ils se prennent par la main et dansent en chantant. Ils forment quelquefois un grand cercle, qu'ils ouvrent et resserrent; puis ils finissent par les mêmes sauts qui ont précédé. Pour que les femmes ne soient pas privées de cet amusement, on tâche de se procurer un musicien aveugle; elles vont avec lui, pendant la fête, dans un endroit un peu éloigné des hommes, et se divertissent sans porter atteinte à l'usage, qui leur défend de se montrer aux étrangers.

Les Ingouches regardent l'art d'écrire comme un prodige opéré par le christianisme et l'islamisme pour l'avantage de leurs sectateurs : cependant ils ont de la répugnance pour ces deux religions, quoique les missionnaires russes de la commission ossète se soient donné beaucoup de peine pour les convertir. Deux frères ayant été vendus en Turquie, avaient embrassé le mahométisme; ils firent un voyage à la Mecque, et, par la suite, furent rendus à la liberté. De retour dans leur pays, ils trouvèrent leur mère encore en vie et la convertirent à l'islamisme; ils le prêchèrent aussi à leurs compatriotes, et parlèrent avec beaucoup de zèle contre l'adoration du rocher : mais les Ingouches leur dirent : « Vous prêchez une doctrine que vous avez ap- » prise dans votre esclavage; nous n'en voulons

» pas : allez-vous-en, et que l'on ne vous revoie
» plus. » Les deux frères s'en allèrent dans un
autre pays.

La religion des Ingouches est très-simple :
ils adorent un dieu qu'ils appellent *Däle* ;
mais ils ne reconnaissent ni saints, ni autres
personnages remarquables par leur foi. Ils observent le dimanche, non en célébrant le service divin, mais en s'abstenant de travail. Ils
ont un grand carême au printemps, et un petit
en été. Ils ne pratiquent aucune cérémonie
particulière, soit à la naissance, soit à la mort :
mais, tous les ans, ils font des pélerinages
généraux à divers lieux saints, qui, la plupart,
sont des restes d'églises chrétiennes du temps
de la célèbre Thamar, reine de Géorgie, qui,
suivant les chroniques géorgiennes, régna entre
1171 et 1198; elle avait soumis presque tous
les habitans du Caucase, et les avait convertis
à la religion grecque (1). Dans ces occasions,
ils offrent des moutons, de la bière et autres
choses. Leur seul prêtre est un vieillard d'une

---

(1) Les Ingouches, ainsi que la plupart des autres Caucasiens, ont encore la semaine de sept jours; elle porte le nom de *kirra*, c'est-à-dire, dimanche. Voici les noms des jours de la semaine chez

conduite irréprochable, auquel ils donnent le nom de *tsanin-stag*, c'est-à-dire, homme pur : il n'est pas marié, et se tire d'une seule famille. Il fait seul les sacrifices et les prières dans les

---

eux et chez les Tchetchentses, qui ont beaucoup de rapports avec eux :

Français.	Ingouche.	Thusch.	Tchetchentse
Dimanche.	*Kirende.*	*Kwira.*	*Kirra.*
Lundi.	*Orchoat.*	*Jaenahe.*	*Orchoet.*
Mardi.	*Chinara.*	*Chinahae.*	*Ch'nara.*
Mercredi.	*Kara.*	*Kohe.*	*Kare.*
Jeudi.	*Yere.*	*Heukh.*	*Yere.*
Vendredi.	*Baraske.*	*Baraske.*	*Baraske.*
Samedi.	*Chaat.*	*Chabat.*	*Chaät.*

Le nom qu'ils donnent au samedi vient, sans contredit, du mot *sabbat*. Les Ingouches n'ont aucune dénomination particulière pour désigner les douze mois de l'année, qui, chez les Tchetchentses, portent les noms suivans :

Janvier............	*Antchera bout.*
Février...........	*Baïste-halkharim bout.*
Mars.............	*Mort bout.*
Avril.............	*Oualal bout.*
Mai..............	*Bästi bout.*
Juin..............	*Youkeré bout.*
Juillet............	*Chilim bout.*
Août.............	*Gourine-halkharim bout.*
Septembre........	*Gourine-youkerim bout.*
Octobre..........	*Gourine-taharim bout.*
Novembre........	*Aini-halkharim bout.*
Décembre........	*Tchile bout.*

Bout signifie lune et mois.

lieux sacrés. Cette fête est célébrée par un repas général, dans lequel on sert les animaux offerts en sacrifice. Ils n'ont conservé du christianisme que l'attachement pour les anciennes églises, et le mépris pour la religion mahométane. Ceux qui vivaient près de la plaine de la Kabardah, se faisaient parfois baptiser par les missionnaires russes; mais ces conversions ont entièrement cessé depuis la suppression de la commission ossète.

Sur une hauteur au sud de la vallée des Ingouches, et au-dessous de laquelle se joignent les deux bras de l'Assaï (1), on voit, du côté

---

(1) L'Assaï ou Assi, que les Tcherkesses nomment *Chadyir*, et les Russes, *Ossaya* ou *Ossaï*, est un des plus grands torrens du Caucase septentrional; il prend sa source dans les montagnes schisteuses, au pied de la grande chaîne neigeuse qui renferme, au nord, les sources du *Dokon Argoun* [Grand Argoun] et du *Koïssu*, et au sud, celle du *Yori*, de l'*Alazani* et de la *Samoura*. L'Assaï coule d'abord presque au couchant et tourne ensuite au nord. Sur ses bords et sur ceux du *Soslankhi* et du *Basseren* [le Jaune], ruisseaux qu'il reçoit, il y a plusieurs villages : ceux qui sont situés le plus haut, confinent au district géorgien de *Khewzourethi*. Au-dessous de Khewzourethi, et sur l'Assaï, sont les districts kistes de Meesti et de Galgaï ou Halha [les Ingouches] (ce dernier s'étend depuis le Koumbaley, par la Soundja, jusqu'à l'Assaï); le district de Meredji, où il y a des mines de cuivre; Galachka, et enfin Dabakh. On trouve des sources salées près du Basseren. (*Voyez* Guldenstædt, tom. I, pag. 171.)

de celui de la droite, un vieux bâtiment où, tous les ans, la nation entière va en pélerinage : le *tsanin-stag*, ou saint vieillard, qui assiste à la cérémonie, égorge les victimes, dont les fidèles mangent la chair; on ne réserve que la tête et les cornes, qui se conservent dans l'édifice. La longueur de cet édifice, qui est en partie écroulé, est de vingt-trois pieds; sa largeur, de sept; et sa hauteur, de quinze. Il est bâti en pierre de taille ; le toit est en ruine ; il y a un parvis à l'est et à l'ouest. Il y avait autrefois une porte d'entrée à l'ouest; à présent elle est murée : l'on entre par une petite porte basse, au midi. Au-dessus de l'entrée principale, on voit des figures informes en demi-relief : elles représentent un homme assis sur une chaise; une main tenant une équerre sort des nuages au-dessus de lui, et, à sa gauche, un autre homme tient devant lui une croix de la main gauche et un sabre de la main droite; un autre, vis-à-vis, à droite, porte des raisins sur une perche placée sur ses épaules : on aperçoit sur les côtés, et dans les coins de la corniche, des têtes d'anges. Au-dessus de la figure, on distingue la façade d'une église grecque; mais les inscriptions en anciens caractères géorgiens, que Pallas a pris à tort pour du gothique, sont presque entièrement illisibles. A la façade de l'est, il y a deux fenêtres étroites, et, dans le mur du midi, on a laissé de petites ouvertures triangulaires, qui en tiennent lieu. L'intérieur du bâtiment est sombre et sale ; il n'est pas pavé : au milieu se trouve un grand tas de charbon provenant des sacrifices ; de chaque côté sont rangées des têtes d'animaux avec leurs cornes, des os et des flèches brisées. Près de la face de l'est, il y a des arcades en pierre ; on dit qu'elles communiquent à des passages souterrains, où l'on conserve des livres et les ustensiles de l'église. Les Ingouches ne permettent à personne de faire des recherches dans ces lieux : cependant, lorsque j'allai à Mozdok pour la seconde fois, j'obtins deux livres de liturgie en grec, écrits sur du papier de coton uni, mais qui étaient en très-mauvais état ; ils avaient été apportés par un missionnaire capucin qui était allé chez les Ingouches ; ils appartenaient à la mission catholique de ces contrées ; cependant les Jésuites eurent la complaisance de les échanger contre d'autres livres qui leur étaient plus utiles.

Les grands Ingouches sont plus hospitaliers et plus affables envers les étrangers que ceux qui habitent les bords de l'Assaï; ils ont les mœurs et les usages des Ossètes et des Tcherkesses. Dans les repas, le maître de la maison sert ses convives, et ne mange que ce qu'ils lui jettent : il présente la tête de l'animal avec la poitrine ; chaque convive est obligé d'en prendre sa part : on donne les oreilles au domestique pour lui rappeler l'obéissance. Ils ne boivent le bouillon qu'après avoir mangé la viande ; ils s'asseyent à terre, en rond, et mangent avec les mains.

Leurs tombeaux consistent en voûtes en maçonnerie, construites au-dessus de terre : ces voûtes ont, du côté de l'est, une petite ouverture par laquelle on fait entrer le défunt, et qu'on bouche ensuite avec des pierres, auxquelles les femmes attachent leurs tresses de cheveux. Ils élèvent des poteaux, sur lesquels ils étendent la peau d'une chèvre avec la tête, au-dessus des tombeaux de ceux qui ont été tués par la foudre.

Ils ignorent l'époque où ils se sont établis dans cette contrée ; mais l'église ruinée dans laquelle ceux qui ne peuvent faire le pélerinage dont on a parlé plus haut, font leurs sacrifices, prouve une antiquité assez reculée. Ils ont des troupeaux considérables et de bons chevaux : les plus riches afferment leurs bestiaux; méthode qui est pour eux plus sûre et plus profitable. Dix brebis avec dix agneaux rapportent, au bout de trois ans, un bénéfice de huit têtes, et l'on en rend, par conséquent, vingt-huit au propriétaire. Si le fermier a le malheur de perdre les brebis, il les remplace en donnant une vache tous les trois ans, jusqu'à ce qu'il puisse effectuer la restitution complète. Pour une vache avec son veau, l'on donne, tous les ans, une brebis, et, pour une jument, une vache et la moitié des poulains nés de la jument que l'on a reçue; ou bien, au bout de dix ans, trois brebis, la jument avec un poulain, et la moitié des poulains qu'elle a eus. Cette coutume tient lieu, chez eux, de loi tacite. Ils prennent aussi sous leur protection, moyennant une certaine redevance, des pauvres et des gens hors d'état de se défendre. Ils observent le grand jeûne de l'église grecque; mais c'est là tout ce qu'ils connaissent du christianisme. A cette époque, ils vont en pélerinage aux lieux saints, et, après la moisson, ils vont visiter la caverne à la croix de fer (1). Ils ont un grand nombre de traditions relatives à ces lieux sacrés, et notamment à une voûte en pierre située près de la vallée de Chalkha. On dit que neuf portes y conduisent à un caveau souterrain, où sont conservés des lions énormes, un candélabre d'or, un homme et une femme qui se sont conservés incorruptibles, et enfin une cassette remplie d'objets précieux.

Les Galga, Halha ou Ingouches, se donnent à eux-mêmes le nom de *Lamour,* c'est-à-dire, habitans des montagnes. Ils désignent leurs voisins par les dénominations suivantes :

Les Tcherkesses........ *Ghabartie.*
Les Ossètes............ *Hhiri.*
Les Lesghi............ *Zouélé.*
Les Russes............ *Ouroussi.*
Les Géorgiens.......... *Gourdji.*
Les Arméniens.......... *Ermeley.*
Les Tchétchentses...... *Nakhtchoui.*

La nation des Ingouches se compose de sept tribus : 1.° Terghimkha; 2.° Aghi; 3.° Kham-

---

(1) *Voyez* pag. 403.

hoy-y; 4.° Kharatoï; 5.° Tsimkaïbokh; 6.° Gheoula-wy; 7.° Wapi.

On gagne aisément leur affection par la douceur et de bons procédés; il suffit de ne les pas tromper pour conserver leur confiance. Ils vivent assez paisiblement avec les Russes, qui les regardent comme leurs sujets. Les employés russes donnent lieu à de nombreuses altercations par leur conduite intéressée, et les friponneries des marchands arméniens occasionnent beaucoup de plaintes (1).

---

(1) Guldenstædt, part. 1.'", pag. 150.—Pallas, *Gouvernemens méridionaux*, part. 1.'", pag. 415; ses *Nordische Beytræge*, vol. VII, pag. 27, &c.—Reineggs, part. 1.'", pag. 41.— *Voyages* du comte J. Potocki.

CHAPITRE XV.

Départ de Grigoripol ou Koumbaley.—Arrivée près du Terek.—Ses galets.—Ses différens noms en géorgien. — Terghi. — Lomekis-mdinaré.—Aragwi.—Bizarrerie de ce dernier nom. — Wladikawkas, ou Terek-kalah.— Projet d'établir une nouvelle ligne militaire sur le Kouban et la Soundja. — Petite Kabardah. — Double chaîne de montagnes qui la coupe. — Rivières. — Hauteur de la steppe et sa fertilité. — Défilé près du Naziran et de la Soundja. — Tombeaux où les corps ne se corrompent pas. — Ancien tombeau tatare près de Yaman-koul.

LE lendemain, 23 décembre, nous quittâmes notre camp couvert de neige, et l'on nous donna une escorte de Cosaques et de chasseurs plus nombreuse que la précédente, parce que les Tcherkesses rendent la route de Koumbaley à Wladikawkas très-dangereuse. Près de Grigoripol, et sept werstes plus loin, au sud, jusqu'au Terek, on voit beaucoup de très-petits chênes épars dans la steppe. A moitié chemin de Wladikawkas, il y avait autrefois la petite redoute de Potemkin, dont il ne reste aujourd'hui qu'une partie de mur en terre. Le sol paraît très-fertile; sans doute il rapporterait d'abondantes récoltes si on le cultivait. L'eau du Terek était limpide, avait une couleur bleue mêlée de vert, et coulait avec une extrême rapidité. Son lit était rempli de cailloux variés, qui provenaient des différentes roches du Caucase : j'y remarquai, entre autres, du porphyre basaltique gris, très-compacte, du porphyre rouge-brun, plus foncé et moins compacte, et dont la pâte a de l'affinité avec le basalte; une autre sorte de porphyre plus poreux et d'une teinte plus claire, du schiste noir, compacte, et des pierres calcaires de différentes couleurs.

Le Terek porte le même nom chez tous les peuples du voisinage : les Géorgiens l'appellent aussi *Thergi;* autrefois ils le nommaient *Lomekis-mdinaré*, c'est-à-dire, la rivière de Lomeki. Mais un fait très-remarquable est qu'ils donnent le nom d'*Aragwi* à la partie supérieure de ce fleuve, depuis sa source jusqu'à l'endroit où il quitte les montagnes du Caucase pour entrer dans la plaine de la Kabardah, et qu'ils emploient le même nom pour désigner la rivière qui prend sa source à peu de distance de celle du Terek, mais qui se dirige du côté opposé, c'est-à-dire, du sud au nord, traverse le Caucase du nord au sud, comme l'autre du sud au nord, puis se réunit à la Koura de Mtskhetha. De même, le Phase des anciens, et l'Ouroukh, ou Iref, qui prennent leur source à des côtés opposés des montagnes neigeuses dans le pays des Ossètes, et coulent dans des directions différentes, portent l'un et l'autre le nom de *Rioni* chez les Géorgiens (1).

Nous remontâmes le long de la rive droite du Terek jusqu'à Wladikawkas, forteresse considérable que les Tcherkesses nomment *Terekkalah*, ou ville du Terek; elle est bâtie à peu de

---

(1) *Voyez* de l'Isle, carte générale de la Géorgie et de l'Arménie, dessinée en 1738 à Saint-Pétersbourg, et publiée en 1766 à Paris: on y voit l'Ouroukh entrer dans le Bakzan (Bassiani) qui va se joindre au Kouban; ce qui est contraire à la réalité. Voici comment cette carte remarquable a été faite : Joseph-Nicolas de l'Isle, étant à Saint-Pétersbourg en 1737, apprit qu'un prince géorgien qui se trouvait dans cette ville, y avait apporté plusieurs cartes générales et spéciales de son pays; de l'Isle eut le bonheur d'obtenir de ce prince la permission de copier ces cartes, qu'il fit traduire par son secrétaire. C'est d'après ces matériaux qu'il a composé sa carte.

distance de la droite du Terek, sur une colline qui s'abaisse en pente douce vers cette rivière : à l'exception de quelques Ossètes qui demeurent dans le faubourg, et des Russes que la fourniture des vivres y attire, ce lieu n'est habité que par des Cosaques et des soldats. Les maisons y sont en bois, très-propres et blanchies au-dehors; et, les rues étant passablement larges, le tout a un aspect très-agréable. Le comte Iwelitch de Montenegro en était alors le commandant : ami et protecteur de tous les princes brigands du voisinage, il partageait avec eux le butin qu'ils enlevaient aux Russes. Ce monstre continua encore son infame trafic pendant quelques années; mais les choses furent poussées à un excès si scandaleux, qu'enfin il fut mis en accusation et traduit devant un conseil de guerre.

Wladikawkas (1) est à vingt-trois werstes de Grigoripol; sa position à l'entrée de la vallée du Terek peut la faire regarder comme la clef du Caucase et de la route qui conduit dans la Géorgie. Si la ligne était mieux organisée et

---

(1) Ce nom RUSSE lui fut donné par le prince Potemkin : il signifie *gouverne le Caucase*.

plus étendue, cette place deviendrait plus importante. Un seul moyen peut garantir de ce côté le territoire russe des incursions continuelles des montagnards, et servir de frein contre les Kabardiens, c'est de chercher à empêcher toute communication entre les Caucasiens et les Turcs : pour cela, il faut établir un cadre militaire le long du Kouban, depuis la redoute de Nedremannoï jusqu'au pont de pierre construit sur ce fleuve, et élever des redoutes et des forteresses; leur entretien ne coûterait pas cher, si dans chacune on plaçait un magasin de sel, qui, au prix d'un rouble et 60 kopeks le poud, en fournirait aux peuples qui habitent au-delà du Kouban. Quelqu'élevé que soit ce prix, ils n'en seraient pas mécontens, puisque maintenant ils sont obligés de le payer encore plus cher aux contrebandiers. Mais on devrait alors agir avec plus de sévérité contre ces derniers, et soumettre le commerce des sels à un contrôle exact.

Pour défendre cette nouvelle ligne du Kouban, on pourrait employer une partie des troupes qui sont actuellement sur le Terek, toutes celles qui sont cantonnées près de la Malka, la Koura, la Kouma et la Podkoumka, ainsi que quelques escadrons de dragons de Stawropol ; on romprait ainsi toute communication entre les Kabardiens et les peuples qui habitent la rive opposée du Kouban : les premiers ne pourraient plus mettre en sûreté chez les autres le butin qu'ils font sur la ligne ; les peuples d'au-delà du Kouban éprouveraient même plus de difficultés à faire des incursions sur le territoire russe, et n'auraient plus le moyen de transporter les prisonniers russes jusqu'à la côte de la mer Noire, pour les y vendre et les faire passer ailleurs; enfin cette mesure empêcherait les Nogaïs de Bech-taw de se sauver au-delà du Kouban, lorsqu'ils ont commis des dégâts sur le territoire russe. Il faudrait, de plus, suivre le plan que le colonel Routsewi a rédigé par ordre du prince Tsitsianow: il consiste à tirer une ligne le long de la Soundja, depuis le point où elle se jette dans le Terek près de Bragoun, jusqu'à Wladikawkas; elle empêcherait les Kabardiens de vendre leur butin aux Tchetchentses et aux Koumouks. Les Tchetchentses ne pourraient plus infester la route de Mozdok à Wladikawkas, et n'auraient plus de débouché pour vendre les hommes, les bestiaux et les effets qu'ils enlèvent ; les brigands kabardiens n'auraient pas non plus la facilité de se réfugier chez ces peuples, lorsque les Russes insistent pour qu'ils leur soient livrés. Les Tchetchentses protégent volontiers tous les ennemis de la Russie, et les emploient comme guides lorsqu'ils font des incursions lointaines sur la ligne. De cette manière, les Kabardiens seraient complétement entourés par les Russes et en leur pouvoir. Pour garnir cette seconde ligne, on pourrait employer les troupes qui sont actuellement sur le Terck, depuis Mozdok jusqu'au confluent de la Soundja, ainsi que le régiment Naour. Si, malgré ces mesures, les brigands caucasiens osaient encore se glisser furtivement sur le territoire russe, on pourrait profiter du voisinage des troupes pour les guetter à leur retour chez eux, leur enlever leur butin et les châtier aisément (1).

C'est à Wladikawkas que finit la steppe connue sous le nom de *petite Kabardah*. La petite

---

(1) Ce plan est actuellement mis à exécution, grâce à la manière éclairée avec laquelle le général Yermolow gouverne le Caucase et la Géorgie au nom de l'empereur. La ligne sur la Soundja est établie par plusieurs forts, depuis Naziran jusqu'à l'embouchure de la rivière, dans la droite du Terck.

et la grande Kabardah sont des divisions du pays et de la nation que les Tcherkesses ne connaissent pas ; elles ne sont en usage que chez les Russes. Ils ne savent rien non plus de la différence établie par Garber entre la haute et la basse Kabardah : ils n'en connaissent qu'une seule, qui est la partie appelée ordinairement *la grande Kabardah ;* elle porte le même nom dans leur langue. La petite Kabardah, dont nous nous occupons ici plus particulièrement, est bornée, au nord, par le Terek ; à l'est, par la Soundja, appelée *Soltch* par les Tchetchentses ; au sud, par le ruisseau Koumbaley ; et à l'ouest, par le Lezken, qui, réuni à l'Argoudan, se jette dans le Terek, à gauche. Elle a la figure d'un triangle rectangle : sa largeur, au nord, est de cent quarante werstes, et seulement de soixante au sud. La partie orientale, appelée *Ghilakhsanié* [en tatare, *Ghilakhstan*], appartient aux princes Ghilakhsan, fils de Kaïtouko : ses principaux villages, situés près du ruisseau de Psedakhé, portent, chez les Russes, le nom d'*Akhlawi-kabaki.* La partie occidentale, nommée *Taltostanié* [en tatare, *Taw-sulthan,* c'est-à-dire, seigneur de la montagne], appartient au prince Ali-Makhtsid-Mouldaraté, fils d'Alkhas; il habite le village de Pchit-kau, près des petites rivières *Psip'pcha*, ou Eau noire, appelées aussi *Taltostanié*, et par les Russes, *Kabaki-Tawsoultani*. On donne le nom d'*Ansorié* aux villages d'un riche ouzden, ou gentilhomme, situés entre la rive gauche du Terek et le Lezken.

Deux chaînes de montagnes étroites, auxquelles les Russes donnent avec raison le nom de ᴦребень [crêtes], traversent, de l'ouest à l'est, la grande plaine de la petite Kabardah, parallèlement au Terek, qui coule vers l'est, et à la prolongation de la montagne principale. La crête du nord, qui s'appelle *Arak* ou *Arek*, est éloignée de dix à quinze werstes du Terek au-dessus de sa jonction avec la Malka; elle se termine, à l'ouest, près de Djoulad, et à l'est, près de Bragoun, au confluent de la Soundja. La seconde crête, appelée *Belantcha*, court parallèlement à la première, dont elle est éloignée de dix werstes au sud; elle l'est de trente, au nord, de la prolongation du Caucase : elle finit, à l'ouest, près de l'Ouroukh, et à l'est, près de la Soundja, vis-à-vis du village tchetchentse d'Alda. La première crête a cinq werstes de largeur; la seconde en a dix : toutes deux s'élèvent, au plus, à soixante archins au-dessus du niveau du Terek. Ces montagnes sont de grès friable et grossier, recouvert d'argile jaune-grisâtre qui en fait la base : on n'y trouve aucun indice de minéraux, à l'exception des sources d'huile de naphte, et des bains chauds qui sont à leur extrémité orientale, où l'on trouve aussi du soufre natif et des pyrites.

La partie du milieu est entièrement dépourvue de sources et de ruisseaux; mais la partie occidentale, sur-tout dans la seconde crête, en contient plusieurs. Neuf ruisseaux prennent leur source à sa pente septentrionale, depuis le Terek jusqu'à trente-cinq werstes au-delà, vers l'est : 1.° le Psougabché; 2.° le Sarésou [*Eau jaune*, en langue tatare]; 3.° le Mandokh; 4.° l'Assokaï; 5.° le Yaman-koul [*Mauvais Paysan*, en tatare] (entre ces deux derniers, sont les villages de Botachewa); 6.° le Kourp, le plus considérable et le seul qui ne se perde point dans la plaine, mais qui coule droit au nord, passe à travers la crête *Arak*, et se jette dans le Terek, vis-à-vis du village d'Alexandria; 7.° le Kiskem; 8.° le

Djarikwa, et 9.º le Psedakhé. Toutes ces rivières n'ont que quelques pas de largeur; mais leurs bords sont très-escarpés et hauts de plusieurs archins. Leur lit est composé d'argile gris-jaunâtre; ce qui rend leur eau bourbeuse. Vis-à-vis de ces rivières, le Kirchin coule, de l'est à l'ouest, le long du pied méridional de la seconde crête, et se jette dans le Koumbaley, à peu de distance de son confluent avec le Terek. Le Kirchin reçoit plusieurs ruisseaux à droite, notamment le Seyoukwa, dont l'eau est très-claire. Entre les deux crêtes, et à leurs extrémités occidentales, qui se prolongent vers le Terek, coulent le Bdaya et l'Ak-bach [*Tête blanche,* en langue tatare], qui, tous deux, se réunissent au Terek, et dont l'eau claire et pure roule sur un fond graveleux : ils sont connus par les excellens saumons que l'on y pêche. Enfin le Koyan sort de l'extrémité occidentale de la crête la plus septentrionale, et, après un cours de quelques werstes, se perd dans la steppe.

Entre ces crêtes, le Terek et la partie avancée de la chaîne principale, tout est plaine ou steppe; mais le sol y est de quinze toises plus élevé que la surface horizontale de la portion nord-est du Terek, et s'élève toujours insensiblement du côté des montagnes. Cette steppe est très-fertile : à la fin de juillet, toutes les plantes y sont encore vertes et fraîches ; ce qu'elles doivent à l'évaporation des nombreux ruisseaux, à l'air frais des montagnes. Le contraire a lieu dans la plaine qui s'étend le long de la rive septentrionale du Terek ; car, à la même époque, tout est fané par la chaleur et la sécheresse.

Les bords de toutes ces rivières sont peu boisés. Le flanc occidental de la crête du nord est tout-à-fait dégarni de bois, tandis que celui de la crête du sud est couvert de bois épais ; on y remarque sur-tout le chêne, le charme et le hêtre, qui manquent entièrement sur la crête du nord : c'est le contraire aux extrémités orientales de ces montagnes, du côté de la Soundja ; mais on y trouve aussi des tilleuls.

La petite Kabardah a été dépeuplée par la peste en 1806 et 1807 ; de sorte que, d'après un calcul moyen, le nombre des habitans de ce pays était, avant ce désastre, de deux mille six cent quatre-vingt-dix familles, qui maintenant sont, dit-on, réduites à la moitié.

Tom. I.

Les villages tcherkesses sont sujets à changer de nom aussi-bien que de situation. Ils prennent ordinairement leur nom de la famille principale, qui est la propriétaire du village, et encore plus souvent de l'ouzden ou gentilhomme plus ancien. Après sa mort, le village porte le nom du fils qui succède au défunt. La situation du village est encore moins stable, puisqu'après quelques années révolues, lorsque les champs sont trop épuisés et qu'on a consumé tout le bois d'alentour, on transporte les villages sur un autre terrain. Il y a cinquante ans et plus que tous les villages de la petite Kabardah étaient situés plus au sud, près des rivières Kizil, Meremedik, Ordan et Psekhouch : mais les habitans, inquiétés d'une manière trop rude par les montagnards, se virent forcés de s'en éloigner, de s'établir d'abord près des crêtes méridionales, et enfin de se fixer de l'autre côté. La famille de princes tcherkesses qui habite le village et le district de *Ghilakhsanié*, auxquels les Russes ont donné le nom d'*Akhlaw-kabak*, était autrefois établie près de la Soundja, dans des terrains arrosés par le ruisseau Nazran ou Naziran; mais elle en est partie depuis environ quatre-vingts ans, parce qu'elle était harcelée par les Tchetchentses et les Karaboulak.

Le Naziran est une petite rivière dont le cours se dirige en descendant du nord-est, et dont l'eau est claire, quoique le fond soit marécageux et entouré de joncs et de broussailles : on ne peut le traverser qu'à l'endroit où est établi le gué. Il se jette dans la rive gauche de la Soundja, au-dessous de la pente orientale de la seconde crête, et à son embouchure il y a des thermes qui portent le nom de *Pawlowsk*. La difficulté du trajet, les hauteurs et la Soundja elle-même, forment ici un défilé très-fort, qui, après celui de Tatartoup, serait le second poste important par lequel on pourrait contenir les montagnards, les Kabardiens et les Tchetchentses. La nature et la position lui donnent de la solidité et fournissent tout ce qui est nécessaire.

A quelques werstes du côté nord de ce ruisseau, près de la rive occidentale de la Soundja et sur une hauteur considérable, se trouve un tombeau consistant en un édifice hexagone, dont chaque côté est large d'une toise et haut d'une toise et demie, et qui a un toit voûté. Du côté du midi, l'entrée, dont la largeur a environ trois pieds, est à peine haute de cinq, et n'a pas la hauteur d'un homme. Des deux côtés de l'entrée, il y a des murailles de l'épaisseur d'un pied, qui avancent pour empêcher que la pluie ne frappe le monument. Le diamètre intérieur est d'environ deux toises, et il y une voûte souterraine au-dessous du pavé, aussi large que le bâtiment supérieur, et profonde d'environ sept pieds. Du côté de l'est, il y a encore une caverne cubique large de trois pieds; on descend dans le souterrain par une ouverture ronde pratiquée dans le pavé, laquelle a trois pieds de large; les bords s'avancent au-dedans en biais, probablement pour soutenir une pierre qui pourrait boucher l'ouverture, mais qui n'existe pas dans ce moment. L'édifice, bâti en pierre carrée avec de la chaux, est bien solide, très-régulier et fait à l'équerre. Au-dessus de l'entrée, on voit une inscription de trois lignes, si mal copiée dans l'ouvrage de Guldenstædt, qu'il est impossible d'en déchiffrer une seule lettre. La traduction faite par une des personnes qui l'accompagnaient, apprend que ce tombeau appartenait à un nommé *Malek-Arii-Sanabi,* et que l'inscription y avait été placée par Ali-sulthan.

Guldenstædt trouva dans la voûte six cadavres couchés l'un à côté de l'autre; il paraissait qu'il y en avait six autres au-dessous. Les corps étaient dans des cercueils composés de cinq planches de chêne unies, de la forme des nôtres. Les corps étaient étendus sur le dos, la tête tournée vers le couchant, et presque tous intacts : quelques-uns d'eux étaient entiers; les pieds et les mains manquaient aux autres (1).

Tous étaient revêtus de linceuls dont on ne pouvait pas distinguer la coupure; cependant on reconnaissait que ces suaires n'avaient pas couvert la tête, et ne s'étaient étendus que du cou jusqu'aux pieds : les uns étaient de toile de coton blanche, d'autres en soie. Parmi ces derniers il y en avait un jaune et un autre rouge, enrichis de fleurs en or et de diverses couleurs. Les cadavres n'offraient plus que des squelettes recouverts de leur peau; il y en avait d'hommes et de femmes. Un trou carré, pratiqué dans le mur de l'est, contenait un lièvre et un lévrier desséchés de la même manière et dans l'attitude de courir. La peau de ces deux animaux n'avait

---

(1) Guldenstædt, *Voyages*, part. 1.", pag. 509.

plus de poil ; ils étaient d'ailleurs entiers, excepté le lièvre, qui avait une oreille à moitié coupée. Suivant la tradition, un lièvre poursuivi avait tâché de se sauver en passant dans l'ouverture du souterrain; le lévrier l'y avait poursuivi. Leurs corps, comme les autres, avaient été conservés par l'effet d'une qualité propre à cette caverne : on conçoit l'absurdité d'une semblable opinion.

La complexion sèche des peuples de cette contrée, l'élévation du sol, la sécheresse du terrain graveleux et de l'air, enfin la chaleur du climat, sont les causes par lesquelles on peut expliquer l'incorruption de ces corps. Aucune tradition n'indique l'époque à laquelle ce tombeau peut avoir été construit; il porte le nom de *Bargounka-ketchana*, c'est-à-dire, tombeau des corps non corrompus. Quoique la manière dont ils sont enterrés diffère de celle qui est adoptée généralement parmi les Mahométans, il paraît cependant, par l'inscription arabe et les noms *Malek Sanabi* et *Aly-sulthan*, qu'ils appartenaient à des sectateurs de l'islamisme. On voit à la distance de quelques werstes, autour de ces tombeaux, et sur les hauteurs situées vis-à-vis de la rive orientale de la Soundja, des tombeaux couverts de tas de pierres, ou des constructions de forme à peu près pyramidale. Il n'y a pas quatre-vingts ans que ces lieux, comme on l'a observé plus haut, étaient alors habités par les Kabardiens. A dix werstes environ au-dessous du tombeau, on rencontre sur un petit tertre, dans la steppe, près de la Soundja, un bloc de grès épais de quelques pouces, sur lequel est sculptée une croix en forme de rose.

Le tombeau le plus remarquable, et, selon toute apparence aussi, le plus ancien de la petite Kabardah, se trouve sur la rive orientale du Yaman-koul, à peu près trois werstes de Botachewa-kabak, dans la plaine au nord et au bas de la seconde crête. C'est un édifice en pierres de taille, entouré d'une centaine de petits tertres, qui sont probablement les tombeaux des serviteurs du prince enterré dans le monument en pierre; il est octogone; chaque côté a un archin de largeur : à la face méridionale, on voit une porte cintrée, accompagnée, de chaque côté, d'un mur saillant, large d'un archin; à l'orient et à l'occident, il y a deux ouvertures pour des fenêtres, à un archin et demi au-dessus du sol; les murs ont environ deux archins de hauteur. Au fond de l'édifice se trouve une voûte profonde dont les pierres se sont écroulées; l'on n'y distingue pas les lignes régulières d'une ouverture centrale qui conduise à la voûte. Les monceaux de pierres empêchent d'examiner s'il y reste quelques cadavres. La partie occidentale du bâtiment est presque entièrement tombée; les murs ont deux pieds d'épaisseur. La pierre qui est au-dessus de la porte, offre une inscription de trois lignes en langue tatare; on n'en peut lire que les mots suivans :

قوبان خان بن بردی بك سنه ٨٦٠

Kouban-khan, fils de Berdi-beg, l'an 860 [1455 de J. C.].

Dans la petite Kabardah, les laboureurs et les bergers élèvent par-tout, à l'extrémité des champs et des pâturages, de petits retranchemens en terre garnis de palissades en bois pour les garantir des attaques soudaines. Ces fortifications, imprenables pour les brigands des montagnes, sont composées de deux rangs de claies disposées en rond et de la hauteur d'un homme; on remplit de terre l'intervalle, et l'on y pratique des embrasures. Tout autour de l'intérieur règne un toit en chaume, sous lequel on conserve le blé pour les semailles avec les instrumens aratoires, et même on y couche. Ils ferment l'entrée, qui est étroite, avec leur *arba*, voiture à la tatare à deux roues, que l'on place en travers. Les bergers ont des échafaudages formés de poutres posées l'une sur l'autre, et soutenues par quatre poteaux élevés de quatre archins au-dessus du sol; on y pratique aussi des embrasures.

CHAPITRE XVI.

Départ de Wladikawkas. — Détails minéralogiques sur la vallée du Terek. — Vallée au sud de Baltach. — Maisons de Baltach. — Défilé près du Terek. — Saw-don. — Pierres sépulcrales des Ossètes. — Chamois et chèvres sauvages. — Perdrix du Caucase. — Laars. — Origine des Ossètes de Chimit. — Leurs démêlés avec les Tcherkesses de la petite Kabardah. — Défilé. — Arwé-koum. — Dariela ou Daïran, porte caucasienne des anciens. — Village de Gelathi, et ruisseau de Defdaroki. — Montagnes basaltiques. — Stephan-tzminda ou Kazbek.

LE 24 décembre, nous partîmes de Wladikawkas avec une escorte moins nombreuse que celle avec laquelle nous y étions arrivés ; car nous n'avions avec nous que trente Cosaques et douze chasseurs. Nous continuâmes à suivre la rive droite du Terek. Au bout de quatre werstes, nous vîmes sur notre gauche le village ingouche de Saoukwa, que les Russes appellent maintenant

Sawrowa. Il est situé sur la rive du Terek, qui est très-escarpée, à deux werstes au-dessous de la partie avancée de la montagne. Du fond de la vallée, on n'aperçoit de ce village qu'une haute tour à forme conique, bâtie en pierre calcaire très-blanche. J'ai gravi à cheval la pente escarpée jusqu'à ce bâtiment, afin de le mieux examiner. Il n'y a pas de porte au niveau du terrain; mais à peu près à deux archins au-dessus on voit une grande ouverture oblongue, de sorte qu'il faudrait une échelle pour y monter. Les Cosaques qui me précédaient furent très-contrariés de ce petit détour; ils revinrent vers moi pour me protéger en cas de besoin : telle est la méfiance qu'ils ont même pour les montagnards, leurs amis. A *Sawrowa*, les réfugiés ingouches et ossètes demeurent ensemble, la plupart dans des maisons de bois; les derniers y sont les plus nombreux. Ainsi ce village peut passer pour ossète ou pour ingouche. A peu près à une werste plus à l'est, on trouve dans la montagne le village de Bouchoua, d'où l'on compte encore sept werstes jusqu'aux grands Ingouches. Cinq werstes plus loin, par conséquent à neuf werstes de Wladikawkas, nous arrivâmes au village ossète de Baltach, que les Russes appellent *Balta,* situé à la rive gauche du Terek, sur la pente de la montagne calcaire : on y voit un long pont de bois construit depuis quelques années sur le Terek. Après avoir passé ce pont, nous restâmes sur la gauche de cette rivière jusqu'à Dariela.

A l'entrée de la vallée du Terek, qui s'étend au sud-sud-est, et qui coupe tout le Caucase septentrional, les montagnes à droite et à gauche sont de calcaire de transition, ensuite de schiste argileux, puis plus haut, en remontant la rivière, de syénit. Derrière Dariela, l'ancienne porte du Caucase, sur la frontière de la Géorgie, le syénit s'abaisse; on commence à voir du basalte interrompu inégalement par des montagnes de schiste argileux : il s'étend non-seulement dans la partie la plus haute du Caucase, mais aussi dans la portion la plus élevée, qu'il faut franchir pour passer de la vallée du Terek dans celle de l'Aragwi, située vis-à-vis, au sud.

Au-dessous de Baltach, il y a, dans la vallée, une petite plaine où les Ingouches font paitre leurs troupeaux pendant l'été; ils paient pour cela un impôt léger aux anciens de la famille ossète de Temir-sulthan-Ilaldi, à laquelle le village appartient : ce lieu est rempli de beaucoup de gros tilleuls. Les Cosaques et les Russes qui sont de garde ou qui travaillent, en emploient l'écorce à faire des cabanes pour se mettre à l'abri des fortes pluies, qui, en été, sont très-fréquentes dans la vallée du Terek ; car lorsqu'il commence à pleuvoir dans la montagne, il y en a pour long-temps.

Les vapeurs qui s'élèvent de terre et des plantes après la pluie, le matin et après midi, par la chaleur du soleil, retombent le soir après le coucher du soleil, parce que l'air, devenu plus frais, les condense en gouttes. Cette alternative continue à avoir lieu jusqu'à ce que la quantité superflue de l'eau soit emportée par les rivières, ou qu'un orage pousse les gros nuages vers la plaine septentrionale ; ce qui ordinairement fait bientôt cesser le temps pluvieux.

Le petit ruisseau de Senkaghin s'unit au Terek à gauche, au nord de Baltach. Ayant gravi jusqu'au point le plus haut de la montagne, au nord de ce ruisseau, je trouvai le baromètre à vingt-trois pouces trois lignes, tandis qu'au bord du Terek, avant et après ma course, il était à vingt-cinq pouces. Pendant les grandes chaleurs de l'été, le Senkaghin est entièrement à sec; mais il grossit extrêmement à la suite des fortes pluies : son lit est couvert de cailloux calcaires blancs et arrondis, qui ont été détachés de la montagne par les torrens qui se précipitent de son sommet en creusant des ravins. A l'est du Terek, vis-à-vis de ce ruisseau, une grande ravine assez haute s'étend jusqu'au Koumbaley : les Ingouches y ont leurs habitations. Depuis cette gorge et du Senkaghin au sud, la montagne est beaucoup plus élevée que du côté du nord. Des rochers très-hauts, nus, grisâtres, s'élèvent en forme de pyramides ; ils sont entièrement calcaires : leur élévation est si considérable, que, lorsque, vers la fin d'août, les pluies continuent à tomber pendant quelque temps, il y neige pendant la nuit, tandis que, dans la vallée, il fait très-chaud. Ces gorges sont couvertes de bois de chênes et de tilleuls assez touffus; les hêtres rouges, si communs dans la partie avancée des montagnes, y sont très-rares.

Près du Senkaghin, j'ai trouvé dans le creux d'un arbre le nid d'un loir *[sciurus glis]* qui était engourdi. Cet animal est inconnu près du

Terek; mais on dit qu'il est très-commun dans la Géorgie, où on l'appelle *gnawi*.

Cette petite excursion nous avait fait perdre du temps; d'ailleurs nous étions partis trop tard de Wladikawkas : nous prîmes donc le parti de passer la nuit à Baltach, de crainte de nous exposer à être attaqués par les Ingouches ou les Ossètes. Nous fûmes logés chez un officier russe, logé lui-même chez un Ossète. La maison était bâtie très-irrégulièrement en poutres et en planches; elle ressemblait plutôt à une échoppe qu'à une maison habitable : mais notre hôte nous régala d'excellente bière, et nous fit servir un mouton, dont nous eûmes la tête en notre qualité d'étrangers.

Nous sortîmes de Baltach le 25 décembre de grand matin, avec une escorte de vingt chasseurs, et nous suivîmes la rive gauche du Terek. La route traversait, pendant environ quatre werstes, un petit bois de hêtres blancs et d'aunes; il couvre la plaine, qui n'a que quelques centaines de pieds de largeur. Au-delà des deux côtés du fleuve s'élèvent des rochers calcaires, hauts, escarpés, absolument nus. A l'extrémité de ce bois, le Terek baigne le pied des montagnes de l'ouest : comme on en a fait sauter la partie inférieure, elles laissent un passage au-dessus duquel les rochers sont suspendus, et à peine assez large pour deux cavaliers. Autrefois il fallait passer de la rive de l'est à celle de l'ouest, et repasser à celle-ci au bout d'une centaine de pas. Tous les ans on faisait dans cet endroit deux ponts, qui ne restaient en place que jusqu'à la mi-mai, époque où les eaux recommencent à grossir. Il était impossible de passer pendant les mois de juin, juillet et août; alors on prenait, le long de la rive occidentale, un sentier élevé de dix archins au-dessus de la rivière. Dans un endroit où il devenait très-escarpé, on posait presque perpendiculairement une échelle de quinze échelons, à laquelle on ne montait pas sans un grand danger. Les Ossètes du voisinage appellent ce lieu *Assinté*. C'était un des défilés les plus difficiles de la vallée du Terek ; mais, en établissant la route militaire à travers le Caucase jusqu'à Tiflis, on l'a rendue plus commode en perçant les rochers. Cette opération a été d'autant plus facile, que les montagnes sont toutes calcaires. L'établissement de la nouvelle route a fait cesser les contributions qu'on était obligé de payer aux Ossètes pour l'entretien des deux ponts. Lorsque l'eau est basse, les chevaux en ont à peine jusqu'au ventre; et dans les endroits les plus profonds elle n'a que dix à quinze pieds de largeur, parce que le Terek se partage en plusieurs bras, et n'a pas, à proprement parler, de rives; car il se porte tantôt d'un côté, tantôt de l'autre. Lorsque les eaux sont le plus hautes, elles n'ont guère plus de cinq pieds de profondeur; mais leur rapidité est si grande, que les chevaux ne peuvent plus se tenir debout dès que l'eau touche à leur ventre. Le lit du Terek est rempli de cailloux détachés des rochers voisins : les uns sont rougeâtres, les autres verts, bleu d'acier, noirs ou blancs; ce qui fait ressembler le fond à une mosaïque bizarre. Les lieux précédemment inondés offrent des portions de ces mêmes cailloux réduits en poussière; ce qui forme une espèce de sable de couleurs variées, dont la vue frappait d'autant plus, qu'il n'y avait alors sur la terre ni herbe ni neige.

Trois werstes plus loin, par conséquent à sept werstes de Baltach, nous atteignîmes les bords du *Saw-don* [Eau noire], ruisseau qui vient du sud-ouest. Il y avait auprès, dans la plaine traversée par le Terek, une redoute bâtie en quartiers de rocher, et qui, pendant l'été, est souvent occupée par un détachement russe, avec un canon; elle était alors vide. On aperçoit en face deux blocs de grès en forme d'obélisque, tout près l'un de l'autre. Le premier porte l'inscription suivante, en arabe :

المرحوم المغفور صاحب هذا الحد تنى مروقــا ابن احمد بن
يلالدى غفر اس العها امين ١١٨٨ كتبه مولا اسمعيل

Le bienheureux (défunt), auquel ses péchés sont pardonnés, le seigneur de ces frontières, Nenni Merouka, fils d'Ahmed fils d'Ilaldi. Que Dieu le récompense. Ainsi soit-il. 1188 [1774]. Écrit par Moulla Ismaïl.

Sur l'autre pierre, on lit ces mots arabes :

المرحوم المغفور صاحب هذا الحد حسّن بن احمد يلالدى غفر
اس العها امين ١١٨٨

Le défunt, auquel ses péchés sont pardonnés, seigneur de ces frontières, Hhassan, fils d'Ahmed Ilaldi. Que Dieu le récompense. Ainsi soit-il. 1188 [1774 après J. C.].

Au sud du Saw-don, à vingt archins au-dessus de la surface du Terek, se trouve le village ossète de *Dallag-kaou* [village inférieur] : il s'appelle aussi *Baghiri-kaou*, du nom de son fondateur, Baghir, fils d'Ilaldi. Les Russes le nomment *Nijneï-Tchim*, ou *Kaïtoukhowa;* et *Werkhnoï-Tchim*, le village de *Tsmi-kaou* [village supérieur], situé près du Saw-don, trente archins plus haut que l'autre. Dallag-kaou est mal bâti, et ne renferme qu'une vingtaine de cabanes en grosses pierres brutes et en cailloux, sans mortier : les trous entre les pierres sont bouchés avec de la terre ou du fumier. La porte de la maison est celle de la chambre, qui n'a pas d'autre ouverture pour recevoir le jour. Werkhnoï-Tchim, qui se nomme aussi *Tchim* par distinction, est beaucoup plus considérable et contient environ cent familles : les maisons n'y occupent qu'un très-petit espace de terrain, parce qu'elles sont rapprochées les unes des autres et forment des rues. Leurs quatre murs sont en quartiers de rocher et n'ont qu'un archin de hauteur : le toit en est plat, et fait de solives de bois de pin, que l'on recouvre d'argile et de gravier. Au milieu du toit, un tuyau d'osier, enduit d'argile et de fumier de bœuf, tient lieu de cheminée, et donne du jour lorsque la porte est fermée. Les étables, bâties soit avec des solives, soit avec des claies, sont à côté des maisons. Chaque village a une ou plusieurs tours carrées, hautes de cinq à six archins : en temps de guerre, on s'y met en sûreté. Les quartiers de rocher avec lesquels on construit les maisons de ce village, sont liés ensemble avec du mortier qui est très-fort, parce que la chaux qu'ils y emploient n'est jamais nouvellement éteinte : on la laisse un an et plus dans la fosse, exposée à l'air, afin qu'elle puisse se dissoudre d'elle-même; ce qui la rend plus liante que lorsqu'elle vient d'être éteinte avec de l'eau. Cet usage est très-bon : jadis on le suivait en Allemagne, lorsque l'on bâtissait un édifice public.

Les choucas se voient très-fréquemment, en été, sur les champs semés en blé; ils ont le bec et les pattes d'un rouge très-foncé : je les ai aussi rencontrés en grand nombre dans la Mongolie septentrionale et la Sibérie. Je vis à Baltach un chamois femelle tué d'un coup de fusil par un Ossète : ce peuple appelle *dsabitir* cet animal, qui est très-nombreux dans les montagnes, où il saute d'un pic à un autre. Il y a dans la partie la plus haute du Caucase deux autres espèces de chèvres sauvages. L'une est le capricorne commun *[ibex]*; les Tchetchentses le nomment *bodj* (1) : elle est moins nombreuse que l'autre espèce; on les trouve toutes deux entre le Terek et le Koumbaley, et sur-tout dans une prairie appelée *Ollagan*. L'autre espèce, que les Russes appellent simplement дикая коза [chèvre sauvage], porte, chez les Géorgiens, le nom de ჯიხვი *[djihhwi]* : elle erre en troupeaux sur les montagnes, ressemble à la chèvre commune, sinon qu'elle est beaucoup plus grande : elle a les cornes très-longues. Ces chèvres grimpent sur les rochers les plus escarpés, où aucun autre animal ne saurait atteindre. Dans l'hiver, elles se placent sur les plus hautes cimes des montagnes, leurs naseaux tournés au vent; car elles sont insensibles au froid le plus rigoureux. Leur chair a un goût exquis, et approche de celle du chevreuil.

---

(1) En langue ossète, *tsan*; chez les Géorgiens du district de Khewi, *akhmetchi*; à Tiflis et à Ateni, გარეული თხა *[gareouli-tkha]*, chèvre sauvage. On dit qu'on trouve souvent du bézoard dans l'estomac de ces animaux.

La perdrix du Caucase, qui, en géorgien, s'appelle მყრთხი [chourtkhi], est répandue dans toutes les montagnes; elle ressemble à la perdrix commune : souvent elle est plus grosse qu'un poulet. Elle ramasse des herbes pour l'hiver; mais les chèvres sauvages les lui enlèvent : alors elle est forcée de se nourrir du fumier de ces animaux.

Quelqu'empressés que nous fussions d'arriver à Stephan-tzminda, un événement désagréable nous força de nous arrêter à Tchim plus longtemps que nous ne l'eussions desiré. Un de mes chevaux de bagage devint enragé ; il ruait des pieds de derrière, trépignait et frappait contre les murs : tout son corps tremblait et était trempé de sueur; plusieurs autres symptômes annonçaient chez lui un désordre intérieur. Cependant il avait la respiration libre. Les Ossètes me dirent que cette maladie provenait de certaines plantes vénéneuses qui se trouvaient en grande quantité dans le foin de la récolte précédente. Pour empêcher l'inflammation de l'estomac, les Cosaques lui donnèrent du lait avec de la poudre à tirer, et le saignèrent. Malgré ces remèdes, il mourut au bout d'une heure. En l'ouvrant, on ne trouva aucune trace d'inflammation, ni dans la poitrine, ni dans le ventre. Les Tatares appellent cette maladie *la mort des chevaux.*

Cet accident me mit dans un certain embarras, parce qu'il n'était pas facile de trouver tout de suite un autre cheval de bagage. Je fus donc obligé de louer des Ossètes pour porter une partie de nos effets, et de diviser le reste en le plaçant sur les autres chevaux. Il fallut payer quatre roubles d'argent à trois porteurs, pour aller jusqu'à Laars, éloigné seulement de sept werstes.

Nous arrivâmes vers midi à Laars, que les Ossètes appellent aussi *Gors :* c'est le dernier village ossète du côté de la Géorgie; il est situé sur le Laars-don, ruisseau qui se jette dans le Terek. A gauche, sur une hauteur escarpée, on voit, près de ce ruisseau, une forte redoute défendue par deux bataillons d'infanterie avec quatre canons, sous les ordres d'un major.

Les Ossètes donnent le nom de *Chimit* ou *Tchimit* à toute la vallée qu'ils occupent depuis Baltach jusqu'à Laars. Les villages de Baltach,

I.

Dallag-kaou, Oulag-tsmi-kaou et Laars, appartiennent à la famille de Slonaté (appelée *Doudaro-chwili* par les Géorgiens), originaire de Bad, village walaghir, situé sur la rivière Fiag. Ilald, premier père de cette nouvelle branche de la famille Slonaté, émigra il y a environ soixante-dix ans, et alla s'établir près du Terek, où il a fondé le village Oulag-tsmi-kaou, ou Tchim. Son fils Ahmed, le plus jeune, resta chez ses parens; mais ses deux frères, Temir-sulthan et Baghir, se séparèrent d'eux, et chacun établit un village à lui : le premier fonda Baltach; et l'autre, Dallag-kaou, ou le village inférieur : ces deux villages sont restés à leurs descendans. Le village de Tchim, d'où la famille tire son origine, appartient actuellement à Doudarouk, fils d'Ahmed. Maxime Slonaté demeure à Dallag-kaou, et c'est à Baltach qu'est fixé le fameux Dewlet-Mourza, connu des Russes sous le nom de *Dewletka*, et qui avait coutume de partager le butin avec le comte Iwelitch, ancien commandant de Wladikawkas; c'est pourquoi ce dernier lui laissait exercer ses brigandages. Voici la généalogie de la branche aînée de la famille de Chimit :

ILALD.

Temir-sulthan.	Ahmed.	Baghir.
Missost. Doudarouk.	Arslan-beg. Hhassan. Merouka.	
à Oulag-tsmi-kaou.	+1774. +1774.	
		Kaitoukh.
Dewlet-Mourza à Baltach.		
		Maxime à Dallag-kaou.

Autrefois ces Ossètes payaient un impôt aux Ingouches, qui s'étaient emparés du pays; mais, leur nombre s'étant accru par l'arrivée de nouveaux individus parmi eux, ils se regardèrent comme appartenant aux Ossètes Tagaours, et se sont affranchis de ce tribut. Les Russes, avant l'établissement de leur route militaire, leur payaient annuellement une redevance de cent chemises pour les ponts du Terek, entre Laars et Dariela. Ces ponts, qui, généralement, ne consistaient qu'en deux poutres placées l'une à côté de l'autre, étaient souvent emportés le lendemain par la rivière, qui, dans cet endroit, coule avec une rapidité incroyable, et entraine de gros morceaux de rocher. Le bruit de ses eaux écumantes est si fort, qu'à vingt pas du rivage on a de la peine à s'entendre, à moins de crier très-fort. Maintenant on n'a que trois ponts à passer au-delà du Wladikawkas : il y a dix ans, leur nombre s'élevait jusqu'à dix-sept.

Après que les Ossètes de Baltach, de Tchim, de Dallag-kaou et de Laars, se furent affranchis de la redevance qu'ils payaient aux Ingouches, ils continuèrent de la payer aux princes tcherkesses de la famille de Moudar [Mouldaraté], dans la petite Kabardah : ce tribut cessa il y a trente ans, lorsque le fils ainé d'Ahmed, de Tchim, appelé *Missost,* eut tué le prince tcherkess, Alkhest-Mouldaraté, qui avait tenté d'enlever sa sœur de force. Depuis ce temps, tous les villages sont libres, puisque les Ossètes de Chimit sont constamment en hostilité contre les Tcherkesses, qui les font prisonniers dès qu'ils se montrent dans la Kabardah, et les vendent comme esclaves. Le quatrième frère de ce Missost, nommé *Arslan-bey,* vengea la mort du prince tcherkess, dont il était le *kounak,* ou l'hôte ami, en tuant son frère d'un coup de pistolet, pendant qu'il dormait sur une échauguette ; ensuite il se réfugia chez les Ingouches, où il vit encore avec sa famille. Vis-à-vis d'Istir-tsmi, ou Oulag-tsmi-kaou, demeurent deux familles ossètes dans le village de Charakhé-kaou, formé des deux villages réunis de Tsouraté et de Lenaté, sur le Makal-don, que les Ingouches nomment *Moukila,* et qui se jette dans le Terek, à droite. Plus haut, à l'ouest, et sur cette même rivière, sont établis les Ingouches qui confinent avec les Goudamaqari et les Pchawi, et qui, comme eux, sont de grands brigands.

En partant de Laars, nous restâmes sur la rive droite du Terek, et nous avions encore six werstes pour arriver à Dariela. Ayant fait quatre werstes, nous arrivâmes dans une autre gorge très-étroite du vallon, où le Terek baignait autrefois le pied d'un rocher perpendiculaire, qui, maintenant, depuis qu'il a été miné, forme un demi-arc. Autrefois les voyageurs étaient obligés d'y grimper. Ici le vallon est très-étroit : il est nommé par les Géorgiens, *Bakhtari,* et par les Ossètes, *Arwé-koum,* c'est-à-dire, vallée profonde, ou vallon des rochers qui montent au ciel, parce que les rocs à pic qui s'élèvent des deux côtés, paraissent s'élever jusqu'aux nues; de manière que le soleil n'en éclaire le fond que vers l'heure de midi.

Après avoir traversé les ruisseaux Khourmouk

et Tchat-don, nous arrivâmes, après un chemin de deux werstes, aux mines de l'ancien fort de დარიელა *[Dariela]*, dont il ne reste que des vestiges sur la gauche du Terek, parce que, lorsque l'on établit la route militaire, on fit sauter une partie du rocher sur lequel il était situé, dans une position très-avantageuse. La vallée n'a, en cet endroit, que soixante archins de largeur; elle est bordée, de chaque côté, de hautes montagnes très-escarpées. On voyait autrefois, du côté de l'ouest, les restes d'un mur transversal qui la fermait : du côté de l'est, on avait pratiqué une espèce d'escalier taillé dans le rocher, pour aller chercher de l'eau dans la rivière; et au-dessous de la forteresse, on voyait encore des traces de jardins et de vergers, quoique le pays fût abandonné depuis très-long-temps. Dariela, appelé *Daïran* par les Ossètes, est situé sur la frontière de la Géorgie, sur le Tsakh-don, ruisseau qui se jette dans le Terek, à gauche. La roche, en cet endroit, est de syénit avec peu de mica, et, tout près de Dariela, d'amphibole porphyritique. Vis-à-vis de Dariela, l'Akhkara tombe dans la droite du Terek; et une route appelée *Akhkara* ou *Ghirghi,* qui passe le long de ce ruisseau, traverse le territoire des Moukila et des Ingouches, et conduit en Kakhéthi, aux sources de l'Alazoni.

Selon l'histoire géorgienne, Mirwan ou Mirman, troisième roi, qui régna depuis 167 jusqu'à 123 avant J. C., fit bâtir Dariela pour défendre le pays contre les irruptions des Khazari, qui habitaient au nord du Caucase. Le nom de *Dariela* paraît être d'origine tatare, puisque دار *[dar]*, ou طار, signifie *étroit, resserré*, et يول *[jol ou jöl]*, *route;* de manière que *dariöl* serait synonyme de *défilé*. En effet, la vallée y est tellement resserrée, que, comme aux Thermopyles, trois cents hommes y pourraient arrêter une armée entière. A une petite distance au nord de Dariela, il y avait autrefois un château royal, et au sud, un fort sur un rocher, à la rive orientale du Terek. Ce fort, dont il ne reste que quelques ruines, avait été bâti par le roi de Géorgie Davith IV, de la famille de Bagration, surnommé *Aghma-Chenebeli,* ou le Bâtisseur, qui régna de 1089 à 1130.

Il n'est pas douteux que Dariela, appelée par les Géorgiens *Khewis-kari,* ou porte de

Khewi (1), ne soit la fameuse porte caucasienne des anciens. Pline en donne la description suivante : « Chez eux (les peuples de l'Ibérie, les » *Didouri* et les *Sodii*) sont les portes cauca- » siennes, que quelques-uns ont à tort appelées » *caspiennes.* C'est un ouvrage énorme de la na- » ture entre les gorges escarpées des montagnes, » où l'on trouve des portes fermées avec des » poutres garnies de fer, au-dessous desquelles » le *Diri odoris* roule ses eaux : en deçà il y a » sur un rocher un château appelé *Cumania,* et » qui est assez bien fortifié pour fermer le passage » à des troupes innombrables (2). »

Non-seulement cette description convient tout-à-fait à Dariela, mais les mots *Diri odoris* semblent aussi cacher le nom géorgien *Terghis-mdinaré*, la rivière de *Terghi* [Terek]. Aujourd'hui même, le pays à l'ouest de Dariela s'appelle *Kouban;* ce qui rappelle le fort *Cumania* de Pline.

Procope commet la faute dont Pline a parlé,

---

(1) ხევი *[Khewi]* est le nom que les Géorgiens donnent au vallon supérieur du Terek.

(2) Plin. *Hist. nat.* lib. vi, cap. ii.

car il appelle *caspienne* la porte du Caucase. Cependant la description qu'il a faite de ce lieu est très-exacte : « Le mont Taurus en Cilicie, dit-
» il, se dirige d'abord vers la Cappadoce, et de là
» vers l'Arménie, la Persarménie, l'Albanie et
» l'Ibérie; les peuples qui demeurent aux envi-
» rons sont en partie libres, en partie soumis
» aux Perses. Cette montagne s'élève toujours
» de plus en plus, et l'on ne saurait croire com-
» bien elle augmente en largeur et en hauteur
» à mesure qu'elle se prolonge. Au-delà des
» frontières de l'Ibérie, il y a un chemin étroit
» qui, traversant les vallées les plus élevées
» dans une longueur de cinquante stades, est
» tellement fermé par des rochers escarpés et
» impraticables, qu'on n'y aperçoit presque
» aucune issue. La nature y a placé une porte
» qu'on dirait faite par la main des hommes, et
» à laquelle on donnait jadis le nom de *cas-
» pienne*. Au-delà s'étend une campagne unie,
» bien arrosée et commode à parcourir à cheval.
» Tout le pays est très-propre pour y élever des
» chevaux, parce qu'il renferme de vastes plaines.
» C'est là qu'habitent presque tous les peuples
» auxquels on donne le nom de *Huns*, et leurs

» demeures s'étendent jusqu'à la Palus-Méotides.
» — Lorsqu'ils sortent par la porte dont on a
» parlé plus haut, pour surprendre les Persans
» ou les Romains, ils montent des chevaux frais,
» et ne font pas le moindre détour, puisqu'il
» n'y a que ce chemin de cinquante stades pour
» arriver aux frontières de l'Ibérie. Lorsqu'ils
» veulent prendre une autre route, ils ren-
» contrent de grands obstacles; ils sont obligés de
» laisser leurs chevaux en arrière, et ne peuvent
» que se glisser entre les sinuosités des mon-
» tagnes et des gorges escarpées.

» Alexandre fils de Philippe, instruit de
» cet événement, ferma cette entrée par des
» portes, et y fit bâtir un fort, qui, après avoir
» eu plusieurs maîtres, passa enfin sous la do-
» mination d'un certain Ambazukes, Hun de
» naissance, qui était l'ami des Romains ainsi
» que de l'empereur Anastase. Arrivé à un âge
» très-avancé, et se voyant près du tombeau, il
» envoya un ambassadeur à Anastase pour lui
» demander de l'argent, en lui promettant de
» remettre le fort et la porte caspienne aux Ro-
» mains. Anastase, homme judicieux, qui ne
» faisait rien sans réflexion, ayant vu qu'on ne

» pouvait y faire passer des vivres pour les sol-
» dats, parce que le pays d'alentour était stérile
» et n'était habité par aucune peuplade soumise
» aux Romains, fit remercier Ambazukes de ses
» sentimens de bienveillance, mais ne poussa pas
» l'affaire plus loin. Bientôt après, Ambazukes
» mourut de maladie; et, ses enfans ayant été
» chassés de force de cette place, les portes furent
» occupées par Kabades, roi de Perse. »

Le nom de *Daïran*, que les Ossètes donnent à Dariela, s'est conservé chez les historiens byzantins. En effet, Zemarkh, qui avait été envoyé au khan des Turcs, résidant près de l'Ektag [monts Altaï], l'an 569 de J. C., passa, en revenant à Constantinople, chez les Alanis, qui habitaient au nord du Caucase; leur chef Sarodius lui conseilla de ne pas aller dans le pays des Mindimians, parce que les Persans lui tendraient des embûches dans le pays des Souanes, et de retourner plutôt chez lui par la route *Darienne*. Alors Zemarkh envoya par le chemin de la Mindimiane dix chevaux chargés de pourpre, pour qu'ils tombassent entre les mains des Perses, qui croiraient que c'était son bagage envoyé en avant et qu'il ne tarderait pas à le

Tom. I.

suivre; mais il prit le chemin Darien pour aller en Apsilie (dans la Mingrélie moderne), et laissa le pays des Mindimians à sa *droite* (1).

Un chemin assez passable conduit de Dariela au Tsakh-don, que les Géorgiens appellent *Def-daroki :* ce ruisseau sort de la partie orientale de la montagne de neige appelée მყინვარი *[Mqinwari],* et se réunit au Terek, à gauche. Presque tous les sept ans, la neige et la glace amoncelées au pied de cette montagne s'en détachent, et, entraînées par le Defdaroki, se précipitent dans le Terek et encombrent son lit, qui s'enfle et parvient à une hauteur extraordinaire avant de pouvoir franchir cette barrière. C'est ainsi qu'en 1779 tous les habitans du village de Gelathi, situé à environ vingt archins au-dessus du Terek, furent sur le point de prendre la fuite, parce que les eaux du Terek, amoncelées pendant trois jours, s'étaient presque élevées jusqu'à ce village. Le même événement eut lieu au mois d'août 1808 et le 21 octobre 1817. Cette dernière fois, l'avalanche couvrit tout le voisi-

---

(1) Dans l'original il y a *gauche;* mais c'est évidemment une faute de l'auteur, qui s'est trompé en écrivant.

nage sur une étendue de trois werstes et de cinq cents toises de hauteur; de sorte que l'écoulement du Terek fut empêché pendant quelques jours, et les communications avec la Géorgie interrompues.

Le village de *Gelathi* ou *Gioulethi*, dont nous avons parlé plus haut, est à une petite distance du Defdaroki et à deux werstes du fort russe de Dariel, près duquel nous passâmes le Terek sur un pont. Ce village, mal bâti et situé sur la pente des montagnes, est habité par les Ossètes pauvres appartenant à la tribu de Tagaour. Au-dessous de Gelathi il y a une petite prairie, et dans le voisinage on trouve une caverne dans laquelle les voyageurs passaient autrefois la nuit lorsque l'obscurité les empêchait de continuer leur route. La hauteur et la rapidité de l'eau pendant les mois de mai, de juin et de juillet, jusqu'en août, ne permettant pas de maintenir les ponts du Terek, qui étaient alors mal construits, on était forcé de prendre la route des marchands, qui conduit aux montagnes situées à l'ouest du fleuve le long du Tsakh-don, et de là à Tchim. Cette route est un peu difficile, et souvent impraticable dès les mois de juillet et d'août, à cause des neiges fondues; mais, en cas de nécessité, on peut y faire passer les chevaux, pourvu qu'on ait soin de les débarrasser de leur charge. Les Ossètes donnent à cette route le nom de *Bezergon :* une autre route, qui conduit de la Kabardah en Géorgie, et suit le cours du Fiag, à travers les districts ossètes de Kourtat et de Saka, arrive à la source du Terek, près la tribu ossète de *Tirsau.* C'est dans ce canton qu'on reconnaît distinctement le basalte dont la montagne principale est couverte : il lance des pics aigus jusqu'aux nues; il est tantôt noir avec des taches blanches, tantôt tacheté de brun et de jaune. La montagne a un aspect agreste, et annonce des bouleversemens assez récens. On remarque sur-tout la cime de basalte en forme de cône tronqué, que l'on voit près de Gelathi. Les colonnes de basalte sont de la plus grande beauté. Les morceaux détachés ont plus d'un pied d'épaisseur, et sont presque perpendiculaires, à l'exception d'une légère inclinaison vers le milieu ou l'axe de la masse principale. La pierre est tantôt plus et tantôt moins compacte.

Après avoir passé le pont près de Dariela, nous

suivîmes la rive droite du Terek jusqu'à Stephantzminda. On a le projet de construire sur le fleuve un pont de pierre d'une seule arche ; mais l'exécution n'en aura pas lieu de sitôt, tant à cause de la difficulté de trouver des ouvriers capables, qu'à cause de la cupidité des hommes qui, chargés de la conservation de la route militaire, pensent plutôt à remplir leurs poches qu'à soigner les objets d'utilité publique.

A deux werstes de Gelathi, nous vîmes, à la gauche du Terek, *Sto,* village que les Ossètes appellent *Psedo.* Nous n'arrivâmes que fort avant dans la nuit au village géorgien de Stephantzminda, situé à la gauche du Terek, à onze werstes de Dariela. Ce village est appelé *Szena* par les Ossètes, et mal-à-propos par les Russes, *Kazbek,* à cause d'un gentilhomme de la famille de *Tsobikhani-chwili,* à laquelle les Ossètes donnent le nom de *Tchobikata.* Ce gentilhomme demeure dans le même village où ses ancêtres reçurent, il y a très-long-temps, des rois géorgiens le titre de *kazbek* ou *kazibeg.* Il occupe l'emploi de *moourowi*, c'est-à-dire, capitaine du cercle et receveur des impôts du district de Khewi. Malgré notre lassitude et celle de nos chevaux, l'inspecteur du lazaret ne nous permit pas d'y entrer, parce qu'il était trop tard et qu'il ne voulait pas quitter son lit; nous fûmes donc obligés de passer au bivac la nuit du 25 au 26. La vallée est de forme circulaire, et enfermée entre des rochers d'une hauteur prodigieuse. La clarté de la lune, reflétée par la neige qui les couvrait, produisait un effet très-pittoresque.

CHAPITRE XVII.

Environs de Stephan-tzminda. — Mqinwari, pic couvert de neige, appelé improprement Kazbek *par les Russes.— Prétendue ascension du Mqinwari par un prêtre géorgien.— Rocher basaltique près de Stephan-tzminda. — District de Khewi.— Vallée du Terek.— Thethri-tzqaï, ou Eau blanche, source orientale du Terek. — Eau minérale de Goubta.— Mont de la Croix.— Passage des montagnes de neige.— Vallon de l'Aragwi.— Vin de Géorgie.— Tchourtskhela.*

Le lendemain, 26 décembre, j'ai profité de

la matinée pour parcourir à cheval les environs de Stephan-tzminda [Saint-Étienne]. Le village géorgien de Gherghethi est situé vis-à-vis, sur la rive gauche du Terek, et au pied d'une montagne haute et escarpée, dont le sommet est couronné par une vieille église bien conservée, qui est bâtie en pierre à la manière grecque; c'est, à ce que l'on dit, un ouvrage de Thamar, reine de Géorgie. Cette église porte le nom de *Tzminda-Sameba*, ou *Sainte-Trinité;* elle a une coupole voûtée, et, suivant la tradition, l'on y conserve la croix de Sainte Nino (1).

Derrière cette montagne s'élève le sommet neigeux du *Mqinwari* [მყინვარი] (2), que

---

(1) Reineiggs dit (II.ᵉ partie, pag. 82) que, selon l'ancien usage, cette église n'est ouverte qu'une seule fois par an, le jour de Pâques; qu'entre autres curiosités l'on y conserve un cristal couleur d'hyacinthe, ayant vingt-sept pouces de hauteur et dix-huit d'épaisseur. Reineggs n'a pu le voir, parce que dans aucun de ses cinq voyages il ne s'est trouvé à Pâques dans cet endroit, et que le prêtre n'a jamais voulu commettre le péché d'ouvrir l'église à une autre époque de l'année. *Ghergethi* est le nom d'un saint ou d'une sainte qui a fait plusieurs miracles.

(2) *Mqinwari* signifie *montagne de neige*, et vient du mot *qinouli*, glace. Suivant les observations approximatives de MM. Engelhardt et Parrot, la hauteur de ce pic est de *quatorze mille quatre cents pieds* de Paris au-dessus de la mer Noire.

les Ossètes nomment *Tseristi-tsoub*, pic du Christ, ou bien *Ours-khokh* [Mont-Blanc], et les Russes, *Kazbek*, expression dont ils se servent aussi pour désigner le village de Stephantzminda. Cette montagne n'est point indiquée sur la Подробная карта; mais c'est le Khokhi, autre pic neigeux, situé au sud-ouest du Mqinwari, et duquel sortent le Terek et d'autres rivières, que l'on y voit désigné sous le nom de *Kazbek*. Cette faute est d'autant moins pardonnable, que l'on a des cartes très-exactes et des itinéraires très-sûrs de la vallée du Terek.

Le Mqinwari est sans doute, après l'Elbrouz, à la source du Kouban, le sommet le plus élevé de la chaîne neigeuse du Caucase; il est constamment couvert de neige et de glace presque jusqu'à sa base : dans toute la partie qui est accessible, c'est-à-dire, jusqu'à la région de la neige, la roche est de basalte porphyritique rouge, ou de porphyre argileux mêlé de feldspath vitreux, qui, en quelque endroit, remplace entièrement la masse principale et contient un peu de mica. Quoique la masse principale de ce porphyre, sous le rapport oryctognostique, soit un fossile propre et différent du basalte, elle a cependant une très-grande affinité avec lui, et forme une roche particulière avec le basalte porphyritique proprement dit, auquel elle passe souvent. Dans les endroits où la masse principale est modifiée, elle se distingue par un amphibole en cristaux petits et très-petits, dont la couleur est tantôt d'un brun rougeâtre, tantôt d'un rouge brunâtre, et qui est spécialement différente du basalte. Cette espèce de porphyre est aussi très-fréquente dans le Terek, où on la trouve en cailloux roulés. Au pied du Mqinwari, on voit des grottes faites à coups de ciseau, appelées ბეთლეემი *[Bethleemi]* en géorgien, et dont l'accès est très-difficile. On dit qu'autrefois elles étaient habitées par de pieux ermites, et qu'il s'y trouve une chaine de fer suspendue qui aide à grimper et à parvenir au berceau de Jésus-Christ, ainsi qu'à la tente d'Abraham, qui est dressée sans poteaux et sans cordes.

Suivant d'autres récits fabuleux, des édifices de marbre et de cristal sont posés sur la neige; mais ce sont probablement des masses de glace auxquelles on trouve de la ressemblance avec des châteaux et des tours. Des moines grecs qui prétendaient avoir été sur le sommet de la montagne, ont pu en imposer impunément aux hommes crédules par des récits mensongers sur des prodiges que l'on voit dans ces lieux, et, entre autres, sur la colombe d'or qui voltige au milieu d'un de ces édifices.

Lorsque Reineggs était en Géorgie, un vieux prêtre, qui se vantait de bien connaître le chemin de l'église de Mqinwari, offrit d'y aller avec son fils, et fut encouragé par le roi *Irakli* [Héraclius], qui le chargea principalement de rapporter les trésors que la renommée y plaçait. Le roi leur fit donner des provisions en quantité suffisante. Quelques jours après, on vit le jeune prêtre revenir plein de joie, avec la nouvelle qu'il n'avait pu gravir la montagne (probablement à cause de la faiblesse de son âge), et qu'en conséquence son père l'avait engagé de rester au pied du Mqinwari, et d'y passer le temps à prier continuellement jusqu'à son retour. Le septième jour, le père revint, et assura qu'il avait réellement vu toutes les curiosités de la montagne, ainsi que le trésor, qui contenait des richesses immenses; mais que le temps de l'enlever, quoique proche, n'était cependant pas encore arrivé. Il avait ordonné au jeune prêtre d'aller porter au roi les preuves de la vérité de son récit, et il finit par lui dire de ne plus penser à lui, parce qu'il retournait sur la montagne pour y terminer sa vie dans le commerce spirituel des anges. Effectivement, il partit et ne revint pas. — Les preuves qu'il avait apportées consistaient en un petit morceau de toile pourrie qu'il disait avoir pris à la tente, en un petit morceau de bois vermoulu tiré du berceau, et en quelques *para* du temps de Sélim Ier Quoique tous ces objets fussent manifestement des preuves d'une fourberie et d'une imposture insignes, ils furent cependant reçus avec un respect profond, sur-tout un morceau de marbre blanc avec de larges taches rouges : on le regardait avec d'autant plus de vénération, qu'on disait qu'il avait été détaché de l'autel.

Le 2 juin 1808 j'ai tâché de monter le Mqinwari par le chemin de *Dallag-Cheniba*, comme on le verra dans le second volume de cet ouvrage : mais, n'étant accompagné que de peu de monde, je ne pus pas arriver jusqu'à la moitié de sa hauteur. MM. Engelhardt et Parrot, élèves de l'université de Dorpat, ont fait en 1811 une semblable tentative, qui a un peu mieux réussi : mais le mauvais temps et d'autres difficultés les ont empêchés de gravir jusqu'à la cime de cette montagne; pour y parvenir, il leur restait encore un chemin de deux heures.

Un peu à l'est de Stephan-tzminda, et derrière ce village, est situé le mont *Kouro*, qui borde la vallée de ce côté; et un peu plus au sud s'élève le rocher de basalte formé de colonnes perpendiculaires, que les Géorgiens nomment *Ghourginis-mtha*, c'est-à-dire, montagne de la Couronne. Reineggs en a donné un mauvais dessin (1). Le ruisseau *Tchkheri*, qui sort de la partie nord-est du Mqinwari, et qui baigne le village de *Torgali*, se jette à gauche dans le Terek, près de ce rocher basaltique.

Je quittai Stephan-tzminda et Gherghethi vers onze heures du matin; et, après avoir suivi pendant une heure la rive gauche du Terek, je le passai à cheval : il se partage ici, dans une plaine fertile, en plusieurs bras peu profonds. Ayant voyagé pendant deux heures sur la rive orientale, j'entrai dans *Kobi*, grand village ossète, situé à seize werstes et demie de Stephan-tzminda. Il y a une redoute et une forte garnison d'infanterie.

---

(1) Pl. B, 1.re partie.

On voit sans cesse, le long de cette route, des villages à droite et à gauche du fleuve, et, pendant l'été, des champs de blé. Tout le district, depuis Dariela jusqu'à Kobi, est appelé par les Géorgiens, ხევი *[Khewi]* ou მთხევი *[Mokhewi]*, et par les Ossètes, *Zona* ou *Sena*. De vingt-trois villages appartenant à ce district, les quatorze suivans sont situés sur le bord occidental du Terek, en allant du nord au sud : *Golet*, plus proprement *Gelathi*; *Sto* (chez les Ossètes, *Psedo*); *Gherghethi*, sur le *Gherghethe-don*; *Panchethi*; *Archa* ou *Archari*, avec un château-fort maintenant en ruine, situé sur un rocher escarpé, et qu'on prétend n'avoir pas été bâti par la main des hommes; *Tothi, Kaïbotheni, Karchethi, Ghoris-tsikhé* [c'est-à-dire, château des Cochons], *Pkhelché, Khourtissi, Mna, Kanobi* et *Tolgoti*.

Les villages situés sur la rive orientale sont, *Stephan-tzminda, Sno, Akhal-tsikhé* [c'est-à-dire, Château-neuf], *Atchkhothi, Garbani, Sioni, Tsoueli-Kobi* (en langue ossète, *Serind-Kobi*, ancien Kobi), *Kobi* et *Oukhaté*. Les habitans de ces villages, qui sont tous peu considérables, et dont la population respective ne peut être évaluée qu'à vingt familles, sont des Géorgiens mêlés avec des Ossètes. Les habitans de Gelathi sont, dit-on, des Kistes de la tribu de *Moukil* ou *Makal*, sur le *Makal-don* : ils sont venus depuis long-temps s'établir ici; c'est pourquoi ils parlent le dialecte ingouche, qui appartient à la langue kiste ou mitzdjeghienne : mais ils sont, ainsi que les habitans de tous les autres villages, sujets de la Géorgie et actuellement de la Russie, et, comme on l'a déjà observé, ils obéissent au moourowi, ou capitaine de cercle de Stephan-tzminda.

A quatre werstes au-dessus de Stephan-tzminda, la vallée de rochers et le torrent d'*Atchkhothi*, que les Géorgiens appellent *Atchkhothis-khewi*, s'unissent, à droite, à la vallée du Terek. Le fort *Ghoudjaouri* a donné son nom aux habitans de la vallée où il est situé. C'est une famille païenne, qui vit de brigandages. Un chemin suit dans la vallée les bords de la rivière jusque chez les *Goudamaqari*, et plus haut, jusqu'à sa source chez les *Touchi* en Kakhéthi.

Dans les montagnes au nord-est du village de Sioni et à l'est de Garbani, sur le Khakhménadon, l'on voit une vieille église bâtie en pierre de taille, qui porte aussi le nom de *Garbani*. J'ai trouvé au-dessus de la porte l'inscription suivante, en anciens caractères géorgiens, que j'ai tous déchiffrés, à l'exception de l'antépénultième :

Aucun de mes compagnons de voyage ne put m'expliquer le sens de ce mot.

Près du village de Kobi, l'on voit, sur une hauteur à l'est, une autre église, qui s'appelle *Tzminda-Ghirghi*, c'est-à-dire, Saint-George. Quant à Kobi et Oukhaté, qui appartiennent au district de Kewi, ils sont habités par les Ossètes Tagaours (1); de même que les bords du

---

(1) Les Ossètes de la tribu de *Tagaté*, qui s'appellent en géorgien *Tagaouri*, en tcherkess *Teghei*, habitent la partie supérieure du pays arrosé par le Kitsil et le Gnal-don, dans les villages d'*Oulag* et *Dallag-Chaniba*, les deux villages de *Kain*, *Indag-Toumanekaou*, *Ribbankak-Toumane-kaou* et *Dargaffs*. — Reineggs donne à cette tribu le nom de *Takaour*, et le traduit par *Régnant*, en le faisant dériver à tort du mot arménien *Takaour*, qui signifie *prince*.

Terek, en remontant jusqu'à la source, sont habités par les Ossètes Tirsau, auxquels les Géorgiens donnent le nom de *Toursso*. J'étais chez eux en 1808.

Après avoir donné ces notices géographiques, je vais passer à la description physique de la vallée du Terek supérieur. Le chemin depuis Tchim jusqu'à Kobi, et toute la vallée, se dirigent au sud avec un léger détour à l'ouest, surtout entre Stephan-tzminda et Kobi. La longueur de ce chemin ne peut être estimée à plus de dix-sept werstes; c'est aussi la distance que l'on paie aux Cosaques pour les chevaux. Des ruisseaux sortant des gorges situées des deux côtés de la vallée se jettent dans le Terek, à une centaine de pas les uns des autres; la rivière de Tsakh-don (en géorgien, *Defdaroki*) est une des plus considérables, et vient de l'ouest à peu près à une werste au-dessous de Gelathi. Un peu plus bas, le ruisseau *Akhkaré* (en géorgien, *Khedé*), sur le bord duquel on trouve du minerai de plomb, vient de l'est. A trois werstes au-dessus de Stephan-tzminda, le *Tsno-don* vient aussi de l'est. Plus au sud, les *Khewzourethi* habitent, le long du Tsno-don, les villages de *Kargoutcha, Migouda, Artkhmo* et autres. Encore plus à l'est et à la source de l'*Alazoni*, qui parcourt le Kakhtéhi, on rencontre les *Touchi,* nommés *Goudan* par les Ossètes. Ils ne sont ni chrétiens, ni mahométans. Indépendamment du géorgien, ils parlent aussi un langage particulier, le *tsoa,* qui est un ancien dialecte géorgien mêlé de plusieurs mots kistes.

A quatre werstes au-dessus du Tsno-don, il sort des montagnes à l'est et du même côté le ruisseau *Tekhena;* et plus haut encore, l'*Oukhaté-don*, qui, près d'un village du même nom, se joint au Terek à droite. Au confluent de cette rivière, le Terek change de direction : il a jusqu'alors coulé à l'est dans une large vallée où il prend sa source, près du pic couvert de neige appelé du *Khokhi,* d'où sort aussi le *Fiag,* qui court au nord et qui est à vingt-cinq werstes à l'ouest de Kobi. Les Géorgiens donnent aussi le nom d'*Aragwi* à ce bras du Terek qui vient de l'ouest. On peut avec raison lui imposer une dénomination particulière ; car, à proprement parler, le Terek, qui, depuis ce point-ci, traverse les montagnes en se dirigeant à peu près directement au nord, se forme de la jonction de l'*Aragwi* avec l'*Oukhaté-don* et l'*Ours-don*. Ce dernier, dont le nom signifie *rivière blanche*, et qui, en géorgien, s'appelle *Thethri-tzqali*, prend sa source au Gouda, mont neigeux, coule dans une large ravine au sud-sud-ouest, et se jette dans le Terek à droite, au-dessus de l'*Oukhaté-don* : ses eaux sont tout-à-fait blanches, et l'on trouve fréquemment sur ses bords beaucoup de cristal de roche blanc et rouge, que les neiges entraînent avec elles. Le Terek n'a pas de cascade proprement dite ; mais tout son cours au-delà de Tchim peut être regardé comme une cascade à cause de la hauteur considérable de laquelle il se précipite.

Quant aux couches des montagnes le long de la route, le calcaire finit à Tchim, ou, pour mieux dire, il y commence, et cette roche continue à se montrer dans la prolongation de la montagne au nord. La largeur de cette couche septentrionale de calcaire est de quinze werstes du sud au nord. Le schiste, qui s'élève plus haut que le calcaire, s'étend de Tchim à huit werstes plus loin, et, dans l'endroit où il est contigu à cette roche, il participe un peu de sa nature, fait effervescence avec les acides, a une couleur noirâtre, est peu compacte. Plus au sud, au contraire, le schiste est d'une couleur noire foncée, tirant un peu sur le bleu, ne fait pas effervescence, est très-compacte. Après le schiste viennent successivement le syénit, le granit, le basalte, et le basalte porphyritique, qui composent principalement la masse des montagnes et la chaine neigeuse. Le granit à gros grains rouges est rare, et près de Dariela on en trouve une espèce mêlée de serpentine, qui renferme du feldspath, de sorte qu'il en résulte un vert antique. Ces roches sont disposées en couches très-puissantes, alternativement placées les unes sur les autres, ou entremêlées les unes avec les autres, de manière que les flancs escarpés tournés vers le Terek offrent de larges bandes tantôt d'un gris de fer, tantôt d'un rouge brun et vert-pomme. C'est de ces roches que proviennent les galets de couleurs bigarrées du Terek, galets que l'on rencontre, soit dans son lit, soit sur ses bords, depuis Tchim jusqu'à Tatartoup. On ne trouve point de cailloux schisteux parmi ces galets, parce que cette roche se détache en dalles larges et plates, ce qui empêche l'eau de les emporter et de les rouler; ou bien parce qu'elle se dissout facilement dans l'eau, et qu'elle est broyée en poudre par la violence du courant. C'est peut-être ce qui donne naissance au sable micacé et noir que le Terek dépose dans le voisinage des monts calcaires septentrionaux.

Le 26 décembre, à deux heures après midi, nous avons quitté Kobi pour gravir les monts neigeux, mais avec l'espoir d'en redescendre le soir même : laissant l'Oukhaté-don à l'est et le Terek à l'ouest, nous avons suivi au sud-ouest le cours du Thethri-tzqali, d'abord sur sa rive orientale, ensuite sur l'occidentale. Après avoir parcouru six werstes depuis Kobi, nous sommes arrivés à une cascade qui, en se précipitant d'un rocher escarpé, haut d'environ vingt toises, à l'ouest du Thethri-tzqali, couvre toute la hauteur d'un tuf calcaire ondulé, et dépose sur les parois une ocre ferrugineuse d'un jaune rougeâtre. Cette source, qui porte le nom de *Goubta*, est large de trois toises; mais elle n'a que deux à trois pieds de profondeur : elle coule dans une petite plaine entourée de montagnes schisteuses, hautes de quarante toises, et couvertes d'herbe pendant l'été. L'eau jaillit de divers endroits en bouillonnant sans bruit, et se précipite à une distance d'environ vingt pas, pour tomber dans le Thethri-tzqali. Par-tout ailleurs ce serait une excellente eau minérale : elle a beaucoup d'analogie avec l'eau de Selter, si ce n'est qu'elle contient une plus grande quantité de gaz acide carbonique; mais ici personne n'en profite : son goût est plutôt alcalin que martial.

Au nord de la source de Goubta, on trouve près de la rivière, principalement à sa rive orientale, et le long du Terek, après son embouchure, jusqu'au confluent du Tekhena, près du village de Sioni, de petites sources ferrugineuses qui déposent de l'ocre, particularité que je n'avais pas encore remarquée dans mon voyage.

On passe le Thethri-tzqali sur un pont formé par des amas de vieille neige, et sous lequel l'eau coule avec un bruit sourd, et s'augmente en été par la fonte graduelle de cette masse. Après une heure et demie de marche, nous avons monté par une pente douce depuis la source de Goubta jusqu'à une petite plaine qui, pendant l'été, est couverte d'herbe, et des deux côtés de laquelle la montagne n'est ni haute, ni escarpée. On voit dans cette plaine la source de l'Ours-don, que nous avions suivi jusque là.

Nous étions déjà sur le mont *Gouda*, appelé communément *Mont de la Croix* (en langue russe, *Khrestowoï-gora*, et en géorgien, *Djouariswaké*). Nous marchions sur le bord de précipices où le faux pas d'un cheval peut faire tomber; malheur qu'éprouva un des hommes qui m'accompagnaient : mais il en fut quitte pour une légère contusion. L'on continue à monter ainsi jusqu'à ce que l'on parvienne à la croix de pierre érigée sur le point culminant de la route, à neuf werstes de Kobi : de ce point on aperçoit tout le pays d'alentour. Les voyageurs fatigués se reposent ordinairement en ce lieu, et y font leurs dévotions pour remercier le ciel d'avoir heureusement terminé un si pénible voyage. A l'ouest s'élevait la haute montagne neigeuse, où le Terek et plusieurs autres rivières prennent leur source ; le baromètre était à vingt degrés neuf minutes. La roche du Mont de la Croix est un porphyre basaltique brun-rougeâtre, très-peu compacte, mêlé d'amygdaloïde, et disposé en couches presque toujours horizontales. Depuis la croix, le chemin s'abaissait vers le sud, et nous descendîmes le Caucase jusqu'à la source de l'Aragwi, que les Ossètes nomment *Khaddé-*

don, et qui se jette dans le *Kour*, à *Mtskheta* en Géorgie, et le long duquel passe la route qui conduit à Tiflis. En descendant, nous avions l'Aragwi à notre droite : on voit sur ses bords une petite montagne basaltique, couverte de sapins et d'arbres qui perdent leurs feuilles. Sa position au milieu d'une vallée profonde est très-pittoresque. De pauvres Ossètes ont fixé leur demeure sur ce rocher.

Nous entrâmes alors dans le district ossète de Gouda, qui appartient à la Géorgie. Le premier village que nous rencontrâmes fut *Noakh-kaou*, ou le Nouveau, ensuite *Nargalset-kaou*, *Ditweli*, et à gauche *Seré-waké*; plus bas nous vîmes *Koumlis-tsikhé*, ou le château du Pain d'épice ; car les Géorgiens appellent *koumli* des gâteaux faits de farine de froment et de miel, que les demoiselles aiment beaucoup, et auxquels elles attachent je ne sais quelle idée superstitieuse. On jouit ici, sur-tout en été, d'une vue magnifique des vallées de მთიულეთი *[Mthioulethi]*. Sur la rive occidentale de l'Aragwi, sont les villages de *Kanisi*, *Khati-kaou*, *Gouda*, *Kadiani*, *Mlethi* et *Bataro* [petit] *Gouda*, qui appartiennent tous au district de Gouda. A l'ouest de ces villages, les *Djamour*, autre tribu ossète appartenant également à la Géorgie, habite à la source du *Khzani*.

A dix heures du soir nous arrivâmes enfin à *Kaïchaourt-kari*, ou à la porte de Kaïchaour, village dont le nom a été donné par les Russes au mont Gouda. Près de ce village, qui est situé sur une montagne schisteuse, assez haute et habitée par quelques pauvres familles ossètes, on a bâti une forte redoute, où l'on tient une garnison considérable de chasseurs et quelques canons. Je goûtai en ce lieu, pour la première fois, du vin de Géorgie *[ghwino]*, qui, malgré l'odeur de goudron que lui communiquent les outres, me parut fort bon après le pénible voyage de la montagne. On me servit pour la première fois de la *tchourtskhela* : ce mets consiste en pommes, abricots, noix et autres fruits secs enfilés ensemble, que l'on trempe à plusieurs reprises dans du vin doux bien épais, et que l'on passe dans la farine après les avoir laissé refroidir. La *tchourtskhela* est mangée froide ; mais, lorsqu'elle est réchauffée, elle en devient plus tendre.

L'obscurité et la lassitude de mes gens m'ont obligé de passer la nuit à Kaïchaourt-kari.

CHAPITRE XVIII.

Passage de l'Aragwi.—Goudamaqari, ancienne tribu géorgienne.—Nature du versant méridional des montagnes du Caucase.—District de Mthioulethi. — Habitans des alpes.— Productions de Mthioulethi et de Khewi.— Construction des maisons dans les alpes. —Forteresse d'Ananouri.—Vieilles Églises. —Bâtimens d'Ananouri.

LE 27 décembre, quoique le temps fût très-couvert et qu'il tombât de gros flocons de neige, nous descendîmes de Kaïchaourt-kari dans la vallée de l'Aragwi, qui est l'*Aragon* des anciens. Cette rivière était d'abord à notre droite; mais, après avoir parcouru quatre werstes et demie depuis le village d'Arakhethi, nous passâmes sur la rive opposée. On compte vingt werstes depuis Kaïchaourt-kari jusqu'au poste des Cosaques de *Pachanaouri*. Nous avons rencontré sur cette route une quantité de sources minérales très-fortes dont on ne tire aucun profit. L'eau d'une de ces sources, près de l'endroit où nous passâmes l'Aragwi, avait très-bon goût, et, mêlée avec du rum, elle nous servit à faire du punch excellent.

Pachanaouri, gardé par une quarantaine de Cosaques, n'est point un véritable village, mais un poste composé de *zemilianki* ou huttes souterraines pour l'usage des voyageurs. Il est situé au confluent du *Tchabaroukhi*, qui va se jeter dans l'Aragwi à droite, presque en face de la jonction du *Goudamaqari*, torrent considérable, près duquel une tribu géorgienne du même nom habite dans les villages suivans : *Doumatskhaou, Attenoki, Tchokhi, Libda, Tchala, Gogamourta, Makarta, Kitokhi, Tchartchokhi, Paoukhidji, Tzibaourta,* et *Bakourkhewi*, qui est à l'extrémité la plus reculée au nord-est, et dont les limites confinent avec le dernier village du district ou de la peuplade de *Khewzourethi*, dont il a été question dans le chapitre précédent. Les *Goudamaqari* (1) parlent l'ancien dialecte géorgien, et sont chrétiens grecs, mais seulement de nom. Ce sont eux sur-tout qui

---

(1) La géographie attribuée faussement à Moïse de Khorène les connait sous le nom de *Koudamagar*. Je n'ai jamais pu savoir la vraie signification de ce mot. *Gouda*, en géorgien, signie un sac de peau, et *maqari*, un ruban que les gens de la noce portent autour du bras.

infestent la route depuis Kaïchaourt-kari jusqu'à Ananouri, de manière qu'il ne se passe pas de mois qu'ils ne commettent un vol ou un meurtre. Ils sont sur-tout ennemis des Russes, et ont juré de ne jamais se soumettre à leur joug. Leurs habitations, situées entre les rochers, contribuent beaucoup à maintenir leur indépendance. Vis-à-vis de l'embouchure du Goudamaqari, le baromètre était à 23° 9'.

De Pachanaouri jusqu'au fort d'Ananouri, nous parcourûmes vingt-deux werstes sur la rive droite de l'Aragwi. Le chemin est très-dangereux : il n'a que quelques toises de largeur sur les bords escarpés de la rivière et le long d'une montagne raide, couverte de bois, où les brigands ont la facilité de se cacher pour fondre à l'improviste sur les voyageurs.

Les plateaux obliques que les monts du Caucase forment du nord au sud, depuis le point de leur plus grande élévation, n'ont pas la même longueur que ceux qui se prolongent du sud au nord : ceux du sud sont beaucoup plus longs ; ils s'étendent depuis le point le plus haut de la séparation des eaux jusqu'aux derniers rochers calcaires. La longueur du plateau oblique septentrional est de vingt-cinq werstes, tandis que celle du plateau méridional en a près de cinquante, de Gelathi à Ananouri. Le versant méridional est donc moins raide, et descend graduellement vers la plaine : c'est pourquoi l'on y aperçoit rarement des rochers aigus et de forme pyramidale ; c'est aussi pourquoi les montagnes sont moins stériles de ce côté, où leurs flancs sont généralement couverts d'arbres et de plantes. Les trois couches principales des montagnes du sud se suivent dans le même ordre que dans celles du nord. Au syénit et au porphyre basaltique succède le schiste, qui, à la base, occupe du nord au sud une largeur de douze werstes ; ce qui fait quatre werstes plus qu'au nord. Au schiste succède le calcaire, qui, du nord au sud, occupe une surface de trente-cinq werstes, plus large, par conséquent, de vingt werstes que celle du nord. Près du schiste, ce calcaire est gris d'acier, très-doux au toucher, et s'ouvre et se fend en tables épaisses ; près de son extrémité, à Ananouri, il est mêlé de sable. Les couches de roche finissent en même temps que ce calcaire : mais les montagnes ne se terminent pas en une plaine unie, comme au nord ; elles se prolongent en monticules de hauteurs différentes, qui sont généralement plus bas à mesure qu'ils sont plus méridionaux, et qui s'étendent jusqu'au *Kour*, par lequel ils sont séparés du système des montagnes de la chaine de Pampak. Dans cette partie méridionale du Caucase, on rencontre souvent du spath calcaire, tantôt compacte et rhomboïdal, tantôt mamelonné, ainsi que du quartz laiteux, sur-tout près du Terek, depuis Gherghethi jusqu'à Kobi : on en trouve aussi près de Gouda, à la source de l'Aragwi; ce qui donne lieu de penser que ce versant doit être plus riche en mines que celui du nord. Mes compagnons de voyage étaient trop pressés pour me laisser le temps d'examiner les gisemens d'où proviennent les spaths et les quartz détachés par les torrens. Dans les environs de Gherghethi et de Stephan-tzminda, j'ai observé souvent du mica rougeâtre et jaune dans différentes roches. Des Géorgiens et des Russes dépourvus de connaissances, qui croient que tout ce qui reluit est de l'or, ont pris le mica pour ce métal.

A deux heures de chemin au-dessus d'Ananouri, le *Menesaou* se précipite d'environ vingt toises de hauteur, et va se réunir à la rive occidentale de l'Aragwi : son eau dépose souvent un tuf ondoyant qui incruste les branches de noisetier penchées sur sa surface. Je n'y ai découvert aucune particule de gaz acide carbonique.

Les montagnes méridionales s'abaissent considérablement en se prolongeant vers le sud, de même que la gorge de l'Aragwi, qui s'abaisse encore plus de l'est à l'ouest. Les roches sont par-tout couvertes d'argile jaune et d'une terre végétale assez épaisse; de sorte que le pays haut de l'Aragwi est par-tout cultivé en blé, et que sur ses deux rives on compte vingt-sept villages, qui forment le district de *Mthioulethi*, ou pays des montagnes. Il y en a dix-neuf sur sa rive orientale; savoir : *Setarat-kari*, qui est le plus septentrional, et qui touche aux limites du district de Gouda; *Kaïchaourt-kari, Skeré, Migourethi, Tsichoa-chwili, Tchoncho, Sakat-kari, Roro, Kawécha, Mikoarat-kari, Arganaou-kari, Nadibani, Koknaouri, Kekiani, Tchochelni, Tsmia-chwili, Tchiriki, Kawtarani*, et *Djidjiawi*, qui est à l'extrémité méridionale. Sur la rive occidentale sont les huit autres villages appartenant à ce même district, et disposés dans l'ordre suivant, du nord au sud : *Mlethi*, *Arakhethi*, *Kimbarieni*, *Karkhethi*, *Tzetzlidjuari*, *Amirni*, *Kando* et *Tcharthali*. Tous ces villages sont situés dans une partie de la montagne qui est assez élevée ; car à quatre heures de chemin au-dessus d'Ananouri, dans un endroit où il ne peut y avoir ni champs cultivés ni villages, on trouve une épaisse forêt de hêtres qui se prolonge jusqu'auprès d'Ananouri, où l'on commence à ne plus voir que des taillis ou des broussailles composés d'aubépines, de cornouillers mâles et sanguins, de néfliers, de pommiers sauvages, de pruniers, de troènes, de fusains, de prunelliers, de petits érables, de coudriers, de frênes, d'épines-vinettes, de charmes, d'ormes, de chênes. Ces broussailles de l'Aragwi ressemblent parfaitement à celles du Terek inférieur, entre Mozdok et Kourdokowa. Le noyer est très-commun dans les environs d'Ananouri ; mais il n'y est pas encore indigène, et ne porte pas de fruits tous les ans, malgré sa hauteur et sa grosseur, qui égalent celles des chênes les plus forts. Autour d'Ananouri on cultive aussi la vigne et la pêche ; mais ces fruits ne réussissent pas tous les ans.

La montagne au-dessus de Gelathi et de Kobi

n'a presque pas de bois; on n'y trouve que quelques pins du nord, des bouleaux, des aunes, des sorbiers, et des arbrisseaux, tels que le *lonicera cœrulea*, le *spicea crevata*, l'*azalea pontica*, le *rhododendron ponticum* et le *vaccinium vitis idæa*, qui couvrent les parties les plus hautes, où les arbres ne croissent plus. Mais, quand on quitte ces régions élevées, on ne rencontre plus ces arbres dans les terrains inférieurs et plus chauds : on y voit à leur place le *pyrus pyraster*, le coudrier et l'orme ; en descendant encore davantage, on trouve les arbres dont j'ai parlé plus haut (1).

Les habitans du district de *Mthioulethi* sont Géorgiens ; ils vivent misérablement : leur langage offre des particularités. Ils ne sont pas encore soumis aux Russes ; cependant ils sont plus tranquilles que les *Goudamaqari*, leurs voisins de l'est, parce qu'ils habitent un canton plus accessible. Leur principale récolte est le tabac, qu'ils vont vendre assez loin. On trouve

---

(1) Ces observations, relatives à l'histoire naturelle, appartiennent à des voyages que j'ai faits postérieurement dans ces contrées en été ; car pendant l'hiver il est impossible d'examiner les plantes.

aussi dans leur pays beaucoup de gibier, des ours, des loups, des chats sauvages et d'autres animaux, dont ils vendent la fourrure. Leurs champs, situés dans des vallées étroites et rocailleuses, sont très-peu étendus; ils cherchent à les agrandir en enlevant les quartiers de rocher et les pierres : mais ils n'ont jamais assez de blé pour faire du pain, puisque le froment et le seigle ne croissent pas chez eux; l'orge, les choux, les raves, sont les seuls végétaux qui puissent y réussir. Ils tirent la farine des autres parties de la Géorgie par Tiflis, où ils vont en grandes caravanes, afin d'y débiter les productions de leur pays; ils font aussi venir souvent des provisions de la fertile contrée de Douchethi. Ils fabriquent en fer de petites pipes à fumer, qui sont très-recherchées par leurs voisins.

Dans le district de Khewi, on cultive le froment, l'orge et l'avoine. On sème le froment en automne, l'orge et l'avoine en été. Ce n'est que vers la moitié du mois de septembre que l'on commence la moisson, et à cette époque l'orge et l'avoine ne sont pas encore mûres : on fait alors les semailles du froment d'hiver, et quelques champs montrent déjà la verdure du nouveau blé. C'est aussi dans ce temps que l'on coupe le foin; car les travaux se pressent dans un été aussi court que celui de ces pays de montagnes. On fume les champs; on les laboure avec une petite charrue dont je donnerai la description ailleurs. Les animaux domestiques de ces alpes sont les bœufs, les moutons, les chèvres, les porcs, les chevaux et les ânes. Tous les travaux de l'agriculture se font avec les bœufs; les ânes portent les fardeaux : les chevaux sont peu nombreux; on ne s'en sert que pour monture. Il y a beaucoup de chiens de la race ordinaire des chiens-loups; les chats sont moins communs. On n'y voit d'autres oiseaux de basse-cour que des poules : quant aux oiseaux sauvages, je n'ai remarqué que le joli *Certhia muraria*, qui sautait en troupes nombreuses d'un rocher à l'autre.

Les maisons sont bâties en pierres brutes; elles n'ont que les quatre murs, qui soutiennent des poutres couvertes d'ardoises, sur lesquelles est éparpillé du gravier. Le toit est plat : dans le milieu il est percé d'un trou par lequel la fumée sort et le jour entre, et qu'on peut ouvrir en dedans. Les maisons ont six à douze pieds de hauteur : les animaux habitent au rez-de-chaussée, et les hommes au-dessus. Les villages des districts de Khewi et de Mthioulethi sont petits ; le nombre des habitans peut être évalué à vingt familles par village : presque tous ont un moulin à roue horizontale, comme celui des Ingouches, que j'ai déjà décrit. Sous les rois géorgiens, l'impôt des deux districts était de deux à quatre moutons par famille : je pense qu'il est le même aujourd'hui.

Ananouri [ანანური] est situé sur la rive droite de l'Arkala, qui va se joindre à la droite de l'Aragwi ; il appartient au district géorgien de *Seristo*, qui se prolonge jusqu'à Douchethi, et il est habité par quelques familles géorgiennes et arméniennes. Reineggs dérive le nom d'*Ananouri* de l'arabe en le traduisant mal-à-propos par *lumière d'Anne;* mais ce mot géorgien signifie *appartenant à Anne* ou *venant d'Anne*. Le fort est un carré haut de trois toises; il renferme deux églises consacrées à *S. Khithobel*, dont l'une a été bâtie il y a deux cents ans, et l'autre vingt ans plus tard, par les *eristhawi* de l'Aragwi : on y voit aussi la maison du commandant, qui est vide, et celle du prêtre.

Au mois d'août 1727, Chanche, eristhawi du

Ksani, prit à sa solde une troupe de Lesghis, avec lesquels il s'empara d'abord du fort de Khamchistsikhé et marcha ensuite contre Ananouri, où demeurait Bardsig, l'eristhawi (1) de l'Aragwi, avec ses frères et ses parens. Après des combats terribles, ce fort fut aussi enlevé par les Lesghis, qui pillèrent les églises, autrefois très-riches ; aujourd'hui elles ne présentent que des ruines. Les Lesghis ont crevé avec leurs poignards les yeux des apôtres et des saints qui étaient peints sur les murs.

Les maisons des habitans d'Ananouri sont situées en dehors du fort et appuyées contre sa partie orientale ; elles occupent un terrain carré : elles étaient autrefois entourées d'une muraille, dont aujourd'hui on ne voit plus que les ruines. Ces maisons ont un aspect fort bizarre, les toits étant aussi bas que la surface du sol. Qu'on s'imagine des fossés profonds d'une toise et dont les côtés sont revêtus en bois et recouverts de planches enduites d'argile : une ouverture pra-

---

(1) ერისთავი *eristhawi* [chef du peuple] est la dénomination des gouverneurs héréditaires de certaines provinces de la Géorgie.

tiquée au milieu du toit sert d'issue à la fumée et donne du jour. Les étables sont à côté des habitations et bâties de la même manière; ce qui prouve la paresse révoltante de ces gens, auxquels il serait facile d'employer d'autres matériaux qui abondent dans le voisinage. Je dois ajouter que le fort renferme des aqueducs des anciens temps, destinés à y apporter de l'eau des montagnes voisines : maintenant ces ouvrages sont en ruine.

Du 28 au 30 décembre, nous fûmes retenus dans le lazaret d'Ananouri, qui consiste en trois huttes faites de branchages *[balagani]*. Nous y étions exposés à toutes les intempéries de la saison. Au reste, ce lazaret est très-inutile, puisque l'on n'y visite pas les voyageurs et qu'on n'y fait pas prendre l'air à leurs effets. Les employés, qui, de mon temps, étaient toujours ivres, n'avaient pas le temps d'entrer dans ces détails.

CHAPITRE XIX.

L'Aragwi blanc. — Départ d'Ananouri. — Église de S. George.—Cavernes qui l'entourent.— Gharthis-kari. — Mtskhetha. — Tombeaux des Rois géorgiens.—Environs. —Lazaret dans l'ancien fort de Samthawro. —Le Kour ou Mtkwari.— Armazi-tsikhé. —Plaine de Dighomi.—Arrivée à Tiflis.

Environ à un mille au-dessus d'Ananouri, la rivière appelée par les Géorgiens *Thethri Aragwi*, ou l'Aragwi blanc, se jette dans le grand Aragwi, qui porte aussi le nom de *Chau'i Aragwi*, ou Aragwi noir. Près de cette rivière habite la peuplade géorgienne des Pchawi, qui s'étend à l'est jusqu'à la source du Yori, dans le Kakhéthi, et à l'ouest est séparée du Mthioulethi par les Goudamaqari, ayant au nord le Khewzourethi. Les vallées des deux tribus portaient autrefois le nom de *Pkhoweli ;* au nord les monts couverts de glaciers les séparent des Ingouches et des Kistes.

Les Pchawi ont la même langue et la même

croyance que les autres Géorgiens; ils ont surtout une très-grande vénération pour une église bâtie par le roi Lacha-Ghiorghi, qui régna, selon les chroniques du pays, de 1198 à 1211 de J. C.; elle porte le nom de *Lachas-djwari*. On dit qu'elle renferme une très-grande quantité d'images de saints, de croix, d'ornemens et de vaisseaux d'or; car les Pchawi et les Touchi y portent tout l'or et tout l'argent qu'ils peuvent ramasser. Ils ont aussi des devins qui leur révèlent les choses cachées et prophétisent au nom de S. George. Au reste, ces peuples et les Khewzouri leurs voisins ressemblent aux habitans de Mthioulethi; leurs vallées, entourées de rochers, les mettent à couvert de toute attaque. De même que leurs voisins, les Goudamaqari sont ennemis des Russes : mais ils ne sont pas, à beaucoup près, aussi courageux que les autres peuples du Caucase; ils n'attaquent jamais qu'avec des forces très-supérieures et que lorsqu'ils sont sûrs de ne point avoir le dessous, ou bien ils guettent les passans près d'un défilé derrière une espèce de retranchement formé d'arbres et de pierres, d'où ils peuvent viser avec sûreté et à l'abri des atteintes de leurs adversaires. Regardant les

Russes comme des ennemis, ils les égorgent même sans espoir de butin. Malheureusement les autres Géorgiens en font souvent autant, en disant que ce sont les montagnards; car le plus ardent desir de toute la nation est de se soustraire à la domination russe et d'être gouvernée par des rois, ou de se soumettre à la Perse. Les Khewzouri ont dans leurs montagnes des champs fertiles, où ils cultivent principalement de l'orge, de l'avoine, du millet et un peu de froment. Les panthères, قپلان [*kaplan* en tatare, et *kaplani* en géorgien], sont communes chez eux; ils en apportent les peaux à Tiflis et les vendent assez bon marché : les petites valent 3 roubles d'argent, et les grandes, de 6 à 7. A la pointe formée par le confluent de l'Aragwi blanc et de l'Aragwi noir, se trouvent les ruines du château fort de Jinwani. A quelques werstes au sud, la rivière et la vallée de Bodawi, qui commencent aux montagnes de Thianethi et se dirigent de l'est à l'ouest, se réunissent à l'Aragwi à gauche. Près de Bodawi on voit un grand couvent bien bâti, avec une coupole. Du même côté, mais plus au sud, on trouve la vallée de Tzirdalis-khewi, et, encore plus au sud, celle de Nokornis-khewi, qui toutes deux descendent des montagnes de Thianethi. Sur la partie la plus haute de la dernière s'élève un couvent avec une coupole : il fut bâti par Artchil, quarante-quatrième roi de Géorgie, qui souffrit le martyre en 718 de J. C.; ses cendres reposent dans ce même couvent.

Le 31 décembre, nous quittâmes enfin ce lazaret désagréable, et nous continuâmes notre voyage le long de la rive droite de l'Aragwi. En allant d'Ananouri à Ragaspiri, nous avions à notre droite sur une haute montagne une église dédiée à S. George *[Ghiorghi-tzminda]*, bâtie en grès et assez bien conservée. La montagne est remplie de cavernes de diverses grandeurs, dont l'origine n'est pas bien connue; elles ont probablement été creusées par de pieux ermites qui habitaient près de l'église. C'est ici que commencent les montagnes de grès, de sédiment mêlé de calcaire. Par-tout on trouve des collines; ce qui prouve la violence qu'avaient autrefois les rivières du Caucase, et leurs fréquens changemens de lit. Tout le pays est parsemé de galets ou cailloux roulés qui ont été détachés des montagnes les plus élevées : les plus anciens, qui se sont pulvérisés, ont formé sur la surface de la terre une croûte d'argile haute de près d'un pied, et sous laquelle on rencontre un sable qui fait effervescence avec les acides.

Nous vîmes dans ce canton les premiers ceps de vigne de la Géorgie; ils paraissaient morts. Les noyers y sont aussi très-communs, mais ils ne produisent pas tous les ans. A une très-petite distance de Ragaspiri, la vallée que parcourt l'Aragwi s'élargit : les montagnes des deux côtés sont couvertes d'arbres à feuilles annuelles; ce qui leur donne un air de gaieté. Le chêne est l'arbre qui domine. Au reste, le pays est fertile et produit beaucoup de froment.

Après avoir passé le Pote, le Douchethi et le Kida, nous sommes arrivés à Ghartis-kari, grand poste de Cosaques, situé sur la rive droite de l'Aragwi, dans une position agréable et peu montagneuse. A peu près à trois werstes au nord-ouest de l'autre côté de la rivière, dans la vallée de Thetsmis-khewi, se trouve l'ancien fort de Sagouramo, appelé autrefois *Kherki*. Du côté de l'est, cette vallée est séparée par la montagne d'Ertso, dans le Kakhéthi ; au sud, est le mont Zadeni, sur lequel s'élevait le fort qu'on dit avoir été bâti par Pharnadj, quatrième roi de Géorgie, qui régna de 242 à 274. Ce Pharnadj éleva en ce lieu l'idole Zaden, qui lui a donné son nom. Il fut ensuite habité par Joané, un des treize saints pères (1), qui y a bâti un couvent, où il vécut et fut enterré. Du caveau de cette église jaillit une source qui tombe dans un grand bassin de pierre, d'où elle porte ses eaux plus loin. Les Géorgiens regardent comme un prodige que le bassin soit toujours plein et ne déborde jamais. Ils attribuent aussi à cette eau la vertu de guérir plusieurs maladies; c'est pourquoi ils en emplissent des outres et vont la vendre dans les pays voisins.

De Ghartis-kari jusqu'au lazaret de Mtskhetha, il nous restait encore un mille d'Allemagne à parcourir. Au sud du village de Pontkhela, nous passâmes le Nares-kwawi, qui se réunit à l'Aragwi, à droite; c'est le dernier ruisseau que cette rivière reçoit. En continuant son cours, qu'elle change souvent, elle se jette, près de Mtskhetha, dans le Kour.

---

(1) Ces treize personnages se rendirent, sous le règne de Pharsman (532-557 de J. C.), de l'Assyrie en Géorgie, pour y répandre le christianisme.

Mtskhetha [მცხეთა], jadis capitale de la
Géorgie, et qui n'est aujourd'hui qu'un misérable
village, est située dans l'angle formé par le confluent de l'Aragwi et du Kour, c'est-à-dire, à la
droite du premier et à la gauche du dernier. Si
l'on en croit les traditions géorgiennes, ce lieu
fut bâti par Mtskhethos fils de Kartlos, qui vivait
six générations après Noé. Peu à peu Mtskhetha
s'éleva au rang d'une ville considérable, et devint
la résidence des rois de Géorgie. Un Persan
nommé *Ardam,* qui en était gouverneur, l'en-
toura de murailles, bâtit une forteresse près du
pont du Kour et une autre du côté du nord, et
unit cette ville à Armaza, située au-delà du
fleuve. C'est, dit-on, à cette époque que les
Géorgiens commencèrent à bâtir leurs maisons
avec de la chaux. Ardam habita cette ville comme
chef suprême du pays, et tous les autres lui
étaient subordonnés. Par la suite, Azon, qui vivait du temps d'Alexandre-le-Grand, démolit les
fortifications de Mtskhetha : elles furent rele-
vées par Pharnawaz. Le roi Mirian, qui régna
de 265 à 318 de J. C., fit bâtir à Mtskhetha
une église en bois, dans laquelle on conservait
un des vêtemens déchirés de Jésus-Christ. Mir-

dat, vingt-sixième roi de Géorgie (qui régna de 364 à 379 de J. C.), substitua aux colonnes de bois des colonnes de pierre, dont le nom géorgien est *sweti;* ce qui a fait donner à l'église celui de *Swetitskhoweli* : aujourd'hui elle s'appelle *Samironé*. Au nord de cette église, Mirian fit bâtir en pierre de taille celle de Ghthaëbissa-Samthawro, qui est ornée d'une très-belle coupole. Mir, quarante-troisième roi de Géorgie (qui vécut vers l'an 668 de J. C.), y est enterré. Wakhtang-Gourgaslan (de 446 à 499) fit bâtir Mtskhetha en pierre et y établit un katholikosi. Vers l'an 1304, sous Ghiorghi, soixante-onzième roi, la ville, qui avait été dévastée, fut rebâtie ; mais elle ne tarda pas à être ravagée de nouveau par Timour, qui, dans les chroniques géorgiennes, porte le nom de *Langthemour*. Alexander, soixante-seizième roi, qui monta sur le trône en 1414 de J. C., releva Mtskhetha de ses ruines, et fit bâtir aussi une belle église en pierre avec une coupole; mais la coupole étant tombée, ne fut reconstruite que sous Rostom, quatre-vingt-neuvième roi, de 1634 à 1658. Enfin Wakhtang, quatre-vingt-quatorzième roi, de 1703 à 1722, fit de grands embellissemens à cette église. Plusieurs rois y sont enterrés : **Wakhtang-Gourgaslan**, **Dawith** fils de **Lacha**, **Dimitri-Tawdebouli**, **Louarsab-le-Grand**, **Swimon** et **Ghiorghi**. A l'est de la ville était autrefois l'église de Stephan-tzminda, bâtie par Artchil (1), trente-unième roi.

Mtskhetha est située à peu près à dix toises au-dessus de la surface du Kour, et entourée de montagnes. A l'est est le mont Djwar-Zedatseni, sur la rive gauche de l'Aragwi; on y voit, sur cette montagne, l'église et le couvent de Tchatchouis-zaqdari, c'est-à-dire, l'église de la Cuirasse. Suivant une tradition fabuleuse, une chaîne s'étendait depuis cette église jusqu'au haut du clocher de l'église de Mtskhetha, et les saints des deux églises y marchaient pour se rendre visite. On dit qu'elles ont été bâties, l'une par un architecte, l'autre par son élève : le premier, voyant son ouvrage surpassé par celui de son élève, se coupa la main droite de désespoir. — A l'ouest de Mtskhetha s'élèvent les monts de Sarkhinethi, sur lesquels il y

---

(1) Ces notices historiques sont tirées de la Description historique de la Géorgie, citée plus haut, *page* 274.

avait autrefois le faubourg de Sarkhiné; on voit actuellement auprès les ruines et l'église de l'ancien château de Samthawro. Cette église, assez grande, n'est éloignée de la ville que de trois à quatre cents pas : on y a établi le lazaret, où nous fûmes retenus jusqu'au 12 janvier 1808. Dans l'angle nord-est est une chapelle dédiée à S.te Nino, qui introduisit le christianisme en Géorgie. Le médecin du lazaret se sert à présent de cette chapelle pour y garder ses médicamens. Au sud de Samthawro on voit les vieilles murailles de l'ancien palais épiscopal, et, vis-à-vis du nord, une ancienne église bien conservée, mais entièrement vide : les rois et les reines de Géorgie y sont enterrés.

Mtskhetha, peut-être la Μεςλῆτα de Ptolémée, fut la capitale et la résidence des rois de Géorgie jusqu'en 469, que Wakhtang-Gourgaslan transporta son séjour à Tiflis, qu'il avait fait bâtir. La quantité de bâtimens en pierre de taille ruinés qu'on y rencontre fait connaître l'ancienne grandeur de la ville, qui était bâtie sur les deux rives de l'Aragwi : on prétend qu'elle avait une étendue de six werstes, du nord au sud. L'ancienne église, qui donne encore à ce lieu le nom de *couvent de Mtskhetha,* est une des plus belles de Géorgie : elle a été bâtie par des architectes grecs ; sa longueur est à peu près de soixante-dix pieds : elle est en pierres de taille de grès tirées des montagnes voisines. Plusieurs de ces pierres, qui sont composées de *detritus* de feld-spath, sont d'un vert-céladon ; et cette couleur paraît dépendre d'un mélange de particules de fer ou de chlorite. Cette église est bâtie avec beaucoup de soin, mais sans aucun ornement d'architecture : au-dedans, rien n'annonce le luxe, pas même la propreté. Les images des saints, très-mal peintes sur une couche de plâtre, sont accompagnées d'inscriptions grecques avec la traduction en langue géorgienne. Cette église est remarquable par les tombeaux des princes de la maison royale et ceux des familles les plus illustres de la Géorgie. Les endroits où les corps ont été enterrés, ne sont désignés que par des dalles qui les recouvrent. L'église est entourée de souterrains semblables à ceux que nous avions vus à Ananouri : ils sont habités par quelques centaines de malheureux, qui sont obligés de s'y renfermer, pendant la nuit, avec leurs bestiaux, pour ne pas devenir la proie des Lesghis. Une enceinte carrée, formée par quatre murailles, longues chacune de cent cinquante pas et hautes de cinq pieds, entoure ce lieu. Ces murs sont construits en cailloux roulés, unis avec de la chaux. Au nord-est de Mtskhetha, sur un rocher à la rive droite de l'Aragwi, on voit Natsikhwari.

On trouve dans les champs de ce canton de grands morceaux de pétrifications coquillières agglomérées qui sont assez dures, et prennent le poli lorsqu'elles ne sont pas altérées par les météores. On rencontre des fragmens d'obsidiane sur le chemin qui conduit de Mtskhetha à Moukhrani; mais ils ne sont pas plus grands que la moitié de la main.

La hauteur de la chaine de montagnes qui s'étend le long de la rive méridionale du Kour, est plus considérable que celle de la rive septentrionale. Le lit du fleuve, resserré entre de hautes montagnes, n'a que cent cinquante pas de largeur; et dans la saison actuelle, qui est celle des basses eaux, il en avait à peine cent pieds. Le Kour n'a que quelques toises de profondeur; ses eaux roulent doucement et sans bruit, et ne charient que de petits galets. Le lit de l'Aragwi, au contraire, est large de cinq cents pas; il coule avec une grande impétuosité et entraîne des pierres grosses comme le poing. On peut conclure de ces différences, que le Kour sort de montagnes moins hautes que celles où l'Aragwi prend sa source, ou que la célérité du Kour diminue en raison de la prolongation de son cours. Ce fleuve est le *Kyrus* ou *Kyrros* des anciens, et le *Koro* des Guèbres. Son nom, en langue géorgienne, est მტკვარი *[Mtkwari]*; les Arméniens l'appellent Կուր *[Gour]*, les Persans et les Arabes کور *[Kour]* ou قرّ *[Qorr]*. Il a sa source dans le mont Barkhar, un peu au nord-ouest de la ville turque de Kars, près des sources du Djorokh ou Tchorokhi, qui se jette dans la mer Noire près de Bathoumi, et qui formait l'ancienne frontière de la Géorgie. Le Kour comprend donc dans son cours toute l'ancienne étendue de ce pays. Depuis sa source, il se dirige constamment au nord jusqu'au-dessous d'Akhal-tsikhé et de Borgami, dans la partie du haut Karthli soumise aux Turcs. Au-dessous d'Akhal-dabo, sur sa rive droite, et au-dessus de Souram, sur sa rive gauche, le Kour tourne à l'est en traversant la plaine comprise entre les branches avancées du Caucase méridional et de la chaine de Somkhéthi ; ensuite, au-dessous du confluent de l'Aragwi, il court à l'est-sud-est et au sud-est jusqu'à sa jonction avec l'Aras *[Araxes]*, point où, rencontrant les montagnes qui séparent la Géorgie d'avec le Chirwan, il est obligé de tourner au sud-sud jusqu'à la mer Caspienne, dans laquelle il se jette près de Salian, hors de la Géorgie, en se partageant en plusieurs bras.

Récemment quelqu'un, qui probablement voulait se moquer du monde, a proposé d'unir par un canal le Kour au Djorokh, ou rivière de Bathoumi, et d'effectuer ainsi la jonction de la mer Noire avec la mer Caspienne. Des journalistes bénévoles ont débité ce conte avec toute confiance, car ils en sont passablement pourvus ; mais, lorsqu'on sait que les sources et le cours supérieur du Kour et du Djorokh sont séparés par la montagne Kali-kala, que le Djorokh n'est nullement navigable, et que le Kour ne le devient qu'au-dessous de Tiflis, on conçoit facilement l'absurdité d'un pareil projet.

Toutes les rivières qui se jettent dans le Kour, étant serrées par les montagnes, coulent dans des gorges profondes, tantôt larges et tantôt étroites, tantôt escarpées et tantôt en pente douce, dont les unes renferment des champs fertiles et dont les autres sont inondées : aussi plusieurs villages situés sur ses bords sont placés dans des crevasses ; mais un plus grand nombre est sur des hauteurs.

L'eau claire et verdâtre de l'Aragwi ne se mêle pas tout de suite avec celle du Kour, qui est jaunâtre et trouble, à cause de la quantité de terre argileuse qu'elle charie : on la distingue assez loin dans le lit du fleuve. On ne peut naviguer sur le Kour jusqu'à Tiflis que par le moyen de radeaux, sur lesquels on charge différentes sortes de marchandises à Moukhrani et en d'autres endroits : mais ces voyages sont dangereux, et les accidens assez fréquens ; c'est pourquoi l'on préfère les chariots tatares [arba], traînés par des buffles. Ordinairement ces charrettes ne servent à transporter que de la paille, du foin et du bois ; les Géorgiens chargent tous les autres objets sur les chevaux, les mulets, les ânes ou les bœufs : dans les plaines, les habitans des pays méridionaux emploient aussi des chameaux, qui, en langue géorgienne, s'appellent *aklemi*. Les hommes et les femmes de toutes les classes ne vont jamais en voiture; mais ils vont toujours à cheval. On conçoit que ces charrettes sont très-incommodes; cependant il est évident qu'elles se meuvent avec une très-grande facilité, parce que le frottement n'a lieu que sur deux points très-peu considérables, en touchant la terre et l'essieu. On ne graisse jamais ces *arba :* aussi la musique que font entendre les roues, n'est rien moins qu'agréable à l'oreille.

Le 13 janvier 1808, nous fûmes enfin congédiés du lazaret, et l'on nous remit nos passe-ports et un certificat de santé. Nous nous hâtâmes de quitter un endroit où nous avions été privés de notre liberté pendant douze jours, et où quelquefois nous ne pouvions pas même obtenir ce qu'il nous fallait pour vivre, parce que les denrées se vendaient hors du lazaret. En quittant Mtskhetha, nous remontâmes le Kour le long de sa rive gauche pendant deux werstes, jusqu'au pont qui traverse ce fleuve, et qui est moitié en pierre et moitié en bois et en très-bon état.

Lorsqu'on a passé le Kour sur ce pont, on sort du Karthli intérieur pour entrer dans l'inférieur, et l'on reste sur la rive droite de ce fleuve. Vis-à-vis le pont de Mtskhetha on trouve les ruines du château fort d'*Armazi* ou *Armazi-tsikhé*, qui fut, dit-on, bâti par Karthlos, le prétendu patriarche de la nation géorgienne, sur une montagne du même nom, près du confluent de l'Aragwi et du Kour : c'était sa résidence habituelle, et la montagne s'appelait, d'après lui, *Karthli*, jusqu'à ce que le premier roi géorgien, Pharnawaz, y plaçât l'idole d'Armazi, qui donna son nom à cet endroit. Karthlos et Pharnawaz furent enterrés près de cette image. S.te Nino, après avoir converti la Géorgie au christianisme, renversa l'idole. La ville d'Armazi s'étendait jusqu'à Nakoulbakhewi et Gloukhi; elle fut ensuite détruite, ainsi que le village qui fut bâti sur son emplacement. Reineggs a tort de dire que les Géorgiens donnent à ce château le nom de *Horum-Zighe* [château des Grecs]; son véritable nom est *Armaz-tsikhé*. Ce fut pendant long-temps la demeure des rois géorgiens, et c'est sans doute l'Ἁρμοζική de Strabon, l'Ἁρμάκτικα de Ptolémée, et l'*Hamastis* que Pline place près du Kour.

Dans cet endroit le fleuve coule entre des rochers de grès escarpés : on en voit un extrêmement saillant sur la rive droite, près duquel le Kour se tourne vers le sud, et qui s'appelle, en géorgien, *Dewis-Namoukhli* [Genou du Diable], nom qui lui vient de ce qu'à sa partie inférieure il a la forme d'un genou immense. Le chemin est taillé, en ce lieu, dans le grès. Plus loin on trouve la prairie fertile de Dighomi, qui s'appelle *Dighomis-mindori*. On aperçoit à la droite du fleuve de grandes montagnes de grès qui reposent sur du schiste argileux : on trouve souvent dans cette roche des cristaux de chaux sulfureuse, dont on ne fait aucun usage. Les pétrifications et les fragmens d'obsidiane sont aussi communs que dans les environs de Mtskhetha. En poursuivant notre route, nous passâmes le Dighomi, ruisseau qui parcourt la vallée de Dighomis-khéoba, et qui prend sa source à l'ouest, dans le mont Skhal-didi. A deux werstes de Tiflis nous avons traversé le Weri, ruisseau sur lequel on a bâti un pont de pierre d'un très-bon goût. Depuis le village de Weri jusqu'à Tzgatha, toute la vallée, arrosée par ce ruisseau, est couverte de vergers qui approvisionnent Tiflis de fruits.

Après avoir parcouru vingt-une werstes, nous arrivâmes vers midi à Tiflis. Nous eûmes d'abord de la peine à trouver un logement assez grand : mais vers le soir nous fûmes, à notre grande satisfaction, logés dans la maison du prêtre arménien, David Khaïtmassiani, située sur la montagne.

FIN DU TOME PREMIER.

www.ingramcontent.com/pod-product-compliance
Lightning Source LLC
Chambersburg PA
CBHW051409230426
43669CB00011B/1823